ちくま学芸文庫

動物を追う、ゆえに私は（動物で）ある

ジャック・デリダ
マリ=ルイーズ・マレ 編
鵜飼 哲 訳

筑摩書房

目次

動物を追う、ゆえに私は（動物で）ある

凡　例

＊　本書は、Jacques Derrida, *L'animal que donc je suis*（Edition établie par Marie-Louise Mallet, Galilée, 2006）の全訳である。

　編者のマリ＝ルイーズ・マレが「まえがき」で説明しているように、本書は二〇〇四年十月九日の著者の没後に、生前発表されていた二章と、未刊のままだった二章を併せて一巻としたものであり、一九九七年七月十一日から二十日までのあいだ、フランス北西部ノルマンディ地方のスリジィ＝ラ＝サル国際文化センターで行われた研究集会『自伝的動物』におけるジャック・デリダの講演の全体に相当する。翻訳にあたっては英語版（*The Animal That Therefore I Am*, tr. David Wills, Fordham University Press, 2008）とドイツ語版（*Das Tier, das ich also bin*, tr. Markus Sedlaczek, Passagen Verlag, 2010）を参照した。

＊　本文および注における記号は以下の原則に従って用いた。

（　）は原文の地の文における著者による補足。

［　］は原文の引用内での著者による注。

〔　〕は訳者による注。

〈　〉は頭文字が大文字の語（例：Animal〈動物〉）や連辞の一体性（例：l'être-avec〈ともにあること〉）などを示すための訳者による強調。

　傍点は原文がイタリック体で強調されている場合に用いた。ただし、フランス語以外の語句（例：*logos*, *cogito*, *Dasein* など）がイタリック体で表記されている場合は傍点を付していない。

＊　注は大半が著者によるものであるが、一部訳者によるものは末尾に〔訳注〕として区別した。

＊　本書の引用文献にはデカルト（『方法序説』『省察』）、モンテーニュ（『エセー』）、キャロル（『不思議の国のアリス』『鏡の国のアリス』）、ハイデッガー（『存在と時間』）等、複数の日本語訳が存在するものがあるため、注には日本語訳の該当箇所を示さず、参照した翻訳文献を巻末に一括して掲げることにした。ただし、Ⅳではほぼもっぱらハイデッガー『形而上学の根本諸概念』のみが論じられているため、読者の便宜を図って日本語訳の該当箇所を示した。

本書は二〇一四年十一月五日、小社より刊行された。

まえがき

ジャック・デリダはしばしば、動物について書いたテクストをいつか、一つのおおきな著作にまとめたいという意向を表明していた。この計画を彼はとても大切に思っていたが、急ぎの仕事のためにたえず後回しになっていた。一九九七年、みずから「自伝的動物」という表題を望んだスリジィの研究集会のために、彼は非常に長大な講演を、十数時間というその長さを考えればむしろある種のセミネールを執筆した。コロックの報告集にはその導入部だけが、講演全体の表題である「動物を追う、ゆえに私は〔動物で〕ある〔L'animal que donc je suis〕」という表題のもとに発表され、「続く〔à suivre〕」という付記によって続編刊行の意図が告知されていた。[1] 最後に二〇〇三年、「カイエ・デュ・レルヌ」のデリダ特集号のために、彼は未刊のテクストのなかからこの同じ講演の最後のほうに位置する一つのテクストを、「ではもし動物が応答したら？」という表題のもとに発表したのだった。[2]

みずから講演中に指摘しているように、「動物」の問いは彼の多くのテクストに顕著に現れている。彼の全作品を通じてのこの執拗な現れは、少なくとも二つの源泉に由来する。その第一はたぶん、特異で激烈なある感受性、哲学がもっとも蔑視あるいは失念してきた動物的な生の諸側面と、おのれが「共感している」と感じるある種の適性だろう。ジェレミー・ベンサムが動物について、「それらは苦しみうるか〔Can they suffer〕?」と問うたことに、彼が非常におおきな重要性をみとめるのもそれゆえである。「問題は動物たちが推論することができるかどうか、話すことができるかどうかではない」とベンサムは言う、「そうではなく、動物たちが苦しむことができるかどうかなのだ」と。一見単純なこの問いはしかし、ジャック・デリダにとっては非常に深遠なものである。彼はそのテクストで、いくどとなくこの問いに立ち返る。動物の苦しみに、彼はどうしても無関心ではいられない。しかしまた、そしてこれが第二の源泉であるが、彼にはベンサムが提起した問いが、非常におおきな哲学的妥当性をそなえており、哲学の歴史においてもっとも恒常的かつ執拗な伝統に、ある迂回路によって、真っ向から対立することなく反対し、それを側面から叩くのに好適なものと考えられたのだった。それが人間を〈ロゴスを具えた動物 *zôon logon ekhon*〉と、あるいは〈理性的動物 *animal rationale*〉と、すなわち「動物」として、ただし理性を付与された動物として定義するときでさえ、この伝統はつねに、実際には人間を、動物という類の残りの全体に、人間のうちのいっさいの動物性を拭い去るまでに対立させ、相反的に動物のほうは、本質的に否定的な仕方で、人間に〈固有のもの〉とみなされる以下のような事柄のすべてを欠いたものと定義してきたのである。「……言葉、理性、死の経験、喪、文化、制度、技術、衣服、嘘、偽装の偽装、痕跡の抹消、贈与、笑うこと、泣くこと、尊敬等々」。そして、「われわれがそのなかで生きているもっとも強力な哲学的伝統は、これらすべてを「動物」に拒絶してきた」[3]とジャック・デリダは強調する。さらに彼は書く、哲学的「ロゴス中心主義」は支配の立ち位置から切り離しえないものであって、「まずもって動物についての、ロゴスが欠落した動物、ロゴスを〈持つこと‐が‐できること〉が欠落した動物についての命題なのだ。アリストテレスからハイデッガーまで、デカルトからカント、レヴィナスおよびラカンまで維持されてきた命題、定立ないし前提なのだ」[4]と。そもそも動物に加えられる暴力は、「動物」animalというあの偽‐概念、単数形で用いられたあの語からはじまると彼は言う。あたかもすべての動物たちが、ミミズからチンパンジーまで均質な全体をなしていて、それに「人間」が、根底的に対立しているかのように。そしてこの最初の暴力に対する応答のように、もう一つのあの語、〈アニモ〉«animot»を彼は発明する。この語は発音されると、単数形のなかに複数性が、«animaux»が聞こえる。そして、単数定冠詞付きの「動物」«l'animal»が抹消してしまう、動物たちの著しい多様性が想起される。«animot»と書かれると、この語、«l'animal»が、一つの「語《モ》」«mot»でしかないことが見える。したがって、テクスト中でこの«animot»はさまざまな現れ方をするけれども、それはつねに注意信号、覚醒への呼びかけであって、

«animal» という語を単数形で用いることは避けられないとしても、それによってわれわれが、あまりに日常的な、あまりに注意を引かない独断的眠りに落ち込むことが妨げられるのである。

結局のところ、動物たちをこのように虐待してきた哲学伝統のこの脱構築に賭けられているものは、動物たちだけにかかわるものではない。遠近法の単なる転倒を行うのではなく、たとえば「動物」に、一般的に、この伝統がそれから剝奪してきたものを返還するのではなく、古典的対立に、欺瞞的なことではそれと選ぶところのない無差別という混同を置き換えるのではなく、脱構築は忍耐強く差異を多数化して、「人間」と「動物」の伝統的対立を基礎づけうるものとあまりに長く信じられてきた、この「固有のもの」の前提的な境界の数々の脆弱性、多孔性を現しめる。そうすることで脱構築は、動物「一般」の「動物性」に関するいっさいの保証を揺るがすのだが、人間の「人間性」に関する保証もまた、それに劣らず揺るがす。この点をジャック・デリダは念を入れて強調している。「問題は動物にあれこれの力能［……］を拒絶する権利があるかどうかを問うことばかりではない。人間とおのれを呼ぶものが、まったき厳密さにおいて、それが動物に拒絶するものを人間に帰する権利を、すなわちおのれに帰する権利を持っているのかどうか、そしてこのものがそれらのものについて、純粋、厳密かつ分割不可能な概念を、それとして、果たして持っているのかどうかを問うことでもある」[5]。

こうしてなぜ彼の思考に「動物」の問いが、これほど重要なあの場所を占めているのか、なぜ彼がこの本の計画に、これほど執心していたのかがよりよく理解される。この計画を実現する時間が彼に与えられていたらそれがどんな本になったか、われわれがそれを知ることはけっしてないだろう、無念にも……！　しかしながら、別々に出版されたスリジィの大講演の二つのパートのほかに、未刊のパートをも本書に併録することが、彼の念願に忠実なこととわれわれには思われたのだった。

この未刊のパートには二種類ある。一方は、既刊の二つの断章のあいだに位置する講演のパートにあたる長いテクストであり、そこではプラトンからレヴィナスまで、「動物」に関する同じ思考図式の回帰が、「痕跡をたどる」ように追跡されている。このテクストは、ジャック・デリダのあらゆる講演と同様、また彼の毎回のセミネールと同様、完全かつ完璧に執筆されていた。そこでそれはそのまま収録されることになり、変更が加えられた点はタイプミスの些細な修正と、引用された著作へのいくつかの参照指示（あるいは参照指示の詳細化）の追加だけである。

他方本書の終章には、ハイデッガーにおける動物の問いを扱った講演の最後のパートが見出されよう。この章の地位はいささか異なっており、その出版には若干の特殊な問題がともなう。この講演は一九九七年七月十五日にはじまってその翌日も続き、討論も含めると九時間以上の長さにわたったのだった……。研究集会ではその後、予定されていた他の講演が続いたのだが、参加者のあいだにはある期待が残っていた。講演のあいだいくたびも予告されながら、ハイデッガーにおける動物の問いが宙に浮いたままになっていたのだ。そこで最終日の七月二十日、その日のプログラムの最後に、ジャック・デリダはこの期待に対する応答を、即興でおこなうことを承諾したのだった。執筆原稿はなく、わずかにいくつかの覚え書きと、ハイデッガーの著作のいくつかの頁への参照から組み上げられた、この即興の講演についてはその録音記録しか残っていない。にもかかわらずわれわれには、いかに即興とはいえ、このスケッチは本書中に、行程全体の主要な導線の一つを構成するアプローチのように、それにふさわしい場を持つように思われた。そこでここに、講演の録音記録を可能なかぎり忠実に文字化したものをお示しすることにした。即興の言葉にはつきものの若干の齟齬に限って修正をほどこした。その話し言葉としての性格やしばしば快活にもなる親密な口調を、われわれは消し去ろうとはしなかった。まったく反対に、語に劣らずそこから意味が伝わるあの口調の多様な変化が、不可避的に失われてしまうことを残念に思っている。だが、発せられたすべての語を正確に文字化することは比較的容易だとしても（注意を集中すれば足りる）、リズム、沈黙、抑揚のアクセントを句読記号に翻訳する段になると一定の解釈がはじまる。これらの記号にジャック・デリダが払った注意についてはよく知られている。どのみち、もし彼自身がこの出版に携わりえたとしたら、このスケッチを、「シルエット」にすぎないとみずから言うものを、おそらく書き直したことだろう。とはいえ、彼が想起しているように、ハイデッガーにおける動物の問いは、すでにひさしい以前から彼の数多くのテクストに、とりわけ「人間のいくつもの目的＝終焉」[6]、「ゲシュレヒト」および「ハイデッガーの手」[7]、『精神について』、「ハイデッガーの耳」[8]に、最後に『アポリア』に現れていたのであり、これらをあらためて読むこと、あるいは読み直すことが求められる所以である。

「もし私にその時間があったなら、そして私たちが一緒にその時間を持てたなら［……］でも私たちには時間がありません……」「時間があれば示してみたいところですが［……］非常に遠くまで行く時間はないでしょう……」「そこまでたどり着く時間があれば［……］長く立ち止まるべきところですが［……］とはいえその時間はないでしょう……」「もしその時間があったなら［……］それにふさわしい注意を払いたかったところですが［……］強調しておきたかったのは、このテクストにおける眩暈と円環の諸局面です。時間が要るのはそれなのです……」「この感嘆符、この巨大な言説を通じて、本当はそれを追ってみたかったのです。私にその時間と余力があれば、いずれやってみたいと願っています。［……］このテクストを、正当に評価したいのです……」。この文字化されたテクストを読まれた方は、持たざる時間というこのモチーフの回帰に打たれずにはいられないだろう。

このモチーフは、われわれにとって、今日、弔鐘〔glas〕のように反響する。この不安の、その場の状況に起因する諸理由（コロックが終わりに近づいていたこと、残り時間がたしかにわずかだったこと、また彼は、聴衆の注意の時間を不当に使っているのではないかとも心配していたが、聴衆のほうではそれしか求めていなかった）をはるかに越えて、ジャック・デリダの読者たち、友たちは、あまりに頻繁に耳にしてきた声の、心配、不安、「おののき」を認めるのである。「私にその時間と余力があれば」。巨大な業績に自足するどころか、彼の思考はつねに、不確実な〈来たるべきこと〉に向かって、それもまずテクストに、主題に、問いに、モチーフに、主題化されるがままにならないものに、出来事の到来に……、「それにふさわしい注意を払う〔rendre justice〕」というあの顧慮によって身を投じていた。もっとも厳密な、もっとも非妥協的な「脱構築」は、正確さと正義に対するあの顧慮によってつねに賦活されてきた。

一九九七年、彼にはまだすこし時間があったが、すでにはるか以前から、一九九七年よりずっと前から、そしてそののちも頻繁に、彼のもとにはあの小さな文が回帰してきたのだった。「生はあまりに短かったことになるだろう〔La vie aura été si courte〕」。この前未来形は今日、その「絶対的用法」を見出す……。

マリ＝ルイーズ・マレ

1 M.-L. Mallet (dir.), *L'Animal autobiographique* (Paris, Galilée, 1999) 所収。「続く à suivre」という この付記は、表題に含まれている «je suis» が、〈ある être〉と〈追う suivre〉という少なくとも二つの射程で理解しなくてはならなくなることを連想させる。

2 M.-L. Mallet et G. Michaud (dir.), *Cahier de L'Herne. Jacques Derrida*, n°83 (Paris, L'Herne, 2004) 所収。

3 Cf. *infra*. ch. III, «Et si l'animal répondait?», p. 185.〔本書Ⅲ、「ではもし動物が応答したら？」、三二〇頁参照〕。

4 Cf. *infra*. ch. I, «L'animal que donc je suis», p. 48.〔本書Ⅰ、「動物を追う、ゆえに私は（動物で）ある」、七八頁参照〕。

5 Cf. *infra*. ch. III, «Et si l'animal répondait?», p. 185-186.〔本書Ⅲ、「ではもし動物が応答したら？」、三二〇頁参照〕。

6 *Marges — de la philosophie* (Paris, Minuit, 1972).

7 *Psyché. Inventions de l'autre*, t. II, nouv. ed. augmentée (Paris, Galilée, 2003).

8 *Politiques de l'amitié* (Paris, Galilée, 1994).

Ⅰ

動物を追う、ゆえに私は（動物で）ある（続く）

はじめに――私は私を委ねたい、ありうることなら、裸であるような言葉たちに。はじめの場で〔第一に en premier lieu〕裸であるような――とはいえすでに予告するための、私が以後たえず語ることは、裸であることについて、そして哲学において裸であるものについてであるということを。創世記〔天地創造 Genèse〕以来。はじめるにあたり私は選びたい、ただ単に裸であるような言葉たち、心〔臓／から〕の言葉たち〔mots du cœur〕を。

そしてこの言葉たちを言いたい、以前言ったことを反復せずに、まさにここで、すでに一回ならず言ったことを、再び言いはじめずに。反復は回避しなくてはならないと内心の声は言う、調教を、習慣あるいは約定を、すでに祓い除けるためにはと。こうしたものは、あげくの果てには、感謝そのものまでもプログラム化してしまうだろうと。

あなた方のなかには、それを思うと胸が熱くなり涙が出そうになるのだが、すでに一九八〇年の、それから一九九二年の、他の研究集会のときにここにおられた方がいる。もっとも親愛なる、もっとも忠実なる私の友のうちには、この二つの研究集会を、そのにこやかな才気によって、すでに考案し、担い、それに霊感を吹き込んでくれた人たち（フィリップ・ラク＝ラバルトとマリ＝ルイーズ・マレ）さえいて、マリ＝ルイーズの場合はさらにもう一回、その才気を輝かせてくれている。ジャン＝リュック・ナンシーも来てくれると私たちに約束していた。フィリップとともに彼が、一九八〇年の研究集会の開会を宣言したのだった。私は絶えず彼に思いを馳せている、そして彼は、彼の友たち、彼に感嘆している人たちの、彼を思う願いを知っている。[1]

いま名を挙げた男性たち、女性たちに、感謝の言葉では足りないほど、私は多くのものを負っている。それは私にとって無限であり、消し去ることができない。

そのことを忘れずに、お許しを願って私は遡りたい、さらに古い瞬間へ、この時以前の時へ。

そして、その時から、出発して、〔*depuis* ce temps〕語りたい、「時間の生成＝有史以来〔depuis le temps〕」と言われるように、私にとって寓話的ないし神話的となったある時から出発して。

ここにおいでの何人かの方は、そしてまず、第一に私が挨拶を送り謝意を表したいモーリス・ド・ガンディヤック〔Maurice de Gaudillac 一九〇六―二〇〇六。哲学史家。デリダの師の一人でスリジィ＝ラ＝サル国際文化センターの長年の協力者〕は、すでに四十年近く前の一九五九年、スリジィの素晴らしいホストの方々が私を歓待してくださったことをご存知だ――そしてそれは、私のまったくはじめての講演、真実には公開の場でのはじめての発言だった。他の人々なら自伝的動物本能と呼ぶかもしれないものにすでに屈するなら、私は想起するだろう、一九五九年も今日と同じく、テーマは要するにGenèseであったことを。「構造と生成〔Structure et Genèse〕」とそれは呼ばれていた、はじめて私が参加した研究集会は。その後、一九七二年の「ニーチェ」、一九七四年の「ポンジュ」、一九八二年の「リオタール」と、研究集会のためにここに戻って来ることが、私はほんとうに好きだった。これ以上贅言を費やさずとも、量れるものではないから推し量るのではないにせよ、私の感謝〔gratitude〕の計り知れないおおきさを、感じ取っていただけよう。

今日、またしてももう一回、危険を承知で私が言おうとするすべては、それゆえ、感謝する〔恩恵を返す rendre grâce〕ためであるというような仕儀になるだろう、「この場所の、そこに私たちを迎えてくれた人々のおかげで、そしてあなた方のおかげで〔grâce à〕」と、言うためであるような仕儀に。それは私にとって、素敵な、そして強烈な物語なのだ、スリジィへの回帰の物語は。この物語は、大人としての私の人生のほとんどすべてに節目を刻むことになるだろう、それについて、語りつつ考えることを試みたすべてに。いつか、万一、私がそれである動物が、（知的経歴であれ、あるいは感情の履歴であれ）自伝を書かなくてはならない羽目になったとしたら、その動物はこの自伝で、スリジィを、何回も何回も名指さなくてはならないだろう、一回ならず、一つならぬ仕方で——その固有名の、そして換喩の名声において。

今回の、ある種のセリーの三回目の研究集会に関しては、私にはそれは、予見不可能な、さらにはあらかじめ排除されたもののように思えていた。前回、一九九二年、最後の晩に屋根裏部屋で、ディディエ・カーエン〔Didier Cahen 一九五〇― 詩人・エッセイスト〕がそれを暗示して、来たるべき三回目の研究集会のテーマはどうなるのかと私にたずねたとき、まだ覚えているけれども、その仮設を私は排除したのだった。「狂ってるぜ、こいつ〔Il est fou, ce mec〕」と、彼に向かって私は叫んだ。彼はさほど狂ってはいなかったわけだが、これらすべては私には、到来するあらゆる事柄と同様、そしてそれが到来する事柄の条件なのだが、先取り不可能にとどまっていた。ただ事後的にのみ、そして激しく心を掻き乱されながら、これら三回の出会いのタイトル（「人間のいくつもの目的＝終焉」「いくつもの境界の通過」「自伝的動物」）を読み直してみて、私はそこに認めた、ある種の順序立てを、調和的ではなくとも予定はされていた順序のようなものを、それこそ動物について、カントなら«*als ein Maschinenwesen der Vorsehung*〔摂理の機序として〕»と言うだろう、正体不明の先見の明を、盲目でありながらしっかりと、ともに形象をなすものが予め形象をなしていく〔la préfiguration dans la configuration〕過程を。すなわち、その目的＝終焉を探しておのれを素描していく、ただ一つの同じ運動を。「人間のいくつもの目的＝終焉」（このタイトルはフィリップ・ラク＝ラバルトとジャン＝リュック・ナンシーが選んだもので、彼らは私の意見を求めず、私も意見を述べようとはしなかった。もっとも、このタイトル、「人間のいくつもの目的＝終焉」はまた、私のテクストの一つのタイトルでもあったのだが）、「いくつもの境界の通過」および「自伝的動物」――私が自分でマリ＝ルイーズ・マレとスリジィのホストの方々に提案したタイトル――、この三つの幕開けのセリーのうちに、のちに私は聞き取りはじめたのだ、誰も、とりわけ私が、けっして計算しなかったもの、誰も再自己固有化できないだろうもの、すなわち、ある単一の文の粗描ないし誘惑（ヴァレリーの詩「蛇の粗描」への参照）、おのれを追うべく与える一つの文を。

それは続く＝追う〔suit〕、それ自身〔を〕、それはおのれを追う。それは言うことができるかもしれない、「私は追う＝私はある」〔je suis〕、「私は私を追う＝私は私である」〔je me suis〕と。このようにそれは、なんらかの整合的帰結〔conséquence〕をともないつつ三段階で続いていきながら、三幕の戯曲の進行のようなもの、あるいは三段階論理のなんらかのコンチェルトの三つの楽章のようなもの、おのれに続く〔おのれを続きにする se *fait suite*〕ある転位、一語で言えば続き＝組曲〔suite〕を描いているらしい。

私がこの続きを追う〔je suis cette suite〕のであれば、そして私がこれから言おうとしていることのうちでは何もかもが、「追う」とは、あるいは「追跡／追及／追求する〔poursuivre〕」とは、そして「後ろにいる」とは何を意味するのかという問いに、「私がある」

〔追うje suis〕とき、そして「私はある」と私が言うとき、私は何をしているのかという問いに連れ戻すのであれば、すなわち私がこの続きである〔je suis cette suite〕のであれば、その場合には、私はおもむく〔je me rends〕ことになる、「人間のいくつもの目的＝終焉〔fins〕」、すなわち人間のいくつもの臨界〔confins〕から、人間と動物のあいだの、「いくつもの境界の通過」へと。人間の境界ないし目的＝終焉を通過して、私は動物へとおもむく〔おのれを返すje me rends〕、動物それ自身に、私のうちなる動物に、そして自分自身がないことに悩める動物、それについてニーチェが、どこでだったかは忘れたけれども、いまだ未限定な動物であると、自分自身が欠落した動物であると、ほぼそのように言っていた動物たるあの人間に。ニーチェはまた、『道徳の系譜』の「第二論文」のごくはじめのところで、人間は約束をする動物であるとも言う。この言葉で彼は、これらの語を強調して、約束のできる（*das versprechen darf*）動物ということを意味している。約束をするこの動物を、育成、馴致、「規律訓練」する（*heranziichten*）ことを、自然はおのが使命としたらしい。

有史以来、はるか昔から、それゆえ、この時間がはじまって以来ずっと、そして来たるべき残りの時のあいだ、私たちは、自分自身がないことに悩めるあの動物の約束に、私たち自身を返そう＝おもむこうとしているらしい。

ゆえに、時間の生成＝有史以来〔depuis le temps〕のことなのだ。

時間の生成＝有史以来、動物がわれわれを見つめてきたと言えるだろうか？

どんな動物が？ 他なる動物が。

しばしば私は、この私は、試しに〔見るために pour voir〕自分に問う、私は誰か＝誰を追うのか〔*qui suis je*〕――それも、ある動物〔un animal〕のまなざし、例えばある猫の眼に、沈黙のうちに、裸でいる不意をつかれたとき、ある気まずさを克服するのに、苦労〔du mal〕を、そう、苦労をする瞬間、私は誰か＝誰を追うのかと。

なぜ、こんな苦労をするのか？

私はある恥じらいの運動を抑えるのに苦労をする。私のなかの、無礼さに対する抗議の声を黙らせるのに苦労をする。それは、身じろぎせずに、見るためだけに、あなたを見つめるある猫の前で、裸の自分を、性器も露わな、一糸まとわぬ自分の姿を見出すことの不作法さ〔malséance〕に対するものかもしれない。他なる動物の前で裸であるこのような動物の不作法さ、ならばそれは、ある種の動物的悪態〔animalséance〕のようなものだろう。それは独自な、唯一無比の経験、動物の執拗なまなざしの前に、真実に裸で現れることが持ちうる、あの不作法さの経験だ。そのまなざしは、好意的なのか無慈悲なのか、驚いているのか感謝しているのか不明である。見者の、幻視者の、あるいは極度に明敏な盲者のまなざしかもしれない。それはあたかも、私が、そのとき、猫の前で、裸のまま恥じているかのようだ。しかしまた、恥じていることを恥じているかのようでもある。恥の反射、おのれ自身を恥じる恥の鏡、同時に鏡像的であり、正当化不可能であり、告白不可能であるような恥の。このような反射の視覚的中心に、〈事〉〔大変な事態 la chose〕は見出されるだろう——そして、私の眼には、裸と呼ばれるあの無比の経験の焦点であるものが。そしてそれについて、裸は人間に固有のものだと、すなわち、動物たちには無縁だと信じられている、それらは裸だけれども、とそのとき人は考える、裸であることを微塵も意識していないと。

何が恥ずかしいのか、そして誰の前で裸なのか？　なぜ恥が押し入るにまかせるのか？　そしてなぜ、恥じることを赤面するあの恥なのか？　はっきりさせておかなければなるまいが、わけても猫が、裸の私を、正面から、差し向かいで観察する場合、そして私が、猫の眼に対面して裸である場合のことなのだ。猫は私を足先から頭まで見つめる、いわば、ただ見るために。その視線を、見るために、見ることを目指して、性器の方角に沈み込ませるのをみずからに禁じる〔おのれから剝奪する se priver de〕ことなく。見るために〔試しに pour voir〕とは、性器のところまで見には来ずに、まだそれに手は出さずに、そして齧りつくことはせずに、ということだ。とはいえこの脅威は、口先あるいは舌先に残ってはいるのだが。ここでは起きてはならないことが起きている——到来するあらゆることと、要するに同様に。言い間違い、転落、過失、過誤、症候（そして、ご存じのように、症候はまた転落を意味する〔症候 symptôme はギリシャ語で「偶然」「不意の出来事」「不運」の意。字義通りには〈ともに〉〈転落する〉こと〕、すなわち、症例〔cas〕であり、不幸な出来事であり、偶然の巡り合わせであり、年貢の納め時〔échéance〕であり、非運〔méchance〕である)。それはあたかも、私が禁忌〔interdit〕を、言ってはならないことを、たった今言ってしまったかのような、あるいはこれから言おうとしているかのような具合なのだ。あたかもある症候について、告白すべからざることを、私が告白しているかのような、そして、よく言われるように、喋ってしまったことを、すぐに後悔した〔se mordre la langue 自分の舌を嚙む〕かのような。

何が恥ずかしいのか、そして誰の前で恥ずかしいのか? 獣のように裸なのが恥ずかしいのである。一般に信じられているところでは、だが、まもなく私がたずねにいく哲学者たちは誰一人そのことに言及していないけれども、獣たちの固有のものとは、そしてそれらを人間から最終的に区別することとは、裸でありながら裸であることを知らないことだ。ゆえに、裸ではないこと、おのれの裸についての知を、要するに善悪の意識を持たないことだ。

そうであるとすれば、それと知らずに裸である動物たちは、真実には、裸ではないことになるだろう。

それらは裸であるがゆえに裸ではないことになるだろう。原則として、人間を例外として、いかなる動物も、けっして衣服を身にまとおうとは思わなかった。衣服は人間の固有のものであることになるだろう、人間の数々の「固有のもの」の一つであることに。「衣服を身にまとう」ことは、たとえそのことが、言葉や理性、ロゴス、歴史、笑い、喪、墓所、贈与等々ほど語られないとしても、「人間の固有なもの」の他のあらゆる形象から切り離しえないものであることになるだろう（「人間の固有なもの」のリストは、つねに、最初の瞬間から、共形象をなす。まさにこの理由のために、このリストはけっして唯一の特徴に限定されず、それはけっして閉じない。構造からしてそれは、有限ならざる数の他の諸概念を磁石のように引きつけうる、概念という概念をはじめとして）。

　動物は、ゆえに、裸であるがゆえに裸ではない。それはおのれが裸であるという感情を持たない。「自然のなか」に裸はない。あるのは裸のなかに実存することの感情、情動、（意識的ないし無意識的な）経験だけである。裸である〔est〕がゆえに、裸のうちに実存〔外立 *exister*〕せざる動物は、おのれが裸であることを感じることも見ることもない。ゆえに、裸ではない。少なくとも、そう考えられている。人間にとっては逆であるらしい、そして衣服はある技術に呼応する。ゆえにわれわれは、同じ「主題」であるかのように、羞恥と技術を一緒に考えなくてはならないだろう。そして悪と歴史を、そして労働を、そして、それとつながった他の多くのことどもを。人間だけがおのれの性器を隠すために衣服を発明したらしい。独りこのものだけが人間であるだろう、裸になれるようになることで、羞恥を知ることで、もはや裸でないがゆえに恥じらうおのれを知ることで。そして、おのれを知ることとは、恥じらうおのれを知ることだろう。動物はどうかと言えば、裸であるという意識がないがゆえに裸なのだが、それは羞恥にも破廉恥にも、等しく無縁にとどまるだろうと信じられている。そして、そのことで開始される自己の知にも。

破廉恥であり続けなければ羞恥心を持ちえないのなら、またその逆も成り立つのなら、羞恥とは何か？　人間は裸であるという感覚を持つがゆえに、すなわち羞恥あるいは恥を知るがゆえに、もはやけっして裸ではないことになろう。動物は裸であるがゆえに裸でないことのうちにあることになろうし、人間はおのれがもはや裸ではないところで裸であることのうちにあることになろう。これが二つの裸ならざる裸のあいだの差異である、これが両者のあいだの間《ま》〔時間 temps〕ないし間の悪さ〔contretemps〕だ。この間の悪さは、善悪の知恵の方角で、われわれに苦労〔悪 mal〕を与えはじめたばかりだ。

裸の私を見つめる猫の前で、私はもはや裸であるという感覚を持たない一匹の獣として、恥じているのだろうか？　それとも反対に、裸であるという感覚を保持する一人の人間として恥じているのだろうか？　そのとき私は誰なのか？　私は誰を追うのか？　それを誰に問うべきなのか、他者のほかに？　そして、おそらくは、猫自身のほかに？

ただちにはっきりさせておかなければならないが、私が語る猫は本物の猫だ、信じていただきたい、一匹の子猫なのだ。それは猫の形象ではない。それが黙って部屋に入ってきたのは、地上のすべての猫を、神話、宗教、文学および寓話の数々を横切ってゆくすべてのネコ科の動物をアレゴリー化するためではない。そのような猫たちは大勢いる。私が語る猫は、本来ならここで無限かつ独自の配慮を受けてしかるべきカフカの巨大な動物詩学に属してはいない。私を見つめる猫、そして私が否定動物神学を捧げているように見えようとも、どうか信用なさらないでいただきたい猫、それはホフマンあるいはコフマンの猫ムルでもない。この猫は私とともに、この機会をとらえて、サラ・コフマンが猫ムルに捧げた見事で無尽蔵の本、『爪で掻かれた自伝〔*Autobiogriffures*〕』[2]に、この研究集会のそれとあまりによく響き合うタイトルのあの本に、敬意を表してはいるけれども。この本がこの研究集会を見守っている、そしてたえず引用されること、読み直されることを求めているようだ。

ある動物が私を見つめる〔Un animal me regarde〕。この文について、私は何を考えるべきだろう？　裸の私を見つめる猫、そして本当に子猫である猫、私が語るこの猫、それはまた牝猫でもあるのだが、それはモンテーニュの猫でもない。とはいえ彼はその『レイモン・スボンの弁護』で、「私の牝猫」と言っているのだが。[3]お認めになられるだろうが、これこそは動物についての、前デカルト的かつ反デカルト的な、もっとも偉大なテクストの一つである。のちほどわれわれは、モンテーニュからデカルトに向かうあいだの激変に、これらの固有名がその換喩であるような共形象のあいだでの、時期決定さえ、同定することさえ困難であるような、不分明な出来事に関心を寄せるだろう。モンテーニュは、「動物にかかわる事実についての人間の厚かましさ」を、例えば動物たちの頭のなかで起きていることを知っていると主張するときの人間の「思い上がり」と「空想」を揶揄する。とりわけ人間が、動物たちに、あれこれの能力を割り当てたり拒んだりしようとするときの。それとは反対に、動物たちに、文字や音節を音声化する「才能」を認めるべきだろう。モンテーニュが安んじてその確信を与えるこの力能は、「動物たちが内面の言説を持ち、それが彼らを訓練可能に、また学習の意志を持つようにしているのだということを証し立てる」。「みずからの同胞にして同伴者たる動物たちにその取り分を切り分け、あれこれの能力や力の割り当てを、おのれの意のままに彼らに分配する」人間を攻撃して彼は問いかける——そして問われるべきは、だから、動物であるよりも、人間のナイーブな確信のほうなのである。

「人間はどうしたら、おのれの知性の努力によって、動物たちの内面の、秘密の衝動を知ることができるだろう? 彼らとわれわれをどう比較すれば、人間が動物たちに付与する愚かさが、結論として導かれるのだろう?

私が私の牝猫と戯れているとき、私が彼女を相手に暇つぶしをしている以上に彼女が私を相手にそうしていないかどうか、誰に知ることができるのだろう?」

〔一五九五年の版では以下の文章が付け加えられていた。「われわれはたがいに相手をまねすることにふけっているのだ。はじめたり拒んだりするときを、私が自分で選べるならば、彼女だって自分で選べる。」〕

裸の私を見つめる牝猫、他のどれでもないこの猫、私がここで語っている猫、それはまだ、とはいえ近づいてはいるけれども、ボードレール[4]の、リルケ[5]の、あるいはブーバー[6]の猫たちの家族に属してはいない。少なくとも文字通りの意味では、詩人たちと哲学者たちのこれらの猫たちは話さない。まして「私の」牝猫（だが、牝猫はけっして帰属しない）は、『不思議の国のアリス』の話す猫でもない。むろん、あなた方がどうしても私の倒錯性を疑いたいとお考えなら、私のさきほどの抗議、「本物の子猫だ〔vraiment un petit chat〕」という抗議を、『鏡の国のアリス』の第十一章からの翻訳による引用として聞き取ること、受け取ることはつねに可能であり、あなた方の自由である。《Le réveil》（《*Waking*》〔「目が覚めて」〕）と題されたこの最後から二番目の章には一つの文しかない。《—*and it really* was *a kitten after all*》: 《...et finalement, *c'était* vraiment un petit chat》〔「そして結局は、それは本当に子猫だったのです」〕、あるいは別の翻訳では、《...et, finalement, c'était bel et bien une petite chatte noire》〔「そして、結局、それは正真正銘、一匹の黒い牝の子猫だったのです」」。

その時間はけっして私にはなかっただろうが、私の話の全体をルイス・キャロルのある読解のうちに、書き込みたい気持ちはむろんあった。それによかれあしかれ、黙って、無意識に、あるいはあなた方の知らないあいだに、私がそうしていないという保証はない。私がすでにそうしたことがなかったという保証もない、ある日、およそ十年前、一匹の小さなハリネズミに、おそらくは赤ん坊のハリネズミ《ヌリッソン・エリッソン》に[7]、「詩とは何か？」という問いの前で言葉を与えたとき、あるいは道を譲ったときに。というのも、動物の思考は、そのようなものがあるとして、詩に帰着するからであり、これは一つのテーゼであるが、それこそは哲学が、本質からして、みずからに禁じなければならなかったものだからだ。それが哲学的知と詩的思考の差異である。「詩とは何か」のハリネズミ〔hérisson〕は、私の名の断片を相続〔héritait〕していただけではない。それはまた、それなりの仕方で、アリスのハリネズミに応答してもいたのだ。「ボールが生きたハリネズミだった」[8]あのクロッケー場を思い出していただきたい。アリスはハリネズミを、腕で抱えたフラミンゴの頭で叩こうとするのだが、そのときフラミンゴが向き直り、彼女を正面から見つめた（*«look up in her face»*[9]）ので、彼女は吹き出してしまったのだった。

いかにして動物は正面から見つめることができるのか？　そのことが、われわれが関心を寄せる事柄の一つになるだろう。続いてアリスは、「ハリネズミがまるめていた体を伸ばしそろりと遠ざかっていくことに、そのうえ、彼女がハリネズミを送ってやろうと思ったところにはほとんどつねに、窪みか瘤ができていることに」気づいた。それは「競技者たちが自分の番を待つことなくみな一斉に競技する」競技場であり、「彼らはたえず口喧嘩をしながら、ハリネズミを奪いあっていたのでした（*fighting for the hedgehogs*）」。『鏡の向こう側〔鏡の国 De l'autre côté du miroir〕』に、われわれは無言のままいっそう引き寄せられるだろう、のちにある種の鏡の競技場〔鏡の段階 stade du miroir〕を扱わなくてはならないだけに——そしてそれに、いくつかの問いを、まさしく動物の観点から提起しなくてはならないだけに。

しかし、私の本物の猫がアリスの子猫（«le petit chat» と、*kitten* のことをいくつかの翻訳では言っている、«une petite chatte noire» と、さきほど引用した翻訳は言う）ではないのは、私がアリスのように、目が覚めるとたちまち、応答しないから、あるいはいつも同じ応答をするからという口実で、猫とは話せないと性急に結論したりはしないからだ。というのも、私があなた方に打ち明けようとしていることのすべては、たぶん、私に応答するよう、あなた方が、私に、応答するとは何を意味するかということに関して、私に応答するよう、あなた方に求めることに帰着するからだ。前述の動物なるものについての前述の問いは、動物が話すかどうかを知ることにではなく、応答するとは何を意味するかが、知られうるかどうかを知ることに帰着するだろう。そして、応答を反応から、区別しうるかどうかを。この点に関する、アリスの最後の、とてもデカルト的な発言を覚えておこう。まず翻訳で引用する。

Les chattes (Alice en avait déjà fait la remarque) ont une très mauvaise habitude: quoi qu'on leur dise, elles ronronnent toujours pour vous répondre. «Si seulement elles ronronnaient pour dire "oui" et miaulaient pour dire "non", ou si elles suivaient une règle de ce genre, de façon qu'on puisse faire la conversation avec elles! Mais comment peut-on parler avec quelqu'un qui *répond* toujours pareil?»

Cette fois, la chatte noire se contenta de ronronner; et il fut impossible de deviner si elle voulait dire «oui» ou «non».

〔牝猫たちには（アリスは前から気づいていましたが）とても悪いくせがあります。彼女たちに何を言っても、応答するのにいつでもゴロゴロと喉を鳴らすのです。「せめて「はい」ならゴロゴロと喉を鳴らし「いいえ」ならニャアと鳴いてくれたら、あるいはこの手の規則に従ってくれたら、彼女たちとお話が出来るのに！　でも、いつも同じように応答する相手と、どうしたらお話ができるというの？」

今回黒い牝猫はゴロゴロと喉を鳴らしただけでした、それで、「はい」なのか「いいえ」なのか、彼女がどちらを意味していたのか見当がつきませんでした。〕

動物に、動物として実在すると言われる猫に、あなたは話すことができるが、猫は応答しない、本当には、けっして。こうアリスは結論する。われわれがのちにその考えを聞くことになるデカルトとまったく同様に。

字句は大切だ、そして動物の問いもまた。動物の応答の問いは、しばしば、一つの字句に賭けられたものを、一つの語の、字句通りに「語」が意味するものの、逐語性を経由する。例えば、私が調べたあらゆる翻訳には「応答する〔répondre〕」という語が二回出てくるが、この語は原文のどんな語彙単位、それとしてのどんな語にも対応しない。たしかに原文は、きっとこの語を、それと言わずに、節約的にであれ含意してはいるだろう。「いつも〔toujours〕」を強調せずに翻訳が «quoi qu'on leur dise, elles ronronnent toujours pour vous répondre» と言うところで、原文はただ、«*whatever you say to them, they always purr*»〔何を言ってもいつもゴロゴロと喉を鳴らす〕とだけ言っていた。力能（can）への暗示を強調せずに翻訳が «Mais comment peut-on parler avec quelqu'un qui *répond* toujours pareil?» と言うところで、キャロルの方は、«*But how* can *you talk with a person if they always say the same thing?*» と書いていた。

このことを確認したうえで、「応答」の意味がここに含意はされているように見える以上、「応答」という語の現前と不在のあいだの差異は、重要ではないと考えることはつねに可能である。おそらくは。おそらくは反対に、この事態を非常に重く見るべきかもしれないが、それはただのちほどのことになるだろう。

いずれにせよ信じられないものではなかろうか、アリスのこの信じやすさは？　彼女は、少なくともこの瞬間には、人間にあっては動物とは逆に、諾と否の違いを、識別し決定することができると信じているように見える。人間ならその場合、諾か否か見当をつけることが可能だと、信じきっているらしい。忘れないようにしよう、チェシャー州の〈猫〉が、長い省察にあたいするある場面で、彼女にこう言っていたことを。「ここじゃおれたちはみんな狂っているんだ。おれも狂っている。君も狂っている」[11]。そののち彼は、この分有された狂気を彼女に証明することに取りかかる。それは討論の模像の局面である。ところが、そこで彼らは訳がわからなくなる、語の意味について、語〔mot〕とは何を意味するのかについて、そして、あげくの果ては、たぶん、「語」が、「語」という語彙単位が、いったい何を意味しうるのかについて意見が合わないために。「何とでも呼ぶがいいさ〔«Appelle ça comme tu voudras»〕」（*«Call it what you like»*）と、しまいに〈猫〉は彼女に言う、〈うなる〉（*growling*）と〈ゴロゴロと喉を鳴らす〉（*purring*）のあいだの差異について。それから彼女に予告する、自分は女王のクロッケーの試合にいるだろうと。つまり、かわいそうな私のハリネズミたちが痛い目にあわされるその場所に。

違う、断じて違うのだ、居室で、あるいは浴室で、私を見つめる猫、「私の牡猫」でも

「私の牝猫」でもおそらくはない猫、それはここに、大使として、われわれの文化がはるか昔から、ラ・フォンテーヌからティーク（『長靴を履いた猫』の作者）まで、ボードレールからリルケ、ブーバーその他大勢まで、猫族に負わせてきた巨大な象徴的責任〔応答可能性 responsabilité〕を代表するために来たのではないのだ。裸の私を見つめているのは「実在の猫である」と私が言うのは、その代替不可能な独異性を刻印するためだ。それがおのれの名に応答する（「応答する」ということが何を意味するにせよ。そしてそれが、それゆえ、われわれの問いになるだろう）とき、それは「猫」という一つの種の事例としてそうしているのではない。まして「動物」という一つの類あるいは界のそれとしてではない。私がそれを一匹の牡猫ないし牝猫として同定していることはたしかだ。しかし、この同定以前にはやくも、それは、ある日、私の空間に、それが私と出会うこと、私を見ること、さらには裸の私を見ることができたこの場所に入ってきた、代替不可能なこの生けるものとして私に到来するのだ。それは一切の概念に抗う実存なのだという私のうちのこの確信を、何も、けっして、取り除くことはできないだろう。それも、死すべき実存である、というのも、それは名を持つのだから、その名はそれよりも、すでに生きながらえているのだから。その名はそれの可能な消滅に署名している。私の消滅にもまた――そしてこの消滅、〈こちらからあちらへ〉、*fort/da* は、裸であろうとなかろうと、われわれの一方が部屋を離れるときには毎回予告されるのである。

だが、おのれ自身を恥じるこの恥は、ただちに強調しなくてはならないが、私が部屋で、猫と二人だけではない時、いっそう強烈なのだ。そのとき私はもはや、誰の前でこのように、羞恥にすくんでいるのか知っているという確信がない。そもそも猫と二人だけなどということが果たしてあるだろうか？　そして、誰とであれ？　この猫、それは第三者なのか？　それとも、差し向かいの二者関係におけるもう一方のものなのか？　これらの問いははるかあとでわれわれに戻ってくるだろう。あれらの瞬間、〈事〉の瀬戸際、最善あるいは最悪の事態が切迫するなか、あらゆることが起こりうるとき、恥あるいは快で私が死にかねないとき、もはや私は知らない、何に向かって、誰に向かって、私は自分を急き立てているのかを。それを、猫のほうを追い出すよりむしろ、私は急ぐ、そう、体面をつくろおうと急ぐのだ。私は必死になる、出来事の猥褻さを速やかに覆い隠すべく、ひと言で言えば、わが身を覆う〔＝服を着る me couvrir moi-même〕べく。そのとき私の気を揉ませるのはただ一つの考え、どれほどわずかであれ何かを身にまとうこと、あるいは同じことだが、逃げ出すことだ、あたかも私自身を部屋から追い出すかのように——そしてそのとき、私は自分で自分に——例えば舌に——嚙みつく、自分で自分に「誰だ？」と、だがいったいお前は誰なのか？　と問うときに。というのも、私は私が誰を追うのか、あるいは誰を追い出す／追いかける〔chasse〕のか、誰が私を追うのか、誰が私を追い出す／追いかけるのかが、もはやわからないのだから。誰が前に来て、誰がそのうしろにいるのかが。

どちらに頭を持っていけばよいのか、もはやわからないほど途方に暮れてしまう。狂気である。《*We are all mad here. I'm mad. You're mad.*》私はもはや応答することができない、私に指令する問いに、もしくは、私は誰か／誰を追うのか、あるいは私は誰のうしろにいるのか、そして、そのようにして、誰を追いかけ追い求めているのかを問う問いに、責めを負う〔répondre de〕ことさえできない。

追うこと〔*suivre*〕とうしろにいること〔*être après*〕、それは単に問いではないだろう、そして、われわれが動物と呼ぶものの問いであるばかりではないだろう。続いてわれわれは発見するだろう、問いの問いを、まず応答するとは何を意味するのか——そして、動物（だがどの？）がはたしておのれの名に応答するのかどうか——自問する問いを。それも、「私はある／追う〔je suis〕」が意味することに、それが「私はある、私が動物のまうしろに〔*après*〕いる限りで」を、あるいは「私はある、私が動物のまぢかに〔*auprès*〕いる限りで」を要求するとき、おのれが責めを負うことができるかどうか問うことによって。

まうしろにいること、まぢかにいること、近くに〔*près de*〕いること、これらは一見、〈あること〉の、さらには〈ともにあること〉〔*l'être-avec*〕の、異なる諸様態であるかに見える。動物とともにあることの。しかし、そう見えるにもかかわらず、これらの〈あること〉の様態が、ある先行する存在を、ましてや原初的な「私はある」を、変様させにくるのかどうかはさだかではない。それらが言い表しているのは、いずれにせよ、〈迫られてあること〉〔*l'être-serré*〕〈*pressu*〔ラテン語。圧縮された〕という語源がそれを示し、そこから *près, après, auprès* といった〔現代フランス語の〕言葉たちが後に続いて出て来たらしい）、〈圧迫され＝急かされてあること〔être-pressé〕〉、緊密に繋がれ、結ばれ、縛られてあることとしての〈ともにあること〉、〈圧力のもとにあること〔être-sous-pression〕〉、圧縮され、押印され、抑圧されてあること、つねに圧迫してくるものの、多少とも強力な緊縛構造に即して〈抱き締められて〔serré-contre〕〉あることにおけるある種の秩序である。（かならずしも聖書ないしギリシャ＝ラテン的伝統のそれではない）「近きもの」のどんな意味で私は言うべきなのか、私は動物に近い、あるいは動物の近く〔près〕にいると、そして私はそれを追うと？　それも、どんな種類の圧力のなかで？　〈それの近くにいること〉としての〈それとともにあること〉なのか？　〈それのまぢかにいること〉としてなのか？　〈それのまうしろにいること〉としてなのか？　狩猟、飼育、調教の意味での〈それのまうしろにいること〔*être-après-lui*〕〉としてなのか？　それとも、継承と相続の意味での〈それのまうしろにいること〉としてなのか？　これらすべての場合において、私がそれのうしろにいるのであれば、ゆえに動物は私より先に来るのである、私より早く（*früher*〔より早く〕とは動物についてのカントの言葉だ、そしてカントはわれわれの来たるべき証人の一人になるだろう）。動物はいる、そこに、私より先に、そこに、私の近くに、そこに、私の前に——それの後にいる＝を追う〔qui suis après lui〕私の。そして、ゆえにまた、それは私より先にいるのだから、それは私の背後にいることになる。それは私を包囲する。そしてこの〈私の前にそこにいること〉から出発して、なるほどそれは私に見つめられるがままになりうるけれども、しかしまた、おそらく哲学はそれを忘れており、哲学とはこの計算された忘却でさえあるとしても、それのほうでも私を見つめうるのである。それは私の上におのれの視点を持つ、絶対的他者の視点を。そしてある猫のまなざしのもとで自分が裸なのを見られているのを見るときほど、隣のもの、あるいは近きもののあの絶対的他者性を、私に考えるべく与えるものは、断じて何もないだろう。

　これらの問いにはどんな争点が賭けられているのか？　別に専門家ならずとも次のことは予見できる。これらの問いが、生きること、話すこと、死ぬことが意味するところのもののある思考をかかわりあいにするということ、〈世界のうちにあること〔être-dans-le-monde〕〉ないし〈世界にあること〔être-au-monde 世界内存在〕〉としての存在と世界、あるいは〈ともにあること〔être-avec 共存在〕〉、〈前にあること〉〈うしろにあること〉〈後にいること〉、あることと追うこと、〈追われること〉ないし〈追うこと＝後続するものであること〉、私があるところで、なんらかの仕方で、だが拒みがたく、彼らが動物と呼ぶところのものの近くにあるということが意味するところのものの。それを否定しようとしても手遅れなのだ、私より先に、それはそこにいるだろう、それの後にいる＝を追う

〔qui suis après lui〕私より先に。私はある、彼らが動物と呼ぶものの後に、そして近くに、そしてそれとともに――われわれがそのことを欲しようと欲しまいと、そしてわれわれがこの事〔la chose〕をどうしようとも。

お赦しを願いたいが、あの場面の困惑に、私は一回ならず立ち返らなくてはならないだろう。私は万事を尽くそう、あの場面を原光景のごとく提示しないよう。これは彼らが「動物」と、そして例えば「猫」と呼ぶ、まったき他なるものの無分別な演劇なのである。そう、まったき他なるもの、どんな他なるものより他なる、そして彼らがある動物と、例えば一匹の猫と呼ぶものの。そのときこのものは裸の私を見つめる、私が私自身を差し出す〔自己提示する me présenter moi-même〕瞬間、私自身からそれへと差し出す瞬間に――あるいは、それより早く、予定〔与えられた日時 date〕より前に、私自身がそれを欲しかつ知るより前に早くも、私がそれに、受動的に裸で差し出されているあの奇妙な瞬間に。私は見られている、それも裸で見られている、ある猫に自分が裸で見られているのを見るより前に早くも。自分が裸で見られているのを見る、あるいは知るより前に早くも。私はそれに、自分を差し出すより前に、早くも差し出されている。この受動性のうちにしか裸はない、この意図せざる自己の露呈のうちにしか。裸はその殻を脱がない、この正面からの、差し向かいの露呈のうちでしか。ここでは、どちらかの性の〔de l'un ou l'autre sexe〕、あるいはどちらもの性の〔de l'un *et* l'autre sexe〕、猫に向かっての。私がそれに背を向けるときも私を見続けているだろう猫、そして私が去るのを見つめ続けているだろう猫、そうであれば、それがまだ私を背後から見ているのをもはや見ない私が、そのとき忘れかねない猫に向かっての。

いま私は裸に受動性を一致させた。この裸にされた受動性には異名を付けることもできるだろう、のちに一回ならず、さまざまな場所から、さまざまな問題域から回帰してくるだろうある言葉、動物の／による情熱／受苦〔*la passion de l'animal*〕、私に動物から来る受苦、他なる動物に対する私の情熱という言葉によって。それは、その底がどこまでも底なしのままのあるまなざしのもとで、罪がないと同時におそらく残酷でもある、おそらく感じやすいのだろうが無感動でもある、善良かつ邪悪な、解釈不可能な、読み取り不可能な、決定不可能な、深淵状で秘密の、まったく他なるまなざしのもとで、おのれが裸で見られているのを見ることである。まったく他なるまったき他者、だがそれは、その耐え難い近さにあって、私がまだ、私の近きものと、まして兄弟とはなおのこと、そのものを呼ぶ、どんな権利も、どんな資格も感じられない場所でのことだ。というのも、動物が登場するときに兄弟たちの兄弟愛に何が起きるのかを、われわれは、避け難く、自分（たち）に問わなくてはならないだろうからだ。あるいは逆に、ある兄弟が他の兄弟の後に来るとき、アベルが、アベルの後にいるカインの後に来るとき、そのカインがアベルの後にいるときに動物に何が起きるのかを。あるいは、ある息子がその父の後に来るときに。身代わりであろうとなかろうと、動物たちに、驢馬に、そして牡羊に、モリヤ山上で、何が起きるのか？

この底なきまなざしは、私に何を見るべく与えるのか？　それは私に何を「言う」のか、要するにあらゆるまなざしの裸の真理を顕現するこのまなざしは、この真理が他者の眼のなかに、見られているだけでなく見てもいる他者の眼のなかに、私を見るべく与えるときに？　ここで私は、あれらの見ている眼たちのことを考えている、あるいは、その色を同時に見かつ忘れるべき、あれら見るものの眼たちのことを。レヴィナスは言う、他者のまなざしをまなざすとき、その眼の色は忘れなくてはならないと。言い換えれば、他者の見える眼以前に、まなざしを、見ている顔を見なくてはならないということだ。しかし、「他人と出会う最良の仕方はその眼の色に気づきさえしないことだ[12]（……）」と言うとき、そのとき彼が語っているのは人間のことであり、人間としての近きもの、同類、兄弟なのであって、彼は他なる人間のことを考えているのである。そしてこのことは、われわれにとって、のちに、ある深刻な不安の場所となるだろう。

どんな底なきまなざしにも劣らず、「動物の」と言われるこのまなざしは、他者の眼として、人間的なものの深淵状の限界を、私に見るべく与える。非人間的ないし没人間的なもの、人間のいくつもの終焉、ということは、そこから人間が、みずから自分に与えるのだと信じるその名によって、そのようにおのれを呼びつつ、あえておのれをおのれ自身に予告するいくつもの境界の通過。他者のまなざしに対するこれら裸の瞬間には、どんなことも私に生起＝到来しうる、私は黙示録に臨む子供のようだ、私は黙示録そのものだ〔私は黙示録自体を追う *Je suis l'apocalypse même*〕、すなわち、最終にして最初の終わりの出来事、暴露にして審判である〔＝を追う〕、私はそれである〔＝を追う〕、私は黙示録に同一化する、その後を走りつつ、それを、動物すなわち生についてそれが語ること〔その動物学 sa zoo-logie〕のすべてを追いかけつつ。極限的な情熱＝受苦の瞬間が過ぎ去り、平安が再び見出されたとき、そのとき私は、平静に、黙示録の獣たちのことを語ることができる、美術館にそれらを訪ねること、絵画のなかのそれらを見ることが（だが〈ゾオグラフィア〉はギリシャ人にとって生けるものの一般の肖像画を意味していたのであり、単に動物絵画ばかりではなかった）。動物園にそれらを訪ねること、聖書のような書物のなかにそれらを読むこと、あるいはそれらのことを、書物のことのように語ることが。

「彼らが「動物」と、そして例えば「猫」と呼ぶ、まったき他なるもの」と先に私が言ったのは、そして呼ぶことと引用の括弧とを強調したのは、われわれの念頭を金輪際去らないだろう一つの問題、すなわち呼称の――そして呼びかけへの応答の――問題を予告するためばかりではなかった。

　この方向に話を続行する前に、ごく最近のことだが、牝猫である猫が私に懇願するように思われ、扉を開けて自分が、彼女が、すぐに出ていけるようにしてくれと明らかに要求したときに、私の心をよぎった仮設を打ち明けさせていただきたい。それは彼女がよくすることで、まず浴室まで私を追ってくるのだが、ただちにそれを後悔するときなどのことだ。そもそもそれは毎朝繰り返される場面である。牝猫は起床時に朝食をねだって浴室まで私を追ってくるが、私が裸でありまったく別のことをしようとしているのを、自分に我慢させる腹を決めているのを彼（あるいは彼女）が見て取るやいなや、上述の浴室から出ていかせてくれと要求する。彼らが「動物」と呼ぶものの眼下で自分がこのように裸であるあいだ、そのとき一つのフィクションが、私の想像力の前に表《タブロー》となって現れた。それはリンネ風の分類、獣の観点からの分類学である。先に挙げた詩と哲学素のあいだの差異のほかに、結局のところ二つの類型の言説しか、動物についての二つの知の状況しか、理論的ないし哲学的動物論の、二つの大形式しかないのではないか。それらを何が区別するのかと言えば、もちろんそれらの署名者の場所であり、さらには身体である。この署名が資料体に、そして本来科学的、理論的ないし哲学的であるはずの主題系に残す痕跡である。まず、動物を見たこと、観察したこと、分析したこと、反省したことはたぶんあるだろうが、動物に自分が見られているのを見たことはけっしてない人々によって署名されたテクストがあるだろう。彼らはある動物が（彼らの裸とまでは言わずとも）彼らに向けたまなざしと、けっして眼を合わせたことがない。ある日、ちらりと、動物に自分が見られているのを見たとしても、彼らはそのことを（主題的、理論的、哲学的に）まったく考慮しなかった。動物が彼らと対面し、着衣の彼ら、あるいは裸の彼らを見つめることが、一語で言えば、一語も発しないまま、おのれを彼らに差し向けることができたということから、どんな体系的帰結を引き出すことも、彼らはできなかった、あるいは欲しなかった。彼らが「動物」と呼ぶものが、彼処から、まったく他なる起源から、彼らを見つめること、彼らにおのれを差し向けることができたということを、まったく考慮しなかった。このカテゴリーの言説、テクスト、署名者（おのれを彼らに差し向けた動物によって見られているのを見たことがけっしてない人々）のほうが、はるかに豊富に供給されてきた。このカテゴリーに、たぶん、それとしてのすべての哲学者、そしてすべての理論家は集約されるだろう。少なくとも、デカルトから今日までと言って差し支えないある特定の「時代」には。とはいえ、この「時代」という語が、そしてこの歴史主義までが、なぜ私を不安にもさせるのか、あるいはなぜ不満を残すのかは、のちほど述べることにしよう。この準画史的なカテゴリーに、自説を支えるため私がのちほど位置づける、そして同じ共形象のうちに記入するあらゆる男性たち（あらゆる男性たちではあってもあらゆる女性たちではない。というのも、この差異はここでは無意味ではないからだ）は、例えばデカルト、カント、ハイデッガー、ラカンおよびレヴィナスは、明らかに属している。[13] 彼らの言説は強力で深遠だ、だがこの人々のもとでは何もかも、あたかもおのれを彼らに差し向けた動物によって、彼らのほうが、とりわけ裸では、けっして見つめられたことがなかったかのような観を呈する。少なくとも、あの困惑させる経験が彼らに到来したことがあると仮定したとしても、それが理論的に記録されたことはなかったかのような観を呈するのであり、彼らが動物を、定理〔*théorème*〕に、すなわち、見られるのであって見るのではない事物にしたまさにその場所においてそうなのだ。見る動物の、彼らを見つめる動物の経験を、彼らは彼らの言説の、理論的ないし哲学的建築のうちで考慮しなかった。彼らはその経験を、要するに否認したのであり、それに劣らず誤認もしたのである。以後われわれは、この巨大な否認の周りを回ることになろう、その論理は人類の歴史の全体を横断しており、私が言及したばかりの準画史的な共形象の歴史ばかりではない。この共形象をなす男たち、あたかも彼らは見られずに見たかのようだ、動物に見られることなく、動物に自分が見られているのを見ることなく、動物を見たかのようだ。動物的と言われる生の底からおのれを差し向けて、その瞬間彼らに、それもまなざしによってばかりでなく、このことが彼らにかかわること、彼らを見つめていることを認めさせたはずの誰かから、自分が裸なのを見られているのを見ることなく。

しかし、結局のところ私は、このことが彼らに一度も到来しなかったとは信じないし、彼らの言説の所作のうちに、多少ともひそかに、なんらかの仕方で意味され、形象化され、あるいは換喩化されたことが一度もなかったとも信じないので、彼らの言説にこの否認の症候を解読することが、それゆえ、残された作業となろう。この否認は、多々ある否認のうちの一つを形象化することはできないだろう。この否認こそが人間の固有のものを、おのれに固有のものがまず気にかかり、嫉み深くそれを固守するような人間性の、自己への関係を制定するのである。

もう一方のカテゴリーの言説、はじめから詩人ないし預言者である、詩ないし預言の状況にある署名者たちの側、動物が自分に差し向ける訴求〔l'adresse que l'animal leur adresse〕を、それから逃れる、裸のまま、あるいは部屋着のまま逃れる時間および権能を持つより先に、わが身に被ってしまったと白状する男性たちあるいは女性たちの側の言説に関して言えば、その規約にもとづく代表者を、すなわち、理論的、哲学的、法律的人間としての、さらには市民としての主体を、私はまだ知らない。私はそれを見出さなかったが、それこそまさに、私が、ここで、いま、おのれが追求しつつあるのを見出すものなのだ。

それが私が追う足跡であり、あの「彼らが「動物」と、そして例えば「猫」と呼ぶ、まったき他なるもの」の痕跡をたどって追跡する足跡なのだ。

呼ぶことを、なぜ繰り返し名指すのか？　「彼らが「動物」と、そして例えば「猫」と呼ぶ、まったき他なるもの」と、なぜ言うのか？　呼ぶこと＝命名〔*appellation*〕の場面を想起するためだ、はじめからはじめることによって、すなわち創世記〔天地創造 Genèse〕から——しかも、少なくとも、ある種のはじめ直し、〈ベレーシート〉〔ヘブライ語で「はじめに」の意。「創世記」のはじめの語であり、ヘブライ語聖書ではその書の表題でもある」の第二の物語として区別されるものの、第二のはじめからはじめることによって。というのも、くれぐれも明確にしておかなければならないが、それはまさに第二の〈シュラキ訳によるなら〉「冒頭〔Entête〕」なのである。そのとき動物たちを命名する人間はアダム、すなわち〈土のもの〉、〈土塊《つちくれ》のもの〉だったばかりではない。それはまさに〈イッシャー〉以前の〈イシュー〉、女以前の男だったのだ。そのとき男は、〈イシュー〉は、まだ独りで、彼より先に創造された動物たちに名を与えた。「〈土塊のもの〉はあらゆる獣のために名を叫んだ〔«Le glébeux cria des noms pour toute bête»〕」とある翻訳は言う。[14] 別の翻訳は「男はすべての〈獣的なもの〉たちをその名で呼んだ〔«L'homme appela de leurs noms tous les bestiaux»〕」と言う。[15]

なおも強調しよう。このようになっているのは第二の物語においてだけだということを。第一の物語と呼ばれるものを信ずるなら、神は人間をみずからに象《かたど》って創るのだが、それは一気に、ただ一時《ひととき》に、雄と雌とを生み出すのである。名づけは、この場合には、こう言ってよければ、〈対をなす人〔un homme-couple〕〉の事業になったはずだ。動物たちのこの始源的名づけは、第一の物語では起こらない。第一の物語の〈男-女〉ではなく、女以前の男独りが、第二の物語で、動物たちに、それらの名、彼の名を与えるのだ。その反面、前述の第一の物語においてすでに、神と生き写しに創られたこの〈土塊のもの〉、しかも雄-雌として、男-女として創られたものは、動物たちを従属させるべしという命令をただちに受ける。この命令に従うためには、このものは、そのものたちの上に、みずからの掌握、支配、さらには調教の権能を刻印しなければならない。五日目に、生ける動物たち〈獣的なもの〉たち、すなわち、飼い馴らすべき動物たち、鳥、魚、地を這うものおよび野生の獣たち〉を創ったのち、それらを祝福したのちに——

神《エロヒーム》は言われた。「われわれに象り、われわれに似せて、人を造ろう！［ただちに複数への移行］そのものたちが権威を持つ［私の強調］ようにしよう、海の魚、空の鳥に対し、〈獣的なもの〉たち、あらゆる野獣たち、そして地を這うすべての爬行するものたちに対し！」神はこうして人をみずからに象って創られた、神に象って、そのものを創られた。男と女を創られた。神はそのものたちを祝福し、神はそのものたちに言われた。「産みなさい、殖えなさい、地を満たしなさい、そして地を従わせなさい、権威を持ちなさい［再度私の強調］、海の魚に対し、空の鳥に対し、地にうごめくすべての生けるものに対し！」（ドルム訳）

神《エロヒーム》は言われた。「われわれはアダム——〈土塊のもの〉——を、われわれに生き写しに、われわれに似せて造ろう。
そのものたちは従属させるだろう［私の強調］、海の魚、大空を飛ぶものたち、獣、地の全体、地を這うすべての爬行するものたちを。」
神は〈土塊のもの〉をみずからに生き写しに創られた、
神に生き写しに、そのものを創られた、
雄と雌を創られた。
神はそのものたちを祝福された。神はそのものたちに言われた。
「産みなさい、殖えなさい、地を満たしなさい、地を征服しなさい。
従属させなさい〔再度私の強調〕、海の魚たち、大空を飛ぶものたち、地を這うすべての生けるものたちを。」（シュラキ訳）

これが第一の物語だった。神は男‐女に、動物たちに命令するよう命令した、しかしまだ、けっしてそのものたちを命名するよう命令してはいない。続いて第二の物語で何が起こるのか？ そのとき到来するのだ、この創世記の無限の読解の二息目《ふたいき》で、大抵はあまり注目されないように思われる事態の一つ、一つにして二重の、同時に〔同じこの回に〕二回であるような事態が。

一方で、動物たちの命名は、同時に、男の部分である女、イッシャーの創造以前に、そして、従ってこのものたちが、おのれが裸であると感じる以前になされる。しかもこのものたちは、最初はまったく恥なしに裸である（「二人は裸だった、土塊のものとその妻は。

彼らがそれで蒼ざめることはなかった」)。後述するある蛇が立ち寄ったのち、彼らはおのれが裸であるのを感じることになるだろう、しかも、恥なしにではなく。

とりわけ、他方で、叫びの布告《ア・ラ・クリエ》によるこの命名は、同時に自由であり、かつ監視されている、監視下に、ヤハウェ・エロヒームのまなざしのもとに置かれている、とはいえ神は、介入はしないのだが。神はアダムを放っておく〔laisse〕、神は人間〔l'homme〕を、男独り〔l'homme seul〕を、女なき、イッシャーなきイシューを放っておく、神は彼が自由に名を叫ぶのを放っておく。彼が独りで命名に従事するのを放っておく。しかし神は、彼を、男独りを、曲がり角で待ち構えている、好奇心と権威をこもごも示しつつ、そこで成り行きを見守っている。神は観察し、アダムは観察されている、彼は、神は茂みのなかの獲物の様子をうかがうように見守り〔il est en observation〕、彼は、アダムは観察下で〔sous observation〕名づける。シュラキ訳——「神はそのものたちを〈土塊のもの〉のほうへ来させた、彼がそのものたちに何と叫ぶのかを見るために〔Il les fait venir vers le glébeux *pour voir* ce qu'il leur criera〕」。神はそのものたちを来させる、そのものたち、動物たちを召喚する。第一の物語が語っていたところでは、そしてのちにわれわれが関心を寄せる事柄のためにこの主要な特徴を重点的に強調しておくが、その動物たちを神は、そもそも、人間に「従属させる〔assujettir〕」（シュラキ訳）ことを目指して、人間の「権威〔autorité〕」（ドルム訳）のもとに置くために創ったのだった。より正確には、神が人間をおのれに似せて創ったのは、人間が、自分より先に生まれた動物たちを、従属させ、飼い馴らし、支配し、調教ないし家畜化するため、動物たちに対する人間の権威を据えるためだったのだ。神は動物たちを、人間の権力を耐え忍ぶことに運命づける、人間の権力を現働態で、試しに見るために、人間の権力が実際に働くところを、試しに見るために、人間がすべての他の生けるものたちの上に権力を獲得するのを、試しに見るために。シュラキ訳――「神はそのものたちを〈土塊のもの〉の方へ来させた、彼がそのものたちに何と叫ぶのかを見るために」。ドルム訳――「神はそのものたちを人間の方へ連れてきた、人間がそのものたちをどのように呼ぶのかを見るために」。

二回強調したが、この「見るために」は驚異的に思える。二つの翻訳で同じ表現である。神はイシューに、たしかにただ独りであり、それは同時に彼の主権でもあり孤独でもあるのだが、そのイシューに、動物たちを名づける自由を委ねる〔laisse〕。しかしながら何もかもが、あたかも彼が、神が、同時に、監視し、見守り、やがて響き渡るべき名たちに対して視線の権利（監督権 droit de regard）を保持することを欲しているかのような観を呈し――しかしまた、好奇心に身をまかせること、さらには、やがて到来すべき事態のラディカルな新しさに、名づけという不可逆的な、吉と出るか凶と出るか不明の出来事に、不意をつかれ、対応不能に追い込まれるにみずからまかせる〔se laisser〕ことを欲しているかのような観をも呈する――しかもこの名づけによってイシューのほうは、独りぼっちのイシュー、まだ女のいないイシューは、動物たちに対して優位に立つことになる。彼はそのものたちを見はじめ、名づけはじめようとしている、おのれは見られるに、そして名づけられるにまかせることなく。神はそのものが、イシューが、ただ独り話すのを、ただ独り叫ぶのを、あたかも彼が、「この私が名づける」、「この私が命名する」と言いうるかのように、ただ独り叫び＝名づける〔crier-nommer〕のを放っておく。神はイシューが、他の生けるものたちを、ただ独り命名するのを、そのものたちに、彼の名において名を与えるのを放っておく、おのれより年上あるいは年下のあれらの動物たちに、おのれより先に世界に来ていながら、第二の物語によれば、おのれによって名づけられたあれらの生けるものたちに。いずれの場合も、この言葉の二重の意味で、人間は動物のうしろにある〔つきまとう、悩ませる l'homme est *après* l'animal〕。人間は動物の後を追う〔Il le suit〕。後続〔séquence〕の、帰結〔conséquence〕の、あるいは迫害〔persécution〕のこの「うしろ」、それは時間のなかにあるのではない、それは時間的ではない。それは時間の生成〔genèse〕そのものである。

ゆえに神は、イシューが独りで命名するのを放っておく、彼が自分の名において名を与えるのを許す——ただし、ちょっと見るために。この「見るために」は刻印する、全能の神の監督権〔＝視線の権利 droit de regard〕の無限性と同時に、言語とともに——そして名とともに——自分に何が起こるのか知らない神の有限性を。要するに神は知らないのだ、結局のところ、自分が何を欲しているのかを。つまりそれは、動物に関して、ということは、それとしての生けるものの生に関して、自分が何を欲しているのかを知らない神の有限性なのだ。何が来るのかを予め知ることなく見ている〔qui voit venir sans voir venir〕神の。私はあるといういうものであるとのちに言うことになるこの神は、詩人が登場して生けるものたちにおのれの名を与えんとするとき、自分が何を見ることになるのかを知らない。力強くもなすすべなき神のこの「見るために」、この最初の、時間以前の、人間と動物のあいだに起きようとしていることに対する驚きへの、その出来事への、神の露呈の時間、時間以前のこの時間は、私につねに眩暈を引き起こしてきた。あたかも誰かが、約束ないし威嚇の形で、「お前はお前が見ることになることを見ることになるぞ〔tu vas voir ce que tu vas voir「覚えてろ」「目にもの見せてくれる」等に相当する威嚇の定型表現〕」、と言いながら、最終的に何が到来するのか知らないかのように。この間の抜けた計略、この偽装された偽装によって開かれた深淵の前で、私が覚えるのはあの眩暈、私が裸なのを見つめる動物の前から逃げ出すとき、時間の生成＝有史以来覚えてきたあの眩暈なのである。神の眼の底の、このような「見るために」の深淵に関して、私はしばしば自分に問う、あの眩暈は、私が猫の前で、その面前で、自分がかくも裸なのを感じるとき、そして猫とまなざしが合い、猫あるいは神が、こう自分に問うのを、私に問うのを聞くときに、私をとらえる眩暈なのではないのかと。彼は呼ぶだろうか？　彼は私におのれを差し向けるだろうか？彼は、この裸の人間＝男〔homme〕は、どのように私を命名するだろうか、私が彼に女を与える前に、私が彼に彼女を、与えることによって貸す前に、私が彼に彼女を与えるか、それとも彼が自分に彼女を、自分の上、下、傍らに〔à ses côtés〕――あるいは自分の肋骨〔à sa côte〕自体から――取ることによって与える前に？

時間の生成＝有史以来。

時間の生成＝有史以来、あたかも猫が、自分を思い出させる〔se rappelait〕かのようなのだ、あたかも猫が、ひと言も発しないまま、創世記の恐るべき物語に、私を呼び戻す〔me rappelait〕かのようなのだ。名よりも前に、先に生まれたのは誰か？　この場所に他者が来るのを、時間の生成＝有史以来、見ていたのは誰か？　最初の占有者であったことに、それゆえ主人であったことになるのは誰か？　主体であったことになるのは？　時間の生成＝有史以来、誰が専制君主であり続けているのか？

事態はなおあまりに単純だろう、動物を人および神に擬する同型論的な再自己固有化ははじまっているだろう、家畜化そのものがすでに作動しているおそれがあるだろう、私が私自身のメランコリーに屈するとしたら。猫が猫なりの仕方で私に言っているかもしれないこと、それが無言の痕跡の言語で、すなわち語なき言語で、示唆しているかも、あるいは単に意味しているかもしれないこと、それを自分のなかに聞き取るために、その過剰な解釈に乗り出すとしたら。ひと言で言えば、ボードレールの猫の「声」(「このうえなく長い文を言うために/彼女は語を必要としない」)と同じく猫が必要としない語を、私が猫に貸すとしたら。

しかし、このようにして、貸すこと、解釈すること、あるいは投影することをみずからに禁じることによって、とはいえ私は、もう一つの暴力に、あるいはもう一つの愚かさに、屈するべきだろうか? 共感を中断すること、どんな表明の権能も動物から剝奪すること、何であれ私に表明する欲望を、さらには私の言語、私の語、そして私の裸についての自分の経験を、私に表明する欲望を剝奪することに存するような愚かさに?

原罪以前の、動物たちの名づけの時から出発して、さしあたり私は、一つの留保を強調するだろう、つねに作品外の題辞《エグゼルグ》という位置付けで。私が自分に対して立てる問いの数々、ある小さな、無言の生けるものの前で、なすすべなき私が告白する感情の数々、そして、このようにして打ち明けられた、自己固有化的投影か、さもなければ切断的中断かという二者択一を逃れようとする欲望、これらすべてからうかがえることは、私の裸に一語も発しないまま猫が凝らすあのまなざしを、われわれがのちに語らなければならなくなるだろうある伝統のうちでこう言えるとすれば、否定的に解釈しよう、あるいは感じ取ろうとは、私はしていないということだ、例えばベンヤミンがそうするよう示唆しているように。というのもこの伝統は自然に、そしてアダムにかく名づけられた動物性に、ある種の「深い悲哀」（*Traurigkeit*）を帰すからである。このメランコリー的な悲哀＝喪〔deuil mélancolique〕は、ある不可能な断念を反映しているらしい。それは沈黙のうちに抗議しているらしい、この沈黙そのものの、受け入れられない宿命性に。無言（*Stummheit*）に、言語の欠落（*Sprachlosigkeit*）に、また愚鈍に定められてしまったことに。ハイデッガーが語るあの *Benommenheit*〔とらわれていること、朦朧としていること、愚鈍〕[16]、彼はそれが、後に非常に詳しく読んでみたいと考えているあるテクストで、動物性の本質（*Das Wesen der Tierheit*）を構成すると言う。*Benommenheit* とは無言の愚鈍さ、痴呆状態、自失状態、ある種の包囲のことだ。最近この語は *accaparement*〔頭を占めること〕と翻訳されたが、それはこの状態形容が含みうる暴力を婉曲的な語法で緩和するためであり、しかしまた、ある種の包囲（*Umring*）を説明するためでもある。この包囲のうちにある動物は *alogon*〔無言のもの、非理性的なもの、獣〕であり、ハイデッガーによれば、それが開かれてあるまさにそのことにおいて、それとしての存在者の存在への、それであることへの、あるところのものの「それとして」への通路を剝奪されている。自然の、あるいは動物性の悲哀、喪失、メランコリー（*Traurigkeit*）は、それゆえ、ベンヤミンによれば、たしかにこの無言（*Stummheit*, *Sprachlosigkeit*）から生まれるのだが、しかしまた、まさにそれゆえに、名を受けたという、あの名なき傷から生まれることにもなるらしい。言語を剝奪されていることで、名づける権能も、おのれを名づける、さらにはおのれの名によって応答する〔名に責任を負う répondre de〕権能も喪失するのだ（あたかも人間も、やはりおのれの名を、そしておのれのいくつもの名を、受けるのではないかのように！）。

この剝奪の、貧窮の、欠如の感情、自然のおおいなる苦悩（*das große Leid der Natur*）とは、このようなものであるらしい。贖いを目指し、この苦悩の贖罪（*Erlösung*）のために、人間たちは、自然のうちで、生きかつ語る――人間たちがであり、詩人だけではないと、ベンヤミンは論旨を明確にする。この想定された悲哀は、それだけでもすでにより興味深いことだが、言語の剝奪（*Sprachlosigkeit*）や口がきけないこと、失語症的な、あるいは愚鈍な、語の剝奪だけに起因するのではない。この想定された悲哀が嘆きの声をも上げるのは、無言の嘆きによって、とはいえ、植物のざわめきに至るまでの感覚的な嘆息を通して聴き取られうる嘆きの声によって自然が嘆くのは、問題の両項を、おそらく転倒しなくてはならないからなのだ。ベンヤミンが示唆しているのはこのことだ。転倒が必要なのだ、自然の本質におけるある *Umkehrung* が。この転倒する転倒の仮設によれば、自然（そしてそのなかの動物性）は、無言であるがゆえに（*weil sie stumm ist*）悲しいのではない。逆に、悲哀が、自然の喪失が、それを無言に、失語症にするのであり、語なきままに放置するのである（*Die Traurigkeit der Natur macht sie verstummt*）。というのも、時間の生成＝有史以来、悲しくしてきたのは、そしてその結果、喪失を嘆くものからその語を剝奪してきたのは、それに語を禁じてきたのは、口がきけないこと〔無言 mutisme〕や、けっして名づけないという非権能の経験なのではなく、第一に、名を受けるという経験だからなのだ。衝撃的な直観である。ベンヤミンは言う、名づけられること（*Benannt zu sein*）は、それも、名づけるものが神々と同等のもの、至福者である場合でさえ、自分自身の名を与えられてしまうことは、おそらく、悲哀が、悲哀そのもの（悲哀は、それゆえ、名づけられることとのこの受動性を、自分自身の名を再自己固有化することのこの不可能性を、つねにその起源とすることになるだろう）が、あるいは、少なくとも、悲哀の、ある種の、幽暗な予感が、押し入るにまかせることとなのだ。さらに適切にはこう言うべきだろう、ある喪失の予感（*eine Ahnung von Trauer*）がと。予感された喪失というのは、どんな名づけとも同じように、亡霊の生き残りに、名を携えるものよりも生き延びる、名というものの長命に即した、ある来たるべき死の音信がかかわっているように思われるからだ。名を受けるものは、おのれが死滅する運命にあると、死滅しつつあると感じるが、それはまさしく名が、そのものを救うこと、呼ぶこと、そしてそのものの生き残りを保証することを欲するがためなのだ。呼ばれること、おのれが名づけられるのを聞くこと、はじめて名を受けること、それはおそらく、おのれが死滅する運命にあると知ることであり、おのれが死につつあると感じることでさえある。死が約束されていることで、すでに死んでいると。それが、死につつあるということである（ついでにこの問いを立てておくが、その場合には動物に、名づけの行為をこのように剝奪されているからといって、それとしての死の経験への通路を、どうして拒むことができようか?)。しかし、さきほど示唆したように、私はベンヤミンではない〔に追随しない je ne suis pas Benjamin〕、動物のまなざしに対して自分が裸なのを見出すとき、私には、一九一六年、第一次世界戦争のさなかに書かれたあの見事な省察(「言語一般および人間の言語について」〔*«Über Sprache überhaupt und über die Sprache des Menschen»*〕)における、彼の議論に追随する用意はない。

なぜか? 他にもある理由のうちでも就中、このような省察が、喪失の悲哀に沈むあの失語症の場面の全体を、贖罪の時間のうちに、すなわち堕罪の後に、そして原罪の後に配置するからだ。かくしてそれは、堕罪の時間から、、、出発して〔*depuis le temps*〕(*nach dem Sündenfall*)生起することになるらしい。この堕罪の時間を、今からすでに、二つの伝統が、偶然ならざる仕方で交差するところに私は位置づける、なぜなら、創世記の物語でも、プロメテウスの神話でも(『プロタゴラス』を思い出そう、そして、動物のあらゆる種族には完全に必要なものを整えながら、「裸の人間(*gymnon*)」のほうは、履物も、身を覆うものも、武器も与えずに放置したエピメテウスの忘却ないし遅延を償うために、プロメテウスが火を、すなわち技芸と技術を盗むあの契機を)、人間が、自然と動物の主人たる主体となるのは、逆説的にも、人間の過誤ないし欠陥から出発してのことだからだ。おのれの欠如の、卓越した欠如の、彼が動物に帰するそれとはまったく他なる欠如の空洞から出発して、人間は、ただ一撃で、おのれの固有性（固有のものを持たないということすらも固有に持つ、人間の固有のもの）と、そして、動物的とされる生に対するおのれの優越性とを確立する、あるいはわがものと主張する。この後のほうの優越性は、無限にして卓越した優越性であり、同時に無条件的かつ供犠的であることを固有に持つ。

これが、同時にプロメテウス的かつアダム的な、同時にギリシャ的かつアブラハム的（ユダヤ教＝キリスト教＝イスラーム的）な、揺るぎない論理の法であるらしい。われわれはその不変性を、われわれの現代に至るまで、たえず検証していくだろう。ところで私は、時間の生成から出発して、創世記の物語のなかの、ある先行する時間から出発して、堕罪以前の、裸ではあるがおのれの裸を恥じる以前のアダム、別名イシューが、動物たちにそれらの名を叫ぶ時間から出発して、自分を、猫の前での裸へと呼び戻すことを欲したのだった。

私は、ゆえに、この時間から出発して語る。動物に対する私の情熱＝受苦〔passion〕は、この時代＝年齢〔âge〕に目覚める。さきほど私は、恥じたことを恥じたことを白状した。堕罪以前の、恥以前の、恥の恥以前のある時間におのれを引き戻すことによってのみ、動物あるいは動物たちの前で裸の私は、それゆえ、自分の困惑に、あの恥じることに対する恥に、驚きえたのだった。それはまた、悪〔mal〕以前の、苦痛〔諸悪 maux〕以前の時間である。動物〔animal〕について、語ることはできるのだろうか？ 動物に、近づくことはできるのだろうか、そして、動物から出発して、裸の自分が見つめられているのを見ることは？　悪以前の、苦痛以前の、動物から出発して？

この時間から出発して、私はあなた方に語ることを試みる、とりわけ私について、私的にせよ公的にせよ、ともかく、とりわけ、私について。この時間はまた、原則として、そしてそれが可能だとして、自伝を告白から分かつ時間でもあるだろう。自伝は告白になる、自己に関する言説が、真理を白状から、ゆえに過誤から、悪および諸悪＝苦痛から分離しないとき。それもまず、負わされているような真理から、真実において、弁済しなくてはならないような負債から分離しないとき。なぜ真理は負う、べ、き、ものとされるのか？　負わされることが、そして裸であることが、なぜ真理の本質に属しているとされるのか？　そして、告白されることが？　真理を弁済しなくてはならないというあの義務が、なぜあるのか、真理を隠すことが、真理を装うことが、また隠れるふりを装うことが、おのれを、あるいは真理を、隠すふりを装うことが、すでに悪の、諸悪＝苦痛の経験でないとしたら、可能な過誤の、罪責性の、帰責可能性の、負債の――欺瞞と嘘の経験でないとしたら？

どのような点で、なぜ、真理は負うものとされるのか？　そして、その最初の瞬間から、負債と義務のある論理に、捕われ、不意打ちされるものと？　なぜ真理は、支払うべきものと、すなわち、正直さに、自己の露呈に、誠実さとしての自己の真理に負うべきものとされるのか？　とりわけ言説の歴史のなかに、さらには言説が文学となる歴史のなかに、より古い、どんな告白の傷もないような自伝が、どんな告白の汚れも知らないような自己の物語があるのだろうか？　そしてそれゆえ、贖罪＝弁済〔rachat〕としての救済の地平における、どんな贖いの言葉遣いの汚れも知らないような？　あの時以来、原罪以前の、そしてあらゆる啓典宗教以前の、自伝のための場所および意味があるのだろうか？　キリスト教以前の、とりわけ、告白というキリスト教の制度以前の、自伝および回想記のための？　そのようなものがあることは、有史以来疑われうる、そしてこの疑いは、聖アウグスティヌスからルソーに至る、われわれの主観性の文化を形成してきた、われわれのヨーロッパ史の、膨大な『告白』を読むことによって晴れるものではないだろう。

聖アウグスティヌスとルソーのあいだに、同一の、否みがたい系統のうちに、〈エゴ・コギト・エルゴ・スム〉の諸々の差異をはらんだ歴史のなかに、デカルトがいる。彼の動物＝機械とともに、彼がわれわれを待ち受けている。私はいまから推測するが、時間の生成＝有史以来、自伝というジャンルを告白の制度に結びつけてきた系図を、彼が断ち切ることはないだろう。

あの時以来とは、有史以来とは、過ぎ去った時間から出発してという意味であり、しかしまた、時間以前の時間から出発してという意味でもある。時間以来、すなわち、時間がまだなかった時代以来、時間が、そんなことが可能だとして、まだ転落する以前の、裁決、転落、あるいは頽落以前の時代から、ということである。

ハイデッガーが、『存在と時間』ののち、一九二九―三〇年に、動物を扱った、体系的で内容豊かなテクストの、読解と、辛抱強い解釈は後回しにしなければならないとしても、時間以前の時間ということを今述べたのだから、以下のことは今後の布石として記しておこう。『存在と時間』――これもまた、それなりの仕方で、現存在のある種の頽落に関する、非キリスト教的たらんとする論考である――で、ハイデッガーが、動物を名指したきわめて稀な機会のうちの一回、おそらくは(検証を要するが)唯一の回は、困難を認め、それを後回しにするためのものだった(私の仮設では、後回しにされたものは、たぶん、永久にそのままだろう、〈後で〉とは、ここでは、〈いつまでも〉に等しい)。どんな困難なのか? 動物が時間を持つかどうかを知ることの困難、それが「ある時間」によって「構成されている」かどうかを知ることの困難である。ハイデッガーは言う、それは「一つの問題にとどまる」(*bleibt ein Problem*)と。

どのように、感覚の興奮と印象は、単に生きているだけのもの(*in einem Nur-Lebenden*)において、存在論的に画定されるのか、どのように、またどこで、一般に、例えば(*zum Beispiel*)、動物たちの存在(*das Sein der Tiere*)は、ある時間によって構成されるのか、それはそれ自体〔en soi〕一つの問題にとどまる〔あるいは、それだけで〔pour soi〕。*bleibt ein Problem für sich*。独自の、別の、別に扱うべき、問題であり続ける」[17]。

動物たちの存在は一つの例にすぎない（*zum Beispiel*）。しかしそれは、ハイデッガーにとって、彼が《*Nur-Lebenden*》と呼ぶもの、単に生きているだけとされるもの、純粋かつ単純な状態における生の、信頼に足りる例なのである。それが、この「単に〜だけ」（*nur*）が何を意味するか、私は理解できると思う、それを表面的には理解できる、それが何を意味しようと欲したのかは。しかし同時に、私はそれがまったく理解できない。私はいつまでも自問するだろう、純粋な概念としておのれを与えるこの虚構、この模像、この神話、この伝説、この幻想（純粋状態の生という、偽‐概念にすぎないであろうものに、ベンヤミンもやはり信を置く）が、それこそ純粋な哲学であり、ここでわれわれが取り組んでいる歴史の症候となったものなのではないのかどうか。この歴史、それは人間がおのれに語る歴史、哲学的動物の、人間＝哲学者にとっての動物の歴史なのではないのか？この文が、*Die Zeitlichkeit des Verfallens*（「転落〔期限切れ échéance〕の」、あるいは「失墜〔chute〕の」、あるいは「頽落〔déchéance〕の時間性」）と題された節の前の、最後の文であることは偶然だろうか？

さきほど私はこのことを示唆した。あなた方のうちの何人かの方、われわれを迎えてくださった方々、また、もう一回ここに戻ってきてくださった男性・女性の方々にとってと同様、私にとってもこの城館は、有史以来、幽霊に憑かれた友愛の城館であり続けている。ほぼ四十年来。そう、幽霊に憑かれた友愛なのだ、顔たちの影、いくつかの存在のひそかなシルエット、われわれの回りのテラスに、樹々のあいだに、池のみぎわに、そしてこの巨大な邸宅のすべての部屋に、まずこの部屋に、私の記憶のなかで息づく身動き、歩み、音楽、言葉の数々。同時に涙もろく、楽しくも憂愁にみちたこの記憶を、幽霊の回帰に、このように侵入されるにまかせたがる記憶を、私は次第に好むようになってきた。この霊たちの多くはさいわい健在であり、そのうちの何人かはここにおられる。他の人々は、残念ながら、あの時以来亡くなってしまった、生前、身近で存在感が強かった、私にとっては今もそのままの友たちは。豊崎光一、フランシス・ポンジュ、ジル・ドゥルーズ、サラ・コフマン。私にはここから見える、彼らがわれわれを見ているのが、われわれの話を聞いているのが。

さて、有史以来の記憶にこのように侵入された私の記憶、ほとんど幻覚症状をきたしている私の記憶を信じるなら、私はこの城館で、かつて私を誘惑した、あるいは私自身が試みた、たぶんもっとも幻獣じみた〔妄想的な *chimérique*〕言説のとばくちにいる。

幻獣《キマイラ》、幽霊が出没する城館における幻獣の誘惑あるいは試み、こういう場面なのだ。幻獣とは動物だろうか、一つの動物であるような動物、一つであるような動物なのか？　動物以上の、動物とは別のものなのか？　あるいは、幻獣についてしばしば言われるように、一つのうちの一つならずの動物なのか？

なんという語だろう、animalとは！

それは語なのだ、animalとは、人間たちが制定した呼称であり、他なる生けるものにこの名を与える権利と権威を、彼らはみずからに与えたのだ。

いまこの時点で、曲がりくねり、迷宮的で、さらには正気の沙汰ではないと、擬似餌から擬似餌へさ迷わせるだけだと思われる方があなた方のうちにもいるかもしれないが、そのような巡路に沿って深入りしてゆく前に、あなた方を道連れにして、私の後についてくるよう、私を追いかけてくるよう仕向ける前に、それゆえ私は、こんな武装解除の作戦を試してみることにしよう。それは単純に、無防備に〔＝裸で nue〕、真っ向から、できるだけ直接にposerすることだ。poserするとは言っても、観客の、肖像画家の、あるいはキャメラの前で、自分を眺めて悦に入るためにポーズを取ることではなく、「命題〔positions〕」と呼びうるだろうものを立てること、それこそ、定立〔＝命題 thèse〕を目指して仮設〔hypothèse〕を立てる〔poser〕ことだ。

第一の仮設。およそ二世紀来、猛烈な仕方で、また、それを測る時計も時間的尺度もないがゆえに狂躁的に加速されつつ、われわれは、自分たちを人間と呼ぶわれわれは、この名のもとにおのれを認めるわれわれは、前例なき変容に深入りしてきたのではないか。この変化は、われわれが、何ごともなかったかのように、l'animal と、そして／または les animaux と、平然と呼び続けているものの経験を動揺させている。そして／またはのあいだのこの柔軟な斜線に、多くのことを私は賭けるだろう、もしくはその線上で演じるだろう。この新しさは、最古のものを背景としてしか規定されえない。たえずわれわれは、最古のものと到来するもののあいだの往還のうちを、新しいもの〔le nouveau〕と、反復の「またも」〔«de nouveau»〕「再び」〔«à nouveau»〕の交換のうちを動いていかなくてはならないだろう。動物ないし動物たちへのこの未聞の関係は、世界、歴史、生等々とわれわれが呼び続けているもののうちに、単純に現れるどころか、そのあまりの新しさゆえに、こうした概念すべてを不安にさせることを、それらを問題化する以上のことをすることを、われわれに余儀なくさせるにちがいない。そうである以上、われわれはそれを生きている（それのうちでビオスとゾーエーの、生物学的なもの、動物学的なものおよび人間学的なもののあいだの限界が、生と死、生と技術、生と歴史等々のあいだの限界と同様、境界の通過において揺らぐに至る経験を、なおも平然と生と呼びうるとして）と言うことを、私は躊躇するだろう。それゆえ私は、われわれは歴史的転回を生きていると言うこともやはり躊躇するだろう。転回〔tournant〕という形象には断絶ないし瞬間的変異という含意があり、これらのモデルないし形象は、なお発生学的、生物学的ないし動物学的なもの——それゆえ、それこそ、問い直すべきものだ。歴史、歴史性、さらには歴運性について言えば、のちに詳しく述べるように、これらのモチーフは、それこそ人間あるいは人間的現存在の、生けるものおよび動物的な生に対するあの自己‐定義、あの自己‐把握、あの自己‐定位に属しており、今日私が問題にしたいと思っている、あの人間の自‐伝〔autobiographie〕に属しているのである。

これらの語はすべて、そしてとりわけ歴史という語は、あの自伝の言葉遣い、利害や擬似餌の数々に構成的に属しているのだから、われわれは拙速にそれらに信用を与えたり、それらの擬似的な明証性を確認したりすべきではあるまい。それゆえ私は、進行中の変容を名指すために、歴史的転回を語りはしないだろう。それは動物への関係における、人間と人間が動物と呼ぶものが分有する〈ともに‐あること〉〔l'être-avec 共存在〕における、歴史的転回よりも深刻で、誤認されがちな変質なのだ。それはおのれを人間あるいは現存在と呼ぶものが、それが、彼が、あるいはわれわれが、このわれわれが動物と呼ぶもの、われわれがなおさしあたり、一般的に、だが単数形で、*l'animal* と呼ぶものと〈ともに‐あること〉である。この変質は、それをいかに名づけまた解釈しようと、それが加速していること、強化されつつあることを、誰も、それがおよそ二世紀来、計算不可能な深さとリズムで、どこに向かっているのかを知らないがゆえに、否定することはできないだろう。

それではなぜ、このようなまったくの判断中止的な非規定性において、私が繰り返しそうしてきたように、「およそ二世紀来」と言うのだろうか、あたかもこのような標定が、たぶん人間と、人間がおのれの世界、知、歴史および技術と呼ぶものと同じほど古い過程において、まったく厳密に可能であるかのように？　冒頭の便宜のために、またいかなる正確さもここで主張はせずに、われわれが合意すること、「われわれ」と今日言うことを可能にする、若干の前提的指標を想起するためだ。これらの指標は、もっとも大雑把なものに限っても、聖書や古代ギリシャの動物供犠を、大殺戮〔hécatombe〕（あの〔古代の〕牡牛百頭の供犠と、この表現がのちに担わされたあらゆる隠喩）を、狩猟、漁労、家畜化を、飼育と伝統的な動物活力の搾取（輸送や耕作、牽引動物たち、馬、牛、トナカイ等々、その次には番犬、その次には職人による屠畜、その次には動物実験等々）をはるかに凌駕する。過去二世紀のあいだに、あまりに明らかなことだが、これらの伝統的な動物の扱いは、動物学、動物行動学、生物学、遺伝学の知の並行的な発展と、これらの学とつねに切り離せない、それらの対象のなかへの介入の、それらの対象そのものの、それらの対象、生きている動物の環境と世界の改変の技術によって激変した。過去とはおよそ比較を絶する個体数のレベルでの飼育と調教、遺伝子実験、動物肉の食糧生産と呼びうるものの工業化、大規模な人工授精、大胆になるばかりのゲノム操作によって。食用肉の生産および（ホルモンの投与、遺伝子の交配、クローン化等々によって）過剰に活性化された再生産ばかりでなく、人間の人間的なある種の存在〔être〕および想定上の幸福〔bien-être〕に資する、あらゆる種類の他の合目的化にも、動物を切り縮めることによって。

こうしたことはみなあまりによく知られており、贅言を費やすには及ぶまい。それをどう解釈するにせよ、実践的、技術的、科学的、法的、倫理的ないし政治的などんな帰結をそこから引き出すにせよ、この出来事、すなわち、動物の隷属の前例なき規模については、今日、誰も否定できない。その歴史をわれわれが解釈すべく努めているこの隷属は、この言葉の道徳的にもっとも中立の意味においてであれ、暴力と呼ぶことができるだろう、それも、この介入主義的暴力が、けっして忘れてはならないことだがきわめて少数の、およそ支配的とは言えない若干の場合に、動物のため、その保護のために、だが大抵は人間という動物のために実践されるときでさえ。この否認を本気で否認することも誰にもできない。この残虐行為を隠蔽するために、もしくはみずからの目から隠蔽するために、最悪のジェノサイド（動物のジェノサイド〔種族絶滅 génocide〕というものもあるのだ。人間のために消滅途上の種の数は息を飲むほどのものである）に比較する人もいるかもしれないこの暴力の忘却ないし誤認を世界的規模で組織するために、人間たちがなしうる限りのことをしているということを、本気で、そして長期にわたって否認することも、もはや誰にもできない。このジェノサイドという形象は、濫用してもいけないけれども、性急に片づけてもいけないだろう。というのも、この形象は、ここで複雑なものになるからだ。種の絶滅はたしかに進行中だろう、しかしその絶滅は、過去の人間であれば怖気を振るったであろうような条件のもとでの、人工的な、地獄のような、潜勢的には終わりなき生き残りの、組織化および搾取を経由してゆくだろう。こうして動物たちは、それらに固有の生の想定上のあらゆる規範外で、それらの延命、あるいはそれらの過剰繁殖そのものにおいて絶滅されてゆくのである。あたかも、例えば、一つの民族を焼却炉やガス室に投げ入れる代わりに、医師ないし遺伝学者（例えばナチの）が、ユダヤ人、ジプシーおよび同性愛者たちの、人工授精による過剰生産および過剰発生を組織することを決定したかのように。この人々は、つねにより多数に、つねにより栄養過多になりながら、同じ地獄、強制的な遺伝子実験の、ガスあるいは火による絶滅の地獄に、いよいよ大勢が運命づけられることになるだろう。同じ屠場で。こうして想起している自明の事実に、自分の熱情的〔pathé-tique〕負荷を加えることはあまりに容易であり、それを濫用してはなるまい。レアリズム絵画であれば、二世紀来人間が動物の生を従属させてきた工業的、機械的、化学的な暴力、ホルモン投与や遺伝子操作による暴力を、どれほど恐ろしい、耐え難いタブローになしうるかは周知のことだ。そして、この二世紀来、これらの動物の生産、飼育、輸送、殺害がどのようなものになってきたのかも。これらのイマージュをあなた方の眼下に置き、あなた方の記憶を覚醒させることは、あまりに容易でもありまた際限のないことでもあるから、その代わりに、この「パトス」についてひと言だけ述べよう。これらのイマージュが「悲壮〔pathétiques〕」なのは、それらが悲壮にも、それこそパトスの、病理＝感性的なもの〔le pathologique〕の、苦痛の、憐れみの、そして共苦〔同情 compassion〕の巨大な問いを開くからでもある。そしてまた、この共苦の解釈に、生けるものたちのあいだの分断＝分有《パルタージュ》に、この共苦の経験に関係づけるべき法律、倫理、政治に認めるべき場の問いを。というのも、二世紀来起きていることは、この共苦の新たな試練だからだ。さしあたり抗しがたい怒濤のような事態、だが否認された事態を前にして、この拷問の組織的な否認を前にして、抗議の声（少数者の、微弱な、周縁的な声、自分の言説を、その言説への権利を、その言説をある権利の形に、権利宣言の形にすることを確信しきれない声）が上がっている、のちに見るように、きわめて問題含みの仕方で、動物の諸権利として提示されるものに訴える声、生けるもの一般に対するわれわれの責任、われわれの義務にわれわれを目覚めさせようとする声、そしてまさしく、もしそれを真剣に受け止めるなら、動物に関する哲学的問題構成を、土台（そして今日私は、この土台のまぢかで作業をしたいと考えている）まで変更しなくてはならないだろう、あの根本的共苦に目覚めさせようとする声が。

この共苦の源泉を、そしてそのいくつもの目的＝終焉を考えつつ、周知のように、ベンサムのような人が、二世紀前、伝統の言説を、そのもっとも洗練された哲学的論点においても、また流通している常識の言葉遣いにおいても支配してきた動物の問いの形式そのものを変更することを提案したのだった。ベンサムはほぼこのように言ったのだった、問題は、そのように自問するふりがつねになされてきたように、動物が思考すること、推論すること、話すこと等々ができるかどうかではない（アリストテレスからデカルトまで、デカルトから、とりわけ、ハイデッガー、レヴィナス、ラカンまで——そしてこの問いが、他の多くのできること、あるいは持つことを支配している。できること、権能を持つこと、例えば、与えることができること、死ぬことができること、埋葬することができること、衣服を着ることができること、労働することができること、技術を発明することができること等々、すなわち、本質的属性としてあれこれの力能を、それゆえあれこれの権能を、持つことに存する権能を）。問題は、それゆえ、動物たちが、〈ロゴスを具《そな》えた動物〉〔*zoon logon ekhon*〕という類型に属しているかどうか、それらが、ロゴスの権能〔*pouvoir*〕、ロゴスの所有〔*avoir*〕のおかげで、ロゴスを〈持つこと-が-できること〉のおかげで、ロゴスへの適性のおかげで、話すこと、あるいは推論することができるかどうかではない（そしてロゴス中心主義とは、まずもって動物についての、ロゴスが欠落した動物、ロゴスを〈持つこと-が-できること〉が欠落した動物についての命題なのだ。アリストテレスからハイデッガーまで、デカルトからカント、レヴィナスおよびラカンまで維持されてきた命題、定立ないし前提なのだ）。先決的かつ決定的な問いは、動物が、苦しむことができるかどうかであるだろう。«*Can they suffer?*»[18]

　そのものたちは苦しむことができるかと、単純に、そしてとても深遠に、ベンサムは問うたのだった。

その前提からして、この問いの形は何もかも変えてしまう。この問いはもはやロゴスだけに、ロゴスを、またその共形象の全体を持つかどうかだけにかかわるのではなく、より根底的には、デュナミスなりヘクシスに、力能あるいは「権能＝できること」と呼ばれるあの持つこと、あの存在様態、あのハビトゥス、あの〈持つこと‐が‐できること〉あるいはあの〈持つ権能〉だけにかかわるのでもない（推論する力能、話す力能と、そこから出てくる一切においても事情は同じだ）。この問いは、ある種の受動性によっておのれを不安にする。それは証言する、それはすでに顕わにしている、問いとして、ある受動可能性《パッシビリテ》への、ある情念《パッション》＝受苦、ある非‐力能への証言的応答を。「できる」（*can*）という語は、ここで、《*Can they suffer?*》と言われるやいなや、たちまち意味および正負の符号を変えてしまう。そのとき、「できる」という語はよろめく。このような問いの起源において大切なこと、それはもはや、他動詞性や能動性が何を参照するか（話すことができる、推論することができる等々）ということばかりではない。それはむしろ、のちにわれわれが自‐伝に結びつけることになるあの自己‐矛盾へと、何がこの問いを運び去るのかだ。「それらは苦しむことができるか？」と問うことは、「それらはできないことができるか？」と問うことに帰着する。そして、この非力能はどうなっているのか、この非力能から発して感じ取られた可傷性は？　力能のただなかのこの非‐力能とは何か？　この非力能の、質あるいは様態とはどのようなものか？　どのようにそれを考慮すべきか？　どのような権利を、それに認めるべきか？　どのような点で、それはわれわれにかかわる〔われわれを見つめている nous regarde〕のか？　苦しむことができることはもはや力能ではない、それは力能なき可能性〔possibilité sans pouvoir〕、不可能なものの可能性なのだ。われわれが動物たちと分有している有限性を思考するもっとも根底的な仕方として、生の有限性そのものに、共苦の経験に属する可死性は宿っている、この非‐力能の可能性を、この不可能性の可能性を、この可傷性の不安およびこの不安の可傷性を、分有する可能性に属する可死性は。

この問い（«*Can they suffer?*»）によって、われわれは懐疑不可能な確実性というあの岩盤に、例えばコギトのなかに、「私は考える、それゆえ私はある」のなかに探し求めうるような、あのまったき保証の基礎に触れるのではない。そうではなく、まったく別の仕方で、ここでわれわれは、否認不可能なものという、同じほど根底的な、だが本質的に異なるある審級に信頼を寄せるのである。いくつかの動物を襲いうる苦痛、恐れあるいは動転を、恐怖あるいは怯えを、何人も否定しえない、それはわれわれ人間が証言しうるものだ（のちに見るように、デカルト自身も、動物たちが苦痛に無感覚であると主張することはできなかった）。それでもなお、後に論及するように、それを苦痛ないし不安と呼ぶ権利に異を唱える人はいるだろう、これらは人間に、あるいはその〈死への存在〉の自由における現存在に、なお取っておくべき語ないし概念だというわけだ。この言説を、のちにわれわれは問題化する必要が出てくるだろう。しかし、さしあたり、次のことは注記しておこう。《*Can they suffer?*》という問いに対しては、回答に疑問をさしはさむ余地はない。そもそもそれはけっして疑問の余地を与えなかった。それゆえ、このことについてのわれわれの経験は、懐疑不可能ですらない。それは懐疑不可能なものに先行する、それより古いものだ。そのとき、われわれのうちなる共苦の高まりの可能性に対しても、たとえそれがのちに誤認され、抑圧ないし否認され、敬遠されようとも、まったく疑問の余地はない。この回答の否認不可能なもの（その通り、あのものたちは苦しむ、あのものたちのために、あのものたちとともに苦しむ私たちと同様に）の前では、他の一切の問いに先行するこの回答の前では、問題構成の土壌と土台が変わるのだ。おそらくそれは、いっさいの安全を喪失するだろう、しかし、いずれにせよそれは、自然的（土壌）と、あるいは人工的かつ歴史的（土台）と想定された、旧来の基礎づけにもはや依拠してはいない。私たちの現在をこの点について位置づけるため、私がやや粗雑に参照する二世紀は、ある不等な闘争、現在進行中の、いつかその不等性が逆転するかもしれない闘争、一方における、動物的生ばかりでなく、あの共苦の感情まで侵害する人たちと、他方における、あの憐れみについての、斥けえない証言に訴える人たちとの闘争の二世紀なのだ。

それは憐れみを主題とする戦争だ。この戦争は、なるほど、年齢が数えられないほど古くからのものだろう、しかし、これが私の仮設だが、それはある危機的局面を横断しつつある。私たちはこの局面を横断しつつあり、それによって横断されつつある。私たちがそのなかにいるこの戦争を思考すること、それは単に義務、責任、責務であるばかりではない。よかれあしかれ、直接的にせよ間接的にせよ、誰もそれを免れることはできないような必然であり拘束である。これからは、これまで以上に。そして私は、この戦争を「思考する」と言う、なぜなら私は、われわれが「思考する」と呼ぶ事柄が問題になっていると信じているからだ。動物が私たちを見つめている、そして私たちはそのものの前で裸である。そして思考することは、おそらく、そこではじまる。

さて今度は、もう一つのテーゼを目指す第二の仮設であり、これを私は遅滞なく導出しなくてはならないと信じる。それは限界のもう一つの論理にかかわる、あるいはそれを働かせる。かくして私は、このテーゼの趣旨を、三回の研究集会のあの続き＝組曲〔suite〕のうちに記入する誘惑にかられる。「人間のいくつもの目的＝終焉」および「いくつもの境界の通過」以来、これらの研究集会はみな、侵犯的〔transgressive〕ではなくとも本来的に境界横断的〔transgressale〕な、〈リミトロフィ *limitrophie*〉の経験に専念してきたのだった。この語に、広いと同時に厳密な意味を残しておこう。諸限界に隣接するもの、しかしまた限界の縁の数々で養うもの、おのれを養い、維持し、育成し、教育し、培養するもののことである。*trephô*〔ギリシャ語。動詞。飼育する、世話をする、扶養する、秘めているなどの意〕、*trophe*〔ギリシャ語。名詞。生きていくのに必要なもの、生活、生き方、養育、子供など〕、あるいは*trophos*〔ギリシャ語。名詞。養い育てるもの、乳母、母〕などの意味論のうちに、われわれは、自伝的動物についてのこの研究集会のあいだ、われわれが語らなくてはならないだろう事柄を語るために必要な、すべての事柄を見出すだろう。養うこと、栄養、乳母、世代＝生成〔génération〕、ひこばえ＝子孫〔rejetons〕、動物たちの世話と扶養、調教、教育、文化、生きるに足るものを、自伝的におのれを養い培うに足るものを与えることによる、生きることおよび生きさせること。ゆえに、〈リミトロフィ〉が主題にして主体となる。これから問題となるのが限界で、限界の周りで、限界によっておのれを維持することで生い育つものであるからだけでなく、限界を養うもの、それを生成し、育成し、複雑にするものでもあるからだ。これから私が言うことのすべては、限界を抹消することではけっしてない。そうではなく、限界の形象を増加させ、線を複雑に、厚くするもの、脱線状化するもの、それを折り曲げ、分割するものだ、まさしくそれを、成長させ、増殖させることによって。そもそも、*trephô*のいわゆる第一の意味、文字通りの意味とはまさにそのことだ。厚くすることによって変化させること、例えば乳を凝固させること。そう、人々が口いっぱいに頬張っている限界、大文字の〈人間〉と大文字の〈動物〉のあいだの限界に、たとえわずかであれ、異を唱えることが問題となることはない。正面から、あるいは、反対のテーゼを立てるように、自己への関係がその上に樹立された、哲学的意味および常識的意味のテーゼを攻撃することが問題となることはない——人間的生の自己提示、人類の自伝、人間がおのれに話す自己史の全体、すなわち、「われわれ人間たち」「私、人間」と、「われわれ」と言うところのあの人間たちのなかの人間が、あのものが、動物ないし動物たちと呼ぶもののあいだの断絶ないし深淵としてのある限界についてのテーゼを。このテーゼにも、あの「私＝われわれ」と、われわれが動物たちと呼ぶもののあいだのかかる断絶、かかる深淵にも、私は一瞬であれ、異を唱えるような迂闊なまねはしない。この断絶、さらにはこの深淵を、無視することが私に、そもそも誰であれ、できると想像すること、それはまず、それとは反対の、あまりに多くの明白な事実に目をつぶることだろう。そして、慎みとともに私の場合に関して言うならば、同質性や連続性よりは、差異、諸々の差異、異質性および深淵的断絶に注意を向けるという、私が倦まずたゆまず与えてきたすべてのしるしを忘れることだろう。それゆえ私は、人間とおのれを呼ぶものと、そのものが動物と呼ぶもののあいだに、なんらかの同質的連続性があると信じたことはけっしてない。これからそうしはじめようとしているのでもない。そんなことを信じるのは夢遊病以上のことだろうし、単に、あまりに愚かなことだろう。これほど馬鹿げた忘却を想像すること、あるいは、この深淵的断絶の素朴な誤認を咎めること、それはさらに深刻なことに、大義のためなら、なんらかの——われわれが語りたいと言っていることとはもはや何の関係もない——大義ないし利害のためなら、ほぼ口から出まかせを言う危険を冒すことだろう。その不吉な含意が周知の、生物学主義的な連続説に対する単純素朴な疑念から、より一般的には、連続説に対するこの突飛な訴状に結びつけたがる人がいる発生説に対する疑念から、この大義ないし利害が利益を引き出そうとするとき、その手口はあまりに常軌を逸しているので、いずれにせよこの点ではどんな直接的な討論も、私の側から呼び出すことはできないし、私の目にはそれにあたいするとも思われない。私がこれまで言ってきたこと、今日これから言うであろうこと、そのすべてが棍棒まがいのこんな申し立てをきっぱりと否定する。

というのも、おのれを人間と呼ぶものたちと、人間と自称する、みずからを人間と名づけるものたちが動物と呼ぶもののあいだに、不連続性、断絶、さらには深淵のようなものがあるかないかということに関する議論には、どんな意味もないからだ。このことについてはみな同意しており討論はあらかじめ終わっている、それに、獣より愚か〔plus bête que les bêtes〕でなければそれを疑うことなど適うまい。獣たち自身そんなことは知っている（アブラハムの驢馬と牡羊に聞いてみるがいい、あるいはアベルが神に犠牲として捧げえた生けるものたちに。そのものたちは知っている、人間たちが神に「私はここに」と言うとき、続いておのれを犠牲に捧げることを受け入れるとき、彼らの犠牲を犠牲にすることを、あるいは赦される〔おのれを赦す se pardonner〕ことを受け入れるとき、自分たちに何が起きるのかを）。討論がはじまるにあたいするのは、この深淵状の限界の、これらの縁辺の、複数的で過剰に折り畳まれたこの境界の、数、形状、意味、構造、何葉にも重なった厚みを規定することが問題となるときである。討論が興味深いものになるのは、非連続化する限界があるかどうかを問う代わりに、限界というものは、それが深淵状であるとき、境界が分割不可能な一線ではなく、一つならぬ線を深淵状に形成しているとき、どうなるのかを思考しようとするときである。そして、したがって、その線がもはや、一にして分割不可能なものとして、引かれ、客体化されるままに、数えられるままにならないときである。深淵でおのれを養うことで成長し増殖する限界の縁《へり》とはどんなものか？ 三点にまとめれば、私のテーゼは以下のようになる。

1. この深淵状の断絶は二つの縁を、大文字の〈人間〉と〈動物〉一般という二つの縁の、単線的かつ分割不可能な線を素描するのではない。

2. この深淵状の断絶の、多数かつ異質な縁辺には一つの歴史がある。巨視的かつ微視的な、終焉したどころではないこの歴史は、ある例外的な局面を横断しつつあり、私たちはそのなかにいて、それに対していかなる尺度も持ち合わせていない。そもそもここで、歴史を、歴史的契機ないし局面を語りうるのは、前述の断絶の想定上の一つの縁の側から出発してのことにすぎない。それは人間‐中心的主観性の縁であり、この主観性は、自伝的に、ある物語〔histoire〕、おのれの生の物語をおのれに語る、あるいは語られるにまかせる——そしてそれを、大文字の〈歴史〉〔*Histoire*〕と呼んでいるのである。

3. 自称人間の縁の彼方には、とはいえ断じて唯一の対極的な縁ではないその彼方には、大文字の〈動物〉なり〈動物的生〉の代わりに、すでにそこに、生けるものたちの異質的な多数性がある。より正確に言えば（というのも、「生けるものたち」と言うことがすでに、過剰な、あるいはけっして十分ではない物言いだからだが）、生けるものと死せるもののあいだの諸関係の組織の、有機的なものと無機的なものという、生そして／または死という形象では、次第に分離し難くなっている複数の〈界〉のあいだの組織と非組織の諸関係の多数性がある。内密的であると同時に深淵状のこれらの関係は、けっして全面的に客観化可能ではない。これらの関係は、ある項の他の項に対する、どんな単純な外在性にも場を残さない。そこから続いて出てくることは、ひと〔on〕が、動物たちを、大文字の〈動物〉、動物一般と名づけられようある類の、複数の種とみなす権利を、けっして持つことはないだろうということだ。「ひと」が大文字の単数定冠詞付きで「〈動物〉」と言うときには、哲学者が、あるいは誰であれ、単数形で「動物」と、ただそれだけ言うときには、そのようにして人間（「理性的動物」としての人間、政治的動物としての、話す動物としての、zoon logon ekhon〔ロゴスを具えた動物〕としての人間、「私」と言うところの、そしておのれを、かかる動物を主題とする、みずから発話する文の主語とみなすところの人間等々）ではないとされるあらゆる生けるものを意味するのだと主張するときには、よろしいだろうか、そのようなときには毎回、この文の主語は、かの「ひと〔on〕」は、かの

「私〔je〕」は、愚かなこと〔une bêtise——獣〔bête〕のように愚昧なこと〕を言っているのである。それは白状せずに白状する、それは宣言する、病〔mal〕が症状を通して発現する〔おのれを宣言する se déclarer〕ように、それは診断すべく与える、「私は愚かなことを言う」ということを。そして、この「私は愚かなことを言う」は、それが否認する動物性ばかりでなく、ある本物の種のあいだの戦争への、その没入的、継続的、組織的な参加をも確認するはずである。

以上が動物《アニマル》についての、動物たち《アニモ》についての、animal あるいは animaux という語《モ》についての、諸命題《テーズ》を目指す私の諸仮設《イポテーズ》である。

そう、動物〔animal〕、なんという語〔mot〕であることか！

それは一つの語である、animal とは、人間たちがみずからに、与える権利を与えたところの語である。これら人間的なるものたちは、それを、その語を、みずからに与えることによって、だが、あたかもそれを遺産として受け取ったかのように、おのれを見出したのだ。多大な数の生けるものたちを、彼らが大文字の単数定冠詞付きで〈動物〉と言う、この唯一の概念のもとに囲い込むために、このものたちはこの名をみずからに与えたのだ。そして、それを、この名をみずからに与えたのは、同時に、彼ら自身に、語への、名への、動詞への、属詞への、語からなる言語への権利を、自分たちの専用に取っておくために授けることによってだったのだ。要するに、問題の他者たちには、獣という広大な領土、すなわち単数定冠詞付きの〈動物〉に囲い込まれたものたちには欠落しているとされる当のものへの権利を、である。私たちがこれから問いたずねる（アリストテレスからデカルト、カント、ハイデッガー、レヴィナスを経てラカンに至るまでの）哲学者たちはすべて、みな同じことを言う。動物には言語が欠落していると。あるいは、より正確には、応答が欠落していると。正確に、そして厳密に、反応から区別されるべき応答が。「応答する」権利および権能が。そして、人間の固有のものとされる他の多くの事どもが。

　人間たちとは、まず、動物についてただ一つの声で語るために、そしてこのもののなかに、独りだけ、応答なしに、応答するための語なしにとどまったとされるものを指し示すために、自分たちにこの語を与えたあの生けるものたちのことだろう。

　悪《マル》〔mal〕は、はるか以前から、長いあいだなされてきた。この悪《マル》はあの語に起因するだろう、むしろあの語に結集されるだろう、人間たちがみずからに、人類の起源におけるかのように与えた動物《アニマル》というあの語に。それも、おのれを同定するために、おのれを承認〔再認 se reconnaître〕すべく、自分たちがみずからに言うところのものであること、すなわち人間であることを、人間という名に応答することができる、人間という名に対応するものであることを目指して、彼らはその名をみずからに与えた。

　私が語ることを試みたいのは、この語に起因するある特定の悪についてである、まず、いくつかの幻獣《キマイラ》的なアフォリズムを口籠ることで。
私が追う＝それである動物、このものは話すか？〔L'animal que je suis, parle-t-il?〕
これは手つかずの、まっさらな、真新しい、いまだ来るべき問い、素っ裸の問いだ。
というのも、言語というものは、自余のすべてと同じことで、それについて話すだけでは十分ではないからだ。

このものが、この動物が、ここではフランス語を話すかに見えながら、それでも獣のように愚昧〔bête〕であることに変わりはないということは、この最初の問いからして、その痕跡を嗅ぎつけられよう。「私が追う＝それである動物、このものは話すか？」、この問いの差し向けは、「私は〔je〕」から「このものは〔彼は il〕」への移行と同様、装われたものかもしれない。この問いは、言うところの「修辞的疑問《レトリカル・クウエスチヨン》」という詭計か術策であり、その回答はすでにわかりきっているのかもしれない。回答＝応答〔réponse〕というものがやがておおいに問われることになるだろう、そしてたぶん私は仄めかそうとするだろう、動物というものの想定上の動物性は、応答の問いを、そして応答するとはどういう意味かという問いを扱わなければ扱えないだろうということを。そして、おのれを消す〔*s'effacer* 身をかわす〕とはどういう意味かという問いを。われわれは見ることになろう、デカルトからラカンまで、記号なり伝達なりに対するある種の適性を前述の意味での動物に認めた人々でさえ、応答する権能は——偽装する、嘘をつく、そしておのれの痕跡を消す権能は、そのものに否認したということを。

とはいえ、虚構であろうとなかろうと、「私が追う＝それである動物、このものは話すか？」と私が問うとき、この同じ問いは、即座に誰かによって、署名＝封印されるかに見える。

何を封印するのか、この問いは？　それは何を主張するのか？　偽装であろうとなかろうと、それは何を翻訳するように見えるのか？

この動物がそれであるところのもの、それであることになるであろうもの、それかもしれないもの、それでありたいと欲するかもしれず、それでありうるかもしれないもの、私はおそらくそれである＝それを追う。

だが、私はそれでいある＝それを追ういと、私がフランス語で、それも第一に、他のどんな言語でもなくフランス語で言うにせよ、それはなんらかの国民的固有表現をわがものと主張することよりも、ある還元不可能な曖昧さを想起することになる――そしてこの曖昧さについては、のちにさらに語られよう。ある動物の署名は、その痕跡を、さらに消し去ったりわからなくしたりすることがある。むしろ、それがみずから消えるにまかせること、みずから消えないようにはできないことが。そしてこの可能性――痕跡を残すこと、おのれの署名を消し去ったりわからなくしたりすること、それが失われるにまかせること――は、そのとき、大変大きな意味を持つだろう。おのれの痕跡の数々を自由に処理しうるか否か、それらをわからなくするため、消し去るために、それゆえ、すでに言われたように、あるものたち（例えば人間）にはそれができ、他のものたち（ラカンによれば、例えば動物）にはできないということは、ある分割不可能な限界をめぐる信頼にあたいする二者択一ではおそらくないだろう。これらの足跡、これらの行跡には、後に立ち返る必要があるだろう。痕跡というものが、つねに、それそのものが消え去りうる、それも永久に消え去りうるということは、これこそ批判的差異であるが、誰かが、人間あるいは動物が、おのれの痕跡を消し去ることが、ここは強調しておくが、自分でできるということをけっして意味しない。

それゆえ、語たちが問題になる。というのも、私は私がこれからあなた方に言うことに、ある言語活動を、実験的幻獣《キマイラ》の演習が、あるいはある証言の検証のようなものがなされるあいだに、ある言葉の使い方を探索するということ以外の志があるかどうか確信がないからだ。ほんの試しに［Juste pour voir ちょっと見るために］。こんな風にしてもよい、彼ら、人間的なるものたちの、いくつかの語の使い方の若干の言説的様態を（「彼ら」という点を強調しておく）、あたかも私が、ただ単に、それらを検証し、そして試しに何が起こるか予見するために、分析しようとしているかのように、しかしまた、彼らがしている、そしてさしあたりわれわれも一緒にしている「動物」や「私は」といった語の、あまりに安心しきった使い方の若干の理由を、なおしばらくのあいだ、追跡し、嗅ぎまわり、尾行し、そのあとを追おうとしているかのように。

ある批判的不安が執拗に続くことになるだろう、異議申し立てさえもが、私が分節しようとするあらゆる事柄を通して、たえず反復されることになるだろう。それはまず、そしてなお、大文字で「動物」というほどに一般的な観念の単数形の用法に、あたかも人間ならざるすべての生けるものが、すべての「動物たち」を、それらの存在の本質そのものにおいて隔てる深淵状の諸差異、構造的諸限界がどうであれ、「動物」というこの「常套句〔lieu commun〕」の常識〔sens commun〕のうちにまとめられうるかのように照準を合わせることになるだろう。動物という名詞は、それゆえ、まずは括弧に入れておくのがいいだろう。なんでも屋のこの概念のなかには、一般性を表す単数形の動物の広大な収容所には、この定冠詞（«l'Animal» であって «des animaux» ではない）の厳格な囲いのなかには、原生林、アニマル・パーク、狩猟や漁労のテリトリー、飼育場や屠場、馴致の空間におけるように、人間がおのれの同類、近きもののあるいは兄弟と認めないあらゆる生けるものが囲い込まれていることになるだろう。しかもそれは、犬から蜥蜴《とかげ》を、海豚《いるか》から原生動物を、羊から鱶《ふか》を、チンパンジーから鸚鵡《おうむ》を、鷲から駱駝《らくだ》を、虎から栗鼠《りす》を、あるいは猫から象を、蚕から蟻を、あるいは針土竜《はりもぐら》から針鼠《はりねずみ》を隔てる無限の空間の数々を無視してのことなのだ。名辞一覧は切り上げてノアに助けを求めるとしよう、誰も方舟に忘れないように。

分類学の粗描までしてみせたのだから、もう一つ慎みなく告白することをお許し願いたい。この告白は、かつてあのニーチェの耳の側で試みたことのあるような、耳伝的〔otobiographique〕なものではないだろう。他の誰にもましてニーチェは、カフカとともに、耳でおのれを動物として理解していたのだが。この告白はむしろ、〈動物自伝的〉〔zootobiographique〕であるだろう。この〈動物の‐自己の‐生の‐文献の‐記録〉〔zoo-auto-bio-biblio-graphie〕は手短かになるだろう。心覚えのために、私はみずからにそれを許可しました義務づけよう、まさしく「自伝的動物」という、われわれの出会いの表題の資格において。そして私はそうしよう、「私はある」の歴史、「私は」としての自己への自伝的かつ自己‐指示的関係の歴史と、単数定冠詞付きの大文字の「動物」の歴史、動物の人間的概念の歴史を結びつけるものを、また別の様態で扱う前に。今日は前に進もうとしているのだから、前進すること、すなわちあまりうしろを振り返らず何度も見直さずに危険を冒すことでまた別の歩みを粗描しようとしているのだから、理論的ないし哲学的タイプの、そしていわば脱構築的スタイルの議論が、はるか以前から、真実には私が書きはじめて以来ずっと、生けるものの問い、動物的な生けるものの問いに割いていると自分では考えていた議論の数々をたどり直すことはすまい。この問いはつねに、私にとって、おおきな、もっとも決定的な問いだったことになるだろう。この問いはいくども、あるいは直接的に、あるいは斜めから、私が関心を寄せたすべての哲学者の読解を通して取り上げてきた。フッサールと理性的動物〔*animal rationale*〕の概念、現象学の核心に見出される生の、あるいは超越論的本能の概念（だが、逆説的にもフッサールは、ヘーゲルと同様、ここで動物に関しては、のちに私が語るすべての哲学者のうちで、もっとも「デカルト的」というわけではない）をはじめとして。そうではなく、哲学的自伝ぬきに、哲学の道に即して私の歩みをたどり直すことなく、私のすべての動物たちの想起的解釈に沈潜してもよかったし、おそらくはそうすべきでもあったろう。この動物たちは確かに家族をなしているわけではないが、それらはずっと以前から、何十年も前、いくつもの研究集会このかた、私がそれであり追ってもきた獣たち〔des bêtes que je suis〕なのである。羞《はじ》らいと慎みからそれはしないことにする。それはまたあまりに大勢なので際限のないことになってしまうし、このサロンに相応しくもないだろう。しかし別の、おそらく二つの行跡は開かなくてはならないと考える、回顧的に、このような探索を追跡しようと欲する人のために。手短かにしよう、そしてわれわれの研究集会の主題に厳密に限定しよう。

一方において、私の動物的諸形象が蓄積され、執拗さの、見えやすさの度合いを増してきたのは、それらが蠢《うごめ》き、犇《ひし》めき、たがいに動かし動因となり合うようになってきたのは、それらがいっそう動き回り興奮する〔se meuvent et s'émeuvent〕ようになってきたのは、私のテクストがより見えやすい形で自伝的になり、一人称で述べられる頻度が高くなるにつれてのことだ。

「動物的諸形象」〔figures animales〕と私は言った。あれらの動物たちは、寓話の形象〔figure〕や登場人物とはたぶん別のものだ。というのも、形象的なもの〔figural〕の、そしてそれこそ動物的形象の、私の眼にはもっとも見えやすい変身の一つは、おそらく、私に関するかぎり、「白い神話」だろうから。それは動物的言語の周囲を徘徊しつつ、動物から言語を、語を、ミメーシスを取り上げるアリストテレスと、概念の系譜を、こう言ってよければ再動物化するニーチェのあいだで、転喩とレトリックの運動を、概念の隠喩との説明的対決を追うものだから。*Ecce homo*〔ここに人間がいる＝この人を見よ〕をパロディ化したものは、彼のすべての動物たちを確信犯的に哲学のなかに解き放つことで、私たちに笑うことを教え直そうとする。笑うこと、そして泣くことを。というのも彼は、ご存じのように、ある動物のかたわらで、ある馬のまなざしのもとで、あるいはその頬に頬を寄せて、泣きだすほど狂っていたのだから。ときに私は彼がこの馬に、証すものになってもらおうとしている姿を、そしてまず、彼の憐れみを証すものになってもらおうとして、その頭を抱きかかえる姿を見る思いがする。

動物たちが私を見つめている。まさしく、比喩形象のあるなしにかかわらず。あのものたちは繁殖し、私のテクストが、人からそう信じこまされそうになるほど次第に「自伝的」になるにつれ、次第に野生的に私の顔に飛びかかるようになってきた。

それは明らかだ。やや明らかすぎるほどですらある、終わりからして、今年出版されたばかりの「蚕」の終わりからして。[19] すでにボドレリアン・ライブラリの「ソクラテスとプラトン〔*Socrates and Plato*〕」の図像学に動物たちは頁ごとに出現する、一九七九年七月の絵葉書の一枚の署名者は言う、「栗鼠たちのように」、「森のなかの」「栗鼠たちのように」と。「ハイデッガーの手」（『プシュケー』）の猿について言えば、そのものは取る、そのものはつかむ、しかしそのものは、ハイデッガー先生によれば、与えることも、挨拶することも、そしてとりわけ考えることもできないらしい。「詩とは何か」の針鼠〔hérisson〕はその毛のなかに、他のもろもろのものと並んで、そして一人称のこの手紙のなかで、私の名の断片の遺産《エリタージュ》〔héritage〕を運んでいる。『性差の読解』では「蟻たち」と署名される。

というのも他方において、ついでながら記しておけば、あれらほとんどすべての動物たちは、次第に意図的に、性差の開放へと迎接されているからだ。より正確には、複数形の性差〔*des* différences sexuelles〕である。すなわち、動物の動物性に関する哲学的スタイルのほとんどすべての大論文が、概して無視してきたもののことだ。この開通、数々の性差の開放へのこの開通は、針鼠および男性単数形の蟻〔*du* fourmi〕の行跡そのものだった。ところがとりわけ最近の著述では、それこそ裸性というものが、ヴェールのあるなしにかかわらず問題となるところで、裸であるものの、「毛虫のように」〔comme un ver「素っ裸の」の意〕と言われるように裸であるものの思考、「蚕」〔絹の虫 Un ver à soie〕となったのだった。三段階のこの日記は端々まで、その誕生における性的経験の曖昧さを名指している。それは羞恥と真理のヴェールの数々を扱う、私の動物誌の動物自伝的起源の一つを想起しつつ。「性別を見分けることは不可能だった」と記した後、子供は想起する。

確かに、何か褐色の口のようなものはあったが、それらの絹、あの糸となった乳、つまり、それらの身体を延長し、さらに少しのあいだ身体にしがみついているあの細繊維が出てくるとなればその起源に想像せずにはいられない孔を、そこに認めることはできなかった。光を発して輝くとても繊細な精液によって唾液が糸を引く。それは、女性の射精という光り輝くような奇蹟であり、私はそれを眼で飲んでいた。〔……〕あの小さなペニスの幻想によって自己が転位する——あれは勃起だったのだろうか、萎縮だったのだろうか？　私は絹織りの眼に見えない進展を観察していた。あたかもどこか、驚異的なものの秘密を、彼方のその秘密の秘密を、その動物から無限に遠く隔たったところから取り押さえようとしているかのように。無垢で小さなその陰茎は、その計算不可能な遠ざかりにおいて、実に異質だったけれども、実に近しくもあった。

さらに後のところで、子供はこう続ける。

……自己の糸にして息子たち〔fils〕、あるいは娘たち〔filles〕の紡がれていく過程〔filature〕——あらゆる性的差異、あるいはむしろ、性別のあらゆる二元性の彼方に、そしてあらゆる番《つが》いさえもの彼方に。はじめに虫があった、そしてその虫は性器であり性器ではなかった。子供はよくそれを見ていた。おそらく性器なのだが、だとすればどちらの？　彼の動物誌がはじまっていた。[20]

勃起と萎縮のあいだの律動的差異。ここでわれわれが取り組んでいるもの、すなわち、直立と対面に結びついた羞恥の感情の核心にあるのはたぶんそれだ——直立とは、それゆえ、起立〔＝勃起 érection〕一般のことであって男根的隆起のことだけではない。この指摘は脇に置いておこう、とりわけ羞恥そのものにおける性差に関して、それは追跡されるべき、あるいは議論されるべきことではあるのだが。なぜ男は女より、同時により多くかつより少なく羞じらうらしいのか？「より多くかつより少なく〔plus et moins〕」のこの「同時に」にとって、羞恥とは、何でなくてはならないのか？

昨日の、一昨日の私の動物たちの若干の点呼をさらに続けるため、私はわれわれのプログラムの表題を盾に取ることにする。この表題はわれわれに、動物と自伝を交配することを義務づけさえしている。こうして私は白状する、個人的でやや楽園的な動物誌に対する古くからの妄想を。とても早く、それは兆した。動物の領域で思考され書き記されたすべての事柄を構成しようという狂気じみた計画、絶対的歓待の、もしくは無限の自己固有化の夢。私の家で、かくも多くの動物語たち〔*animots*〕を、いかに迎接ないし解放すべきか? 私のなかで、私に対して、私として? そうしていたとしたら、動物誌より、同時により多くかつより少ないものができたことだろう。寓話は特に避けなくてはならなかった。寓話化は、その歴史が知られているように、人間的形象への馴致、教訓的隷属化、家畜化にとどまる。つねに人間の／についての言説である。つまり人間についての、さらには人間の動物性についての、しかし人間のための、そして人間のなかの言説である。

寓話的動物誌以前に、私は私に動物たちの群れを、むしろ、私自身の記号たちの森のなか、私の記憶の覚え書きのなかで与えていたらしい。このような仲間を、たぶん私はずっと前から夢みていたのだ、いま私のテクストの数々に、ところせましと生息している数知れない獣たちの訪れのはるか以前から。昨日の、男性単数形の蟻、針鼠、あるいは蚕のはるか以前から。「フロイトとエクリチュールの舞台」(『エクリチュールと差異』)や「白い神話」(『哲学の余白』)の蜘蛛、蜂、あるいは蛇たちのはるか以前から。「Fors」における「狼男」の狼たち(『狼男の言語標本』)のはるか以前から。『衝角』の馬、だがとりわけカントの馬のはるか以前から。「パレルゴン」(『絵画における真理』)では言われている、自由美と付属美についてのカントの理論に関して、鳥類や甲殻類と違ってそれは「カントの居心地を悪くさせる」、あの馬はと(馬は理論の居心地を悪くさせ身動きができないようにする、野生的とみなされるか、あるいは家畜化され、利用され、調教されて、人間によって、美学的、目的論的判断の主体によって、合目的化されているとみなされるかによって。子馬《ジュネ》に、『弔鐘』のただなかを駆けていくスペインの馬に引き継がれるこの「パレルゴン」の馬は、そのほか牛にも、羊にも、豚にも、驢馬にも比較されている。まったく別の驢馬もいた、ツァラトゥストラの痕跡をたどるうちに増えていった、肯定の然り然り〔*Ja Ja*〕へのすべての参照の驢馬も）。もうどこだったかわからない、『マルクスの亡霊たち』だったと思うのだが、土竜のはるか以前から。『友愛のポリティックス』におけるフロリアンの野兎とカントの黒い白鳥の、しかしまた、「割礼告白」で私がひそかにラグナ・ビーチの「私の友なる鳥たち」と呼んだものたちのはるか以前から。そこで私はまた、私のアルジェリアの子供時代に、大贖罪の日に、〈果樹園《パルデース》〉で供犠に付された何羽かの白い雌鳥を再び舞台に上せたのだが。そしてさらに、『絵画における真理』の「＋R」で、Ichtus〔ギリシャ語で魚の意〕、イシュー〔Isch〕およびイッシャー〔Ischa〕の*Ich*によって「私は〔je〕」を演ずる魚のはるか以前から。それはKhiにおいて、キアスム〔chiasme〕によって、ある種の*Chi-mère*〔幻獣〕と交配するのであり、こちらのほうの名は、二つの欄の上空をある種の鷲が飛んでゆく『弔鐘』で分解されることになるのだが。至るところからエクリチュールに取り憑くために回帰する、生と死、動物と植物のあいだでどっちつかずの死にかつ生きるすべてのウイルスのはるか以前から。『衝角』で、しかしまた『耳伝』で、ある種の「偽善的犬」〔教会〕と「電蓄の犬」の耳ともども、ニーチェのすべての動物が想起されるはるか以前から。『シニェポンジュ』におけるポンジュの動物文学（燕、海老、牡蠣）のはるか以前から。海綿《スポンジ》〔éponge〕そのもののはるか以前から。この海洋性植虫類は誤って植物性のものと思われているが、それについて私はまさにここで話したのであり、しかしそれ以前に、やはり「白い神話」のなかで、バシュラールが「海綿の形而上学」の名のもとに示したものをめぐり一節をなしていたのである。しかし、巡路の最後にハイデッガーによる動物の扱いに長く立ち戻りたいので、鉤括弧のなかの一つの注に対し、備忘録〔pense-bête〕の形をとったこのささやかな分類学のなかに、ある特別な場を設けさせていただきたい。それは『精神について』においてである。この小著は「世界に貧しい」（*weltarm*）ものとしてのハイデッガー的な動物の概念を直接ふんだんに扱っており、明日私はその分析を、一九二九―一九三〇年のセミネールに即してさらに続行してみたい。前述の鉤括弧のなかの注は、私のテクストで、動物という問題設定に関するこの展開に一見属してはいない。それが舞台に上せるのは、「ある動物＝機械の、音なく罌り取り反芻する貪欲（……）その容赦なき論理」である。それは、デカルト的なそれであるか否かを問わず、動物＝機械にはただ似ているだけだ。それは読みと書き直しの動物である。われわれがここで関与しているすべての行跡に、それは働くことになるだろう、それらの行跡を予告しつつ、あらかじめそれらを逃れつつ。

［小休止。ハイデッガーの資料体に、彼があれこれの機会に指定した操作を、求められる全熱意と一貫性をもって実際に周到に施した日に、それがどんな相貌を見せるか夢想するために。「精神」という語を「避ける」こと、少なくともそれを括弧に入れること、その次に、動物のように現存在を持たないもの、したがって世界を持たないかわずかしか持たないものが語られるときには毎回、世界に関係するすべての名詞を抹消すること、その次に、「ある」という語を至るところで×印の下に抹消すること、最後に、言語が問題である場合、すなわち間接的にはあらゆることが問題である場合、疑問符を×印なしに抹消すること等々。このような動物＝機械の音もなく齧り取り反芻する貪欲に、その容赦なき「論理」に引き渡されたあるテクストの表面が想像される。それは単に「没精神」なのではないだろう、それは悪の相貌であるだろう。ハイデッガーの倒錯的読解。休止の終わり[21]。］

この動物＝機械は、私が書くものすべてに、侵入しないまでも取り憑いてはいるウイルスとよく似ている。動物でも非動物でもなく、有機的でも無機的でもなく、生きても死んでもいないこの潜在的侵入者は、コンピュータ・ウイルスのようなものだろう。書くこと、読むこと、解釈のオペレーターに、それは棲みついているだろう。しかし、続きを大幅に先取りしてこう記せるとすれば、それは削除すること（それゆえ、ラカンが動物にはできないと言った、痕跡を抹消すること）ができる動物であるだろう。この準動物は、「存在」を削除する必要を認めているのだろうから、（ハイデッガーが動物にはできないと言った）それとしての存在にもはやおのれを関係づける必要はないだろう。しかしそうなると、「存在」を削除するそれ、「問い」の（それゆえ応答の）彼方ないし手前におもむくそれは、ある種の動物とまったく別のものなのだろうか？　追跡すべきまた別の問い。

われわれは追跡する、われわれを追跡する。私がそれでありそれを追う、あるいは私を至るところつけてくるこれらの動物語《アニモ》たちのこの行進、その記憶が無尽蔵であるようなこの行進の開陳を、あなた方に強要はすまい。そんなことをすれば、ノアの方舟どころか、事態はサーカスになってしまうだろう。そのとき動物の見世物師が、彼の悲しい臣下たちを、背をかがめて行進させることになる。多数の動物語は、相変わらず背に主人を乗せて苦しむことだろう。このように家畜化され、馴致され、訓育され、従順に、訓練され、調教されて、それは背中いっぱいに多数の主人を乗せていることだろう。悪口屋なら私の自筆文献目録〔autobibliographie〕をそれになぞらえるかもしれないこんな動物小屋の代わりに、私はただある哲学的動物誌、哲学の起源の動物誌についての観念、あるいはむしろ惑乱的な論点を想起することにする。決定不可能なパルマコン〔ギリシャ語で「薬」と「毒」という対立する意味を持つ語〕の境域で、それは偶然不可避となったわけではなかった。「あるパルマコンを急き立てて別のパルマコンと接触させる」、すなわち「パルマコンの効力を転倒してその表裏を反転させる」ソクラテス的イロニーに関して、私は当時(一九六八年だから三十年前になる)、哲学前夜の、より正確には(このことを指摘するのは今日の午後、デカルトをめぐってふたたび語ることになるからだが)霊《ダイモン》的なもの、悪しきもの、さらには悪しき霊に、獣との、悪しき獣、つまり倒錯的な、同時に無垢であり、狡知に長け、しかも不吉な獣との親近性がなくはないある場所における、ソクラテス的動物誌のプログラムがどんなものでありえたかを想像しようとしたのだった。ここではプログラムだけに限定するが、ある注が、ちょうど真中、まったくの中央、綴じ目のところで、「プラトンのパルマケイア」の第一部と第二部のあいだで、あの代わるがわるの境界の通過を詳説していたのだった。

同時にそして/または代わるがわる、ソクラテス的パルマコンは石化させかつ覚醒させ、麻酔にかけかつ感受性を刺激し、鎮静させかつ不安にさせる。ソクラテスは痺れエイだが、しかしまた針を備えた動物でもある〔周知の諸テクストへの参照〕。『パイドン』(九一c)の蜂を思い出そう。後にわれわれは『弁明』を開くことになる、ソクラテスがおのれを虻《あぶ》になぞらえる地点で。ソクラテスのこうした共形象の全体は一つの動物誌をなしている〔もちろんこれはソクラテスの自己提示における動物的形象なのだから、問題はまさしく「自伝的動物」たるソクラテスである〕。霊《ダイモン》的なものの署名が動物誌のなかでなされるのは驚くべきことだろうか？　動物＝薬物的なこの両義性、そしてソクラテスのこのもう一つの類比から出発してはじめて、人間〔*anthropos*〕の諸限界は規定されるのである。[22]

誤りかもしれず非を認めて公式に謝罪しなければならなくなる日が来るかもしれないが（そのときはよろこんで受け入れよう）、あえて私は言うだろう、プラトンからハイデッガーまで大哲学者の側からも、動物のと言われる問い、そして動物と人間の限界の問いに、哲学的に、それ自体として取り組む誰の側からも、あの一般性を表す単数形、動物なるもの〔*l'animal*〕に対する原則的抗議を、とりわけ理路整然とした抗議を、私はたえて認めたことがない。性が原則的に差異化されていない――あるいは、去勢ではなくとも中性化された――ある動物の、一般的単数形に対する抗議についても同様である。このような空隙は、やがて見るように、あるいはその前提を、あるいはその帰結をなす他の多くの空隙と切り離せない。この哲学的ないし形而上学的基礎条件を哲学的に変更することは、たえて求められたことがない。私ははっきり「哲学的」――あるいは形而上学的――と言う、というのも私にはこの所作が、哲学そのものの、それとしての哲学素の体質そのものであるように思われるからだ。人間一般を動物一般から分離するような単数定冠詞付きの限界の定義について、すべての哲学者の意見が等しいというのではない（とはいえこれこそは、もっとも間口の広い合意の場所であり、そしてたぶん、支配的な合意の形であるのだが)。しかし、彼らのあいだのあらゆる不同意にもかかわらず、それを通して、それを越えて、つねに哲学者たちは、すべての哲学者は、この限界は一にして不可分であると判断してきた。そしてこの限界の向こう側には、それを区別し対立させる権利、理論的ないし哲学的権利が自分たちにある、一つの膨大な集団が、根本的に等質な唯一の集合が、すなわち動物一般の、一般的単数形の動物の集合があるのだと。人間を例外とする全動物界というわけだ。哲学的権利はそのとき、「常識＝共通感覚」の権利として表れる。平然と一般的単数形で動物について語ることに対する、哲学的感覚と常識＝共通感覚のこの合意は、おそらく、おのれを人間と呼ぶものたちの、もっとも大きな、もっとも症候的な愚かさの一つだろう。愚かさ〔bêtise〕と獣性〔bestialité〕については、いずれにせよ獣たち〔bêtes〕は定義上免れているものとして、たぶんのちに語り直すことになるだろう。ある動物の愚かさとか獣性を語ることはできないし、そもそもけっしてなされない。そんなことをすれば、「人間の固有なもの」の最終的に唯一の保証、そして唯一の危険として人間に取っておかれるものを、擬人的に投影することになってしまうだろう。人間の固有なものがあるとして、その最後の砦が、動物ないし神にはどんな場合にも付与されえない特性が、なぜこのように、愚かさないし獣性と名づけられるのかが問われうる。

(形而上学的、倫理的、法的、政治的等々、その全帰結における)解釈的決定は、かくして、〈動物なるもの〔l'Animal〕〉というあの語の一般的単数形のうちに、何が前提されているかにかかってくる。それゆえ私は、あるとき、自分の道を示すため、この語を括弧に入れて分析すべき引用として保持するだけでなく、即座に語を変えること、そして問題はやはり語であり、ただ単に語であり、animal という語なのだということをはっきり記すために、近いと同時に徹底的に異質なもう一つの変わった語、フランス語の法に違反する幻獣じみた語、animot を鍛造してみたくなったのである。

Ecce animot〔この〈動物語《アニモ》〉を見よ〕。種でも類でも個でもなく、還元不可能な死すべきものの生ける多様性であるそれは、二重のクローンやかばん語というよりある怪物的な雑種であり、彼女のベレロポンテスの手にかかって死に処せられるのを待つ幻獣《キマイラ》なのである。

〈キマイラ〉とは誰だったのか？ 〈キマイラ〉とは何だったのか？

キマイラ〔Khimaira〕、われわれは知っている、この固有名詞が火炎を吐く怪物を意味していたことを。その怪物性はまさしくそれのなかの動物たちの、動物語《アニモ》の多様性に起因していた（獅子の頭と胸、山羊の胴、竜の尾）。リュキアのキマイラはテュポンとエキドナ〔Echidna〕から生まれた。普通名詞 *echidna* は蛇の意であり、より正確には蝮を、ときには転義によって不実な女を意味した。その蛇は、笛を吹いて陶然とさせること、直立させることができない質《たち》のものである。それはまた、オーストラリアとニューギニアにしか棲息しないあるとても変わった動物に与えられた名、échidné〔針土竜〕（英語では*echidna*）でもある。この哺乳動物は、非常に稀なことだが卵を生む。だからそれは卵生哺乳動物なのであり、食虫性であり、単孔性でもある。それにはすべての有用な目的のために、尿管、肛門および生殖道のために、一つの開口部しかない（*mono-trema*）。衆目の一致するところ、針土竜は針鼠に似ている。鴨嘴《かものはし》とともに、五種の針土竜が単孔類の全体をなす。

テュポンとエキドナから生まれたキマイラは、それゆえ私の関心を引く、というのも、私の話しぶり《アドレス》は幻獣じみたものになるだろうからだが、そのいくつもの理由はだんだんと述べていくことにしよう。まず私が、昔から、キマイラを死に処したベレロポンテスという人物に、曖昧な愛着を抱いてきたということがある。十日間をまるまるこの人物一人だけに割いてもいいほどだ。周知のように、彼は狩人の形象を代表する。彼は追う。彼は追うものである。彼は獣を追いかけ迫害する。彼は言うことだろう、私は動物を追う、私は動物を追跡する、私は動物を狩り出し、制御し、飼い馴らすと。この動物とは、キマイラ以前にまず、彼が轡《くつわ》で、「アテナが彼に贈った金の轡で」つかまえているペガソスだった。彼はペガソスを轡でつかまえて踊らせる、彼は動物にダンスのステップを踏ませる。この動物の振付け《コレグラフィ》への言及を事のついでに強調しておく、はるかのちにわれわれが、ラカンの筆のもとに、動物の〈舞踏性〈dansité〉〉なるものに出会うことを予告するために。元型的な馬であるペガソスはポセイドンとゴルゴンの息子であり、ということはベレロポンテス自身の異母兄弟〔Le demi-frère〕〔ベレロポンテスはコリントスの王グラウコスの子であるが、本当の父はポセイドンとされる〕だったことになる。ベレロポンテスはこのように、ペガソスと同じ神の血を引いており、ある種の兄弟を、もう一人の彼自身を、追いかけ、飼い馴らすに至るのである。私は半分〔à demi〕私の兄弟であると、要するに彼は言っていることになるだろう、私は私の他者である＝を追う〔je suis mon autre〕、私は彼を理性で屈服させる〔j'ai raison de lui〕、私は彼を轡でつかまえると。おのれの他者を轡〔mors〕でつかまえるとき、人は何をしていることになるのだろう？　おのれの兄弟を、もしくは異母兄弟を、轡でつかまえるとき？

カインとアベルのあいだにもやはりいくばくかの死んだ動物がいた。それも馴致され、飼育され、供犠に付された動物が。長子カインは農民でありそれゆえ定住民だったが、地の実りの奉納は、それよりも牧民アベルの家畜の初子の供物のほうを好んだある神に拒まれる。神はより好む、自分がアダムに――試しに〔ちょっと見るために *pour voir*〕――名づけるにまかせた動物そのものの供犠のほうを。あたかも、神が望んだ馴致から神が好んだ動物供犠へ、名の発明は、アダムあるいはイシューに委ねられた動物たちを名づける自由は、神に捧げる供犠の肉の供与を目指す〔en vue de pourvoir〕、試しの〔*pour voir*〕段階にすぎないかのように。あまりに先を急ぐことになるけれども、名を与えることも、やはり生けるものを神に捧げることであるらしい。それに続く弟殺害は第二の原罪を画するものだが、今回は二回血に結ばれている。なぜならアベル殺害は、同じアベルが神に捧げえた動物の供犠に、その帰結として続くのだから。私がここであえて第二の原罪と呼ぶものは、それゆえまたしても、蛇のエピソードと同様に、動物の出現に結ばれており、しかし今回は、より深刻かつ決定的であるように思われる。

というのも、一方で、カインは過剰な過誤を白状するからだ。彼は弟を殺す、神に対して動物を犠牲にしなかった後に。この過誤は彼自身にとって赦されえないものと映る、単なる誤りではなく、過剰に罪深いもの、重過ぎるものと。だが、過誤とはつねに、その本質からして、過剰なものではないだろうか？　「なくてはならない〔le «il faut»〕」を前にした欠乏〔défaut〕のように？　カインはヤハウェに言う。「私の過誤は重過ぎて担えません！」（ドルム訳[23]）。「私の咎は担うには重過ぎます」（シュラキ訳[24]）。

この過剰は二つの仕方で弁済されるだろう。それはなるほど逃れによってではある。そしてカインは言う、自分は「追い出され」、「追放され」、追いつめられ、迫害されると（「あなたは私を追放した」、「あなたは私を追い出した」と、彼は神に言う）。しかしまたそれは、追い出されたと感じているものの逃れそのもののさなかにおける、おのれを恥じ入る隠れによって、もう一つの裸に対するさらなる覆い《ヴェール》によって、みずから白状する覆いによってでもある（「あなたの前から私は隠れるでしょう。私は逃れるもの、地上を逃げまどうものとなるでしょう、そして私に出会う人は誰であれ、私を殺すでしょう」（ドルム訳）[25]。「あなたの面前で私はわが身を覆い隠すでしょう。私は動くもの、地上をさすらうものとなるでしょう。／誰かに見つかれば殺されてしまうでしょうから」（シュラキ訳[26]））。それゆえ、罪、恥、罪人の遠方への避難、退隠があるのである。このものは同時に逃避しかつ追放されるのだが、しかしまた、羞らいと隠れに運命づけられてもいる。彼は裸を覆いの下に隠さなくてはならない。第二の原罪の後であるかに幾分見えるこの試練は、たしかに弟殺害の後に続くのだが、アベルの動物の供物のほうを好んだある神が、カインに課した試練の後に続くものでもある。というのも、神はある種の誘惑を企ててカインを試練にかけていたからだ。神はカインに罠を仕掛けていた。ヤハウェの言葉遣いはまさに狩人のそれである。アベルのような牧民飼育者の、遊牧民のそれであるとも言えようか、「地」あるいは「土の実り」を神に捧げたときのカインがそうだった農民の定住民、「地を耕すもの」、「土に仕えるもの」と対立する「羊飼」ないし「小さな畜群の牧者」のそれであるとも。彼の植物の供物を拒み、それよりアベルの動物の供物のほうを好んだ後に、神は失意のカインに面目を失うなと叱咤していた、要するに罪に、いまや曲り角で彼を狙っている過誤に、身をまかせないよう気をつけよと。神はカインを激励する、誘惑の罠を避けよ、そしてまたしても、飼い馴らし、支配し、統治せよと。

そのときヤハウェはカインに言った。「どうして怒りを覚えるのか、どうしてお前の顔は落ちこむのか？　お前の行いが正しければ、顔を上げられるようになるはずではないか？　お前の行いが正しくなければ、罪はお前の戸口にうずくまっている「私はこの語、「うずくまっている」を強調する、それは罪を指し示す、物陰で狙っている動物のように、そしていまにも罠に落ちそうな獲物を、誘惑の餌食となる犠牲者を、餌を、あるいは擬似餌を待ち構えている動物のように」。それはお前に飛びかかる、それを支配しなさい！」（ドルム訳）

「うずくまっている」という語は、非常に異なるシュラキの訳にも現れる。

「……入口に過誤はうずくまっている。お前にその激情が。お前はそれを統治しなさい！」

弟を殺すことでカインは落とし穴にはまる、彼は動物のように物陰にうずくまる悪の餌食だったことになるだろう。

だが他方で、この人間狩りの逆説の数々はこの後も続く、一連の実験的試練のように、

「試しに＝ちょっと見るために」。罠に落ちてアベルを殺した後、カインは恥ずかしさのあまりわが身を覆い隠す、彼は逃げる、さまよい、追い払われ、今度は自分が獣のように追いつめられる。この人獣に、そのとき神は庇護と復讐を約束する。あたかも後悔しているかのように。あたかも恥じ入るかのように、あるいは動物供犠のほうを好んだことを白状するかのように。動物に関する悔恨を告白するかのように。（この「後悔」あるいは「撤回」の、「思い直し〔われに返ること retour sur soi〕」の契機――巨大な翻訳の問い、この意味論のはらむ無際限の争点は、ここではさしあたり扱わない――はこれだけではない。少なくとも洪水の契機がある、動物たちのもう一つの物語が。[27]）神はそのとき七倍の復讐を約束する、それ以上でも以下でもなく。神は誓う、カインを、すなわち弟の殺害者であり、この第二の原罪の後、神の前で失った面目の裸を覆い隠したものを殺すものには誰であれ、七倍復讐することを。

人間の歴史の起源における、それも動物との関連での〔動物のまなざしに対する au regard de l'animal〕、裸性、過誤、そして欠乏が、このように繰り返し強調されていることを、われわれはまたしても、エピメテウスとプロメテウスの神話に結びつけないわけにはいかない。人間はまず、裸であることを埋め合わせるために火と技術を授かるのだが、それはまだけっして政治の技術ではない。その次にヘルメスから、今回は羞らいあるいは誇りを、そして正義（*aidôs* と *dikè*）を授かり、都市（*polis*）に調和と友愛の絆（*desmoi philias*）

をもたらすことができるようになるのである。

またしても創世記とギリシャ神話を、やはり動物、欠乏および裸性との関連でこのように接近させるからといって、私は比較史の、あるいは神話の構造分析の、どんな仮設も当てこんでいるわけではない。これらの物語は地位も起源も異質である。まして、どんなことにもせよ、これらの物語を、その原因なり起源とみなしているわけでもない。真理とも、権威ある裁決ともみなしてはいない。単に、そして少なくとも、二つの徴候的翻訳とみなしているのであり、一方の翻訳から他方の翻訳へ、いくつかの特徴が部分的に一致するだけに、これらの翻訳の内的必然性が確認されるのである。それでは、これらは何の翻訳なのか？

よろしいだろうか、言うなれば、ある特定の「状態」、ある特定の状況の翻訳——動物の種という、あれら死に向かう生けるものたちのあいだにおける、他の「動物たち」と人間たちのあいだにおける、過程、世界、生の翻訳である。ここに見てとれる共通ないし類似の諸特徴が支配的であることは、われわれがここで専念している形式化によって、動物についての言説全体に、とりわけ西洋哲学の言説に、同じ主旋律が、真実には不変のある図式の同じ繰り返しが現れてくるだけにいっそう明らかなのだ。それはどんな図式なのか？ 人間の固有性、動物を隷属させる、動物に対する人間の優位性、人間が主体になることそのもの、人間の歴史性、人間が自然の外に出ること、人間の社会性、人間による知と技術の獲得、こうしたことのすべて、そして人間の固有性を構成する（有限ならざる数の述語からなる）すべては、あの根源的欠乏に、さらにはあの固有性の欠乏に、固有性の欠乏としてのあの人間の固有性に——人間の飛躍、人間の弾機《ばね》をそこに見出す、あの「なくてはならない」に由るものとみる図式、これである。のちに私は、アリストテレスからハイデッガー、デカルトからカント、レヴィナスからラカンへ、よりよくそのことを証明するべく試みるだろう。

ベレロポンテス、またしてももう一回彼なのだが、彼が私の心を掻き乱した理由は、自分の兄弟ないし異母兄弟（ペガソス）を理性で屈服させたこと、あるいはキマイラを打ち負かし、そのようにして狩人にして調教者としてのおのれの支配を確立したことばかりではないらしい。それればかりではなく、ベレロポンテスの武勲譚はその全体が、端々まで、羞らいの、恥の、慎みの、公的品格に結びつくかぎりでの名誉（今回は *aiskhunē* であり *aidōn* ばかりではない）の物語としても解読しうる。羞らいの真理なるものが、最終的にわれわれの主題になることを、予めこうしてはっきりさせておくことができる。ベレロポンテスの物語を構成するいくつもの決着は知られている。それらはすべて、彼の羞らいの感覚を試練にかけることを目的とする。客人身分の彼の主人にあたるアルゴスの王プロイトスの妻ステネボイアに、破廉恥に言い寄られながらそれを拒んだために、アンテイアとも呼ばれるこの破廉恥な女から、自分を誘惑しようとした、追いかけられ犯されそうになったと非難されたために、彼は夫から死罪に定められる。だが夫は、歓待の掟を尊重したため、自分で恋敵を死に処することはできなかった。そこで、義父であるリュキアの王のもとに、封印状を持たせてベレロポンテスを送り出した。その封印状は、将来の主人に彼を推薦する代わりに、その処刑を指示していたのだった（これはすでにハムレットの物語だ。彼の義父は彼を死に定めた手紙を持たせてイギリスに送る。ハムレットはこの罠をかわす。ハムレットに言及したのは、この戯曲が大変な動物学でもあることを、事のついでに想起するためだ。動物的形象はそこでは数限りない、シェイクスピアにはややどこでも見られることながら――続編はまた別の機会に）。ベレロポンテスはそれゆえ、その身に、それと知らずに、彼がその真理を知らない死の手紙を、裁決として携えている。彼はその手紙の無意識の配達人となる。ところが彼の第二の主人は、手紙の封印を解く前に、この配達人に宿を提供する。そこでやはり彼も、潜勢的な轡で制御されたかのように、歓待の規則を尊重し、それゆえ死に処すことを遅延させざるをえない巡り合わせになる。そのとき彼は、ベレロポンテスを、狩猟、戦争、戦闘といった、新たな一連の試練に遭わせる。キマイラ狩りはここに位置する。人間の血を引かない神の種族である（*theion genos, oud'anthrōpōn* と『イリアス』は言う。第六歌、一八〇行）キマイラは、「不死身」であると言われていた。身体の前の部分は獅子、後部は蛇、真中は山羊で、その息は燃え上がる炎となって恐ろしく噴き出していた（*khimaira, deinon apopneiousa puros menos aitho-*

menoio)。

のちにわれわれがその意見を聞くことになるデカルトは、キマイラをこのようには描かなかった。『方法序説』第四部〔原文「第五部」を訂正〕の「私は考える、ゆえに私はある」の契機において、その存在は排除すべきものとされる（「そしてわれわれはたしかに山羊の身体に継木された獅子の頭を判明に想像はできるが、それだからといってこの世界にキマイラがいると結論しなければならないことにはならない」）。

この「世界」とは何か？「世界」とは何を意味するのか？ われわれはのちにそう問うだろう。ついでながら、デカルトがキマイラを描写するとき蛇を忘れていることを深刻に問題視すべきだろうか？ ホメロスと同様彼も、獅子と山羊は名指すけれども、蛇は、すなわち身体のうしろのほうは忘れている。蛇（竜 *drakôn*）はこの動物のうしろの部分であり、竜と同様、そのもっとも想像を絶する、もっとも妄想《キマイラ》的な部分であり、そしてもっとも邪悪な部分でもある。この動物の悪しき霊、動物としての悪しき霊なのだ、おそらくは。またしても蛇の問い、悪の、そして羞らいの問いである。

最終のエピソードはホメロスではなくプルタルコスが語っている。このエピソードで、またもベレロポンテスは裸の試練に遭う。それは七番目にして最後の試練である。もう一回ベレロポンテスは、こう言ってよければ、女たちの餌食になる。義父イオバテスの執拗な迫害に堪えかねた彼はそのとき、女たちを前にした恥ないし羞らい（*hyp'askhunês*）の動きのうちで引き退く。その前に彼は、都市を破壊することを決意していた。彼の父であるポセイドンの助けを得て町に向かう彼の後を、すべてを飲み尽くしかねない波浪がついてきていた。そのとき女たちが彼のところにやって来る、彼女たちは彼に、破廉恥に身を捧げる。それは二重の不品行である。裸をさらし、身体を差し出し、しかも売春をする、すなわちわが身を売るのである。彼女たちは彼を誘惑し、それと引き換えに救いを求める。そしてこの猥褻さ《ポルノグラフィ》を前にして、ベレロポンテスは弱り果てる。彼女たちの破廉恥な言い寄りに屈するのではない、まったく逆である。彼は彼自身の羞らいの運動に屈するのだ。この女たちの破廉恥を前にして彼は後ずさりする。彼は後退する、彼は退却する、この女たちの恥ずべき振る舞いを前にした恥かしさのあまり（*hyp'askhunès*）。すると波浪も引き退き、町は救われる。この恥の動き、この慎み、この抑止、この退引、この後退、それはたぶん、免疫的〔immunitaire〕欲動、〈役／疫を免れていること〔l'immun〕〉、神聖なもの、聖潔なもの、離れているもの（*kadouch*）の保護としての、宗教的なもの、宗教的逡巡の起源そのものだろう。私はこのことに若干の分析を加え、ハイデッガーが『哲学への寄与論稿』で *Verhaltenheit* と、慎みと呼んだものと関係づけようとしたことがある。「自己免疫的なもの」のすべての逆説を考察に組み入れようとした「信と知」についてのあのテクストと同様、今日私は、時間がないのでしないけれども、免疫的なものの自己免疫的なものへの、いつ起きてもおかしくないあの恐るべき倒錯を再び舞台に上せ、それと自伝との、類比的かつ潜勢的ななんらかの類縁性を見出したくなったとしても不思議ではなかった。

自伝、生けるものの自己のエクリチュール、生けるものの対自的な痕跡、対自存在、生けるものの記憶ないし文書としての自己触発あるいは自己感染、こうしたものは免疫的運動（それゆえ、〈除かれていること〔le sauf〕〉を、聖潔を、〈役／疫を免れていること〉を、〈無傷なこと〔l'indemne〕〉を、汚れなき、傷なき裸を、救い、救助し、救済する運動）であるだろう、しかし、つねに自己免疫的になることに脅かされているような免疫的運動であるだろう、どんな自己 *autos*、どんな自権性、自動的、自己運動的、自律的、自己言及的などんな運動とも同様に。自伝ほど強烈な毒性を持ちかねないものもまたとない、まず自己に対する毒性であり、このように自己を触発する想定上の署名者に対する自己感染性である。

この動物語を見よ〔*Ecce animot*〕と、この長い迂回の前に私は言った。正書法や文法に過度に敏感なフランス語話者の耳を傷つけないよう、私はこの語、*l'animot*を、過度に繰り返すことは控えよう。何回かそうすることがあるとしても、私からお願いしたいのは、私が単数定冠詞付きで動物〔l'animal〕と、あるいは複数定冠詞付きで動物たち〔les animaux〕と言うときには、毎回黙ってこの語に置き換えてほしいということだ。*l'animot*

ということの奇妙な語の幻獣《シメール》によって、単一の言葉の身体のうちに、三つの異質な部分を私は組み合わせる。

1．単数形のなかに動物たち《アニモ》という複数形〔le pluriel d'animaux〕を私は聞かせたい。一般的単数形の動物なるものはないからだ、分割不可能な唯一の限界で人間から分け隔てられているようなものは。「生けるものたち」がいるということ、そしてその複数性は、人間性に単純に対立させられた動物性という唯一の形象に集約されるがままにはならないということに考えを及ぼさなくてはならない。当たり前のことだが、問題は人間たちを他の動物たちから分かつすべてを無視ないし抹消すること、唯一の大集合を、根本的に同質かつ連続的な〈アニモ〉から〈ホモ〉（〈ファベル〔作る人〕〉でも〈サピエンス〔知る人〕〉でも何でもいいのだが）への唯一の系統樹を再構成することではない。そんなことは愚かであり、それゆえここで誰に対してであれそんな嫌疑をかけることは、輪をかけて愚かなことだろう。それゆえ私はこの嫌疑の二重の愚かさには、嘆かわしいことにかなり広まっているとはいえ、これ以上一秒たりともかかずらうつもりはない。繰り返すが、なすべきことは、異質な限界と構造の多様性を考察に組み入れることだろう。人間ならざるもののたちのあいだには、そして人間ならざるものたちから分離したところには、単数定冠詞付きの動物とか動物性一般と呼ばれるカテゴリーのもとに、暴力と利害がらみの誤認による以外、何があろうと均質化されない他の生けるものたちの膨大な多様性がある。ただちに複数不定冠詞付きの動物たちが、そして言うなれば〈アニモ〉がいるのである。動物という共通にして一般的なカテゴリーのもとに人間ならざるすべての生けるものたちを混同することは、思考の要請、注意深さや賢明さ、経験の権威に対する過誤であるばかりではない。それはまた罪でもある。それこそ、動物性に対する罪ではない。そうではなく、複数定冠詞つきの動物たち、複数不定冠詞つきの動物たちに対する第一の罪なのだ。いっさいの殺害、「汝殺すなかれ」のいっさいの侵害は、人間にしか向かいえないということを受け入れるべきだろうか（来たるべき問い）、そして、結局のところ、「人間性に対して」しか罪はないということを？

2．animot の接尾辞 *mot* は、われわれを語〔mot〕に、さらには名と呼ばれる語に呼び戻すべきものである。それが事柄の、それとしての、それがその存在においてそうであるところのものとしての指向的経験へと開く、それゆえ、人間を動物から分かつとされる限界、唯一不可分の限界をそれによって通そうとする試みがつねになされてきたあの争点へと。要するに語へ、語の名辞的言語活動へ、名指す声へ、事柄をそれそのままに、その存在のうちに現れるがままに名指す声（われわれを待ち受ける論証のハイデッガー的契機）へと。動物とは、最終的には語が、名と呼ばれるあの語が欠落しているものだということになるだろう。

3. 問題は、動物たちに「言葉を返す」ことではないだろう、そうではなく、おそらく、いかに幻獣じみた、作り話めいた途方もないものであろうとも、名あるいは語のこの不在を別様に思考するような、そして欠落＝剝奪〔privation〕とは別様に思考するような思考に到達することだろう。

Ecce animot この〈アニモ〉を見よ。それは予告であり、私はその痕跡のようなものであり、それを追跡していく〔l'annonce dont je suis comme la trace〕、自伝的動物という表題＝資格〔titre〕のもとに。「だが私、この私は誰なのか？」という問いへの、危険を覚悟の上の、作り話めいた、あるいは幻獣じみた応答として。この問いを、自伝的動物のそれとして扱うことを私は誓った。この表題＝資格も、それ自体やや幻獣じみた、おそらく人を驚かせるものだろう。意外だけれども否みえないある二つの結合を、それは二回連結しているのである。

一方ではこの表題は、会話が弾んだときの、固有語法の機知を働かせた、戯れ半分の示唆という親密な様態で、次のことを考えるべく与える。ほら、人々の、作家たちの、哲学者たちのあいだには、性格的に自伝への嗜好を、自伝に対する抗し難いセンスないし欲望を持ったものたちがいるではないか。「あれは自伝を書くために生まれてきたようなやつだ〔C'est un animal autobiographique〕」というわけだ、「あれは舞台の鬼〔C'est un animal de théâtre〕」だ、試験の虫〔une bête à concours〕だ、政治動物〔un animal politique〕だなどと言うのと同様に。政治動物というのは、人間が政治的動物と定義されたことがあるあの意味ではなく、政治に対する嗜好、才能、強迫的な執念を持つ個人という意味である。あれが、政治が、好きなもの、あれを見事にやりたいものということである。そして、見事にやるもののことである。この意味では、自伝的動物とは、自伝的打ち明け話を選ぶような、あるいは、性格上その誘惑に屈せずにはいられないような男や女のことになろう。好んで自伝のなかで事をなす男や女のことに。そして文学史あるいは哲学史には、簡略に示唆するにとどめるが、「自伝的動物たち」がいる、他のものたちより自伝的であるようなものたち、自伝の虫たちが。マレルブよりはモンテーニュ、そしてルソー、擬古代抒情派、ロマン派の人々、プルーストとジッド、ヴァージニア・ウルフ、ガートルード・スタイン、ツェラン、バタイユ、ジュネ、デュラス、シクスー、しかしまた（哲学方面では事態は稀に、そしてその構造においてより複雑になるが）スピノザよりはアウグスティヌスおよびデカルト、ヘーゲルよりは、そのたくさんの偽名の作用におけるキェルケゴール、マルクスよりはニーチェ――そして、事態は真実あまりに複雑なので（それこそがわれわれの主題である）、事例のリストはここで打ち止めにしたい。それが提起する諸問題とともに、自伝的動物という表題のこの共示的意味は、われわれの考察に、確かに側面的に現前し続けるはずである。そこにはその潜勢的な重みが働くことになるだろう。

しかし他方では、私が最終的に〔終わりの場で en dernier lieu〕、なんらかの事柄の底に

――そのようなものがあるとして――至り着こうとして考えていたのは、「自伝的動物」という表現のこの用法ではない。「私〔je〕」という語と「動物〔animal〕」という語のあいだには、あらゆる種類の意味深い交差があることが見出される。これらの交差は同時に機能的かつ指向的であり、文法的かつ意味論的だ。まず、いずれも一般的単数であるということ。「私〔le «je»〕」と「動物«l'animal»」は、定冠詞付きの単数形で、無限定な一般性を示す。「私」とは誰でもよい誰かである、「私」は誰でもよい誰かである、誰でもよい誰かは、自己を、おのれ自身の単独性を指向するために、「私」と言えなくてはならない。「私」という、あるいは「私」としておのれを把握ないし措定する任意の誰かは、動物的な生けるものだ。他方動物性は、生けるものの生は、少なくともそれを無機的なもの、不活性ないし死体的な、純粋に物理化学的なものから区別しうると主張される場合には、感受性、被刺激性、そして自己運動性、おのれを動かしおのれ自身を組織化し触発する、おのれを刻印し、おのれの痕跡を追い、おのれの痕跡でおのれを触発する適性を備えた自発性と定義されるのが通例である。自己触発にして自己への関係としてのこの自己運動性は、ある言表の、あるいは *ego cogito*、さらには *cogito ergo sum* などの言説的主題系以前に、それこそ生けるもの一般、動物性一般に認められる性格なのだ。ところが、この自己関係〈この〈自己〉、この自権性〉と、「私は考える」の「私」のあいだには、どうやら深淵があるらしい。

問題はここにはじまる、お気づきのように、それも何という問題であることか！　しかしそれらの問題は、生けるものの本質に、動物一般に、それがそれ自身であるという、あの適性が認められる場所ではじまるのだ、おのれ自身であることへの適性、そしてそれゆえ、おのれ自身を、おのれ自身の運動で触発できることへの適性、生ける自己の痕跡によって自己触発できることへの、そしてそれゆえ、いわば、〈自己の生のエクリチュールおよび署名＝花押をみずから刻むこと〔s'autobiographapher〕〉への適性が認められる場所で自分の痕跡をつける〔se tracer〕、自分で自分の道を描く、あるいはそれを辿り直す〔se tracer ou retracer un chemin de soi〕あの能力、それを動物に認めなかったものは誰もいない。これらの痕跡を言葉による言語活動に変形する能力、言説的な問いと答えにおいておのれを呼ぶ能力が動物に拒絶されたこと、これらの痕跡を抹消する能力が動物に否認されたこと（そのことの前提となるすべてとともにラカンはそうするだろうし、その点にわれわれは立ち返るだろう）、それこそは真実に、もっとも困難な問いの場所である。「動物」（〈アニモ〉）と単数定冠詞付きの「私」、複数定冠詞付きの「私」という、これら二つの一般的単独性が交差するところで、ある言語、例えばフランス語で、ある「私」が「私は」と、単独的かつ一般的に言うあの場所から出発し直そう。それはあなたかもしれないし私かもしれない、誰でもいい誰かである。そのとき何が起きるのか？　どのように私は「私は」と言えるのか、そしてそのとき私は何をしているのか？　そしてまず、私、私とは何なのか、私とは誰なのか？

「私」。「私は」と言うことで、自伝の署名者は主張することだろう、指で自分を差しているのだ、現在形でおのれを提示しているのだ（自己言及的指呼詞）、そのまったき裸の真理においてと。それも、おのれの性的差異の、おのれのすべての性的差異の、そのようなものがあるとして、裸の真理においてと。私は羞らうことなく私の裸を抵当に入れる〔en-gage〕と、おのれを名指すことで、おのれの名に責任を負うことで、このものは言っていることになるだろう。この抵当〔gage〕、この危険な賭け〔gageure〕、裸に対するこの欲望、あるいは裸の約束、それらの可能性は疑いを容れないものではない。裸はおそらくどこまでも耐えられないものだろう。それに私は、動物という名で彼らが呼ぶもののまなざしに、ついに裸である自分を示すことができるのか？　私は裸の自分を示すべきなのか、あのものが、動物という一般的単数の普通名詞で彼らが呼ぶあの生けるものが私を見つめるとき？　これ以降私は反射する、この同じ問いを、そこに鏡を導入することで。私は部屋に回転鏡を持ちこむ。なんらかの自伝的場面が設えられる場所には回転鏡が必要だ、爪先から頭まで、裸の私を反射する鏡が。そのとき、同じ問いはこうなるだろう。私は裸の自分を示すべきなのか、だがそうすることで、裸の自分を見る（つまり鏡に自分の像を映す）べきなのか、あのものが、あの生けるものが、同じ鏡に捕われうるあの猫が、私を見つめるとき？　動物的自己愛のようなものがいくばくか〔du narcissisme animal〕あるのだろうか？　だがこの猫は、その眼の奥で、私のはじまりの鏡でもありうるのではないか？　動物一般、それは何か？　それは何を意味するのか？　それは誰か？　「それ」は何に対応するのか？　誰に？　誰が誰に応答するのか？　彼らがこのように平然と「動物」と呼ぶものの、一般的単数の普通名詞に、誰が応答するのか？　誰が主語として応答するのか？　動物という名において私を見つめるものの指向作用、動物という名に訴える際、動物の名においてそのとき言われること、それこそは裸に〔à nu〕さらすべきことだろう、自伝の頁を開き、「私とはこういうものだ〔voilà qui je suis〕」と言うものの、裸〔nudité〕あるいは赤貧〔dénuement〕において。
「だが私、私とは誰なのか〔Mais moi, qui suis-je〕?」

［………］

1　ジャン＝リュック・ナンシーは病気のため一九九七年の研究集会には来ることができなかった。しかし事前に講演原稿が送られていて、研究集会で読み上げられ、報告集に収録された。
2　Sarah Kofman, *Autobiogriffures*, Paris, Galilée, 1984.
3　Michel de Montaigne, *Essais*, II, ch. XII, *Apologie de Raymond Sebond*, Paris, Gallimard, coll. «Bibliothèque de la Pléiade», 1950, p. 498. この『弁護』はいずれごく詳細に検討されるべきだろう、とりわ

けモンテーニュが、ある種の言葉をはじめ多くのものを動物に認めてきた伝統を、そのありあまる豊かさにおいて覚醒させるだけでは満足しないあたりのことを。この点でもっとも勘所となる箇所、のちに分析される覇権的伝統の（デカルト的ないしデカルト以後的な）近代的形態に対し、それに先立って差異を示している箇所を、われわれは、モンテーニュが動物に、コミュニケーション、記号、記号としての言語活動（それならデカルトも拒まないだろう）以上のものを、すなわち応答する力能を認めるところに位置づけるだろう。例えば、「……自然は、他の多くの動物にはこの手段を与えたのだから、われわれ人間にそれを拒むというのは信じうることではない。実際、動物たちは声を使って、苦痛などを訴えたり、喜んだり、おたがいに助けを求めたり、愛の営みへと誘ったりしているが、これらはまさに話す能力ということではないか。動物たちはおたがいに話を交わしていないとでもいうのか。それらはちゃんとわれわれに話しているのだし、われわれもそれらに話しているのだ。われわれは犬に対してどれほど多様な話し方で話しかけ、それらもまたそれに答えていることだろう。犬と会話をするときには、われわれは鳥や、豚や、牛や馬を相手にする場合とは別の言語を用いるし、別の呼び方をする。そして種によって固有語を変える……」。そして蟻についてのダンテからの引用の後。「どうやらラクタンティウスは、動物には話すことだけでなく、笑うことも認めていたらしい」（五〇五頁。著者の強調）。

4　Baudelaire, *Les Fleurs du mal.*〔ボードレール『悪の華』〕『猫』という題の詩は周知のように二編あるが、その最初のものだけがその主題に語りかけ「おまえ〔tu〕」と呼びかける（「おいで、私の綺麗な猫よ……」）、そこに「私の妻」の姿を認める前に。ボードレールが名指すのは猫のまなざしだけではない（「私は心に妻を見るのだ。その妻のまなざしたるや／可愛い獣よ、おまえのそれのように……」『猫』、三十四。「私の目が、この愛する猫の方へと〔……〕さて 自分の内側を眺めるときに……」『猫』、五十一）。その声だけでもない（「どんなに長い文句でも／語を使わずに言ってのける」『猫』、五十一）。

5 Rainer Maria Rilke, «Schwarze Katze»〔ライナー・マリア・リルケ「黒猫」〕。(ヴェルナー・ハーマヒャー〔Werner Hamacher〕のおかげで再発見したこの詩の読解は、のちに、他の場所で試みなければならないだろう)。この詩は、こう言えるとすれば、「君のまなざし」(*dein Blick*) と幽霊 (*Ein Gespenst.* これが冒頭の語だ) に捧げられている。これと共形象を形成しうるのはリルケが「牝豹」について署名した詩かもしれない。それはまなざしを、今回は「そのもののまなざし」を名指すことからはじまる (*Sein Blick.* これが冒頭の語だ)。この詩を私は、その英訳者でもあるリチャード・マックジイ〔Richard Macksey〕のおかげで発見した。スリジィ以来、世界中の猫の友たちと私の友たちから、私はこのように猫たちをもらっている。ここはまた、ジャン＝クロード・レーベンシュタイン〔Jean-Claude Lebensztejn〕の『猫の音楽――半音階的幻想曲〔*Miaulique — Fantaisie chromatique*〕』(近刊) と題されたあの傑作に挨拶を送る場所にもふさわしい〔この作品は二〇〇一年に出版された。Paris-New York, Le Passage〕。

それはそうと、なぜ猫に自分の舌を与える〔donner sa langue au chat フランス語の慣用表現で「解決が見つからず匙を投げる」の意〕などと言うのだろうか？

6 「動物の眼は、すぐれた言葉を語る能力を持っている〔……〕。私はときおり、私の牝猫の眼を見ることがある」(マルティン・ブーバー『我と汝』、一九二三年〔tr. fr. G. Bianquis, Paris, Aubier, 1969, p. 142〕)。ブーバーはまた、「われわれにまなざしを差し向ける能力」について語る。「牝猫が私のまなざしの気配に触れるとそのまなざしの輝きは増し、まず私にこう訊ねるのだった。「あなたが私に語りかけることは可能なのでしょうか？ 私は存在しているのでしょうか？」〔ここでの〈私〉はわれわれが持っていないある語の迂言法であり〈私〉なき〈自己〉を意味するとされる……〕……」(p. 142-143)。

7 «*Che cos'è la poesia?*» という表題のもとでイタリアの雑誌 *Poesia* (I, 11, novembre 1988) に初出、

Po&sie (50, automne 1989) に再録され、最後に『中断符——対談集成』〔*Points de suspension — Entretiens*, Paris, Galilée, 1992〕に収録された。

8 Lewis Carroll, *Alice au pays des merveilles. De l'autre côté du miroir*, tr. fr. Jacques Papy, Jean Gattegno (dir.), Paris, Gallimard, 1990-1994, p. 127-128: «...*The crocket balls were live hedgehogs...*»

9 «...*and was going to give the hedgehog a blow with its head, it would twist itself round and look up in her face.*»

10 *Ibid.*, p. 340.

11 «*We're all mad here. I'm mad. You're mad.*» L. Carroll, *Alice au pays des merveilles*, *op. cit.*, p. 105.

12 Emmanuel Lévinas, *Ethique et Infini*, Paris, Le Livre de Poche, 1984, p. 79.

13 この導入部に続き、当日とその翌日に、四部にわたって私は、デカルト、カント、ハイデッガー、レヴィナスおよびラカンの読解を提示した。可能なかぎり忍耐強く細部にこだわることに努めたこれらの解釈は、準備中の著作の閾上で、私がここで粗描する作業仮説の数々を検証するためのものだった〔これらの四部は後続のIIおよびIIIを構成している〕。

14 André Chouraqui (Desclée de Brouwer).

15 Édouard Dhormes (Gallimard, coll. «Bibliothèque de la Pléiade»).

16 後述、IVを参照。

17 Martin Heidegger, *Sein und Zeit*, Tübingen, Niemeyer, 1927, § 68 b, p. 346.

18 Jeremy Bentham, *An Introduction to the Principles of Morals and Legislation* (1789), London, The Athelone Press, 1970, p. 14.〔訳注〕

19 「蚕」はまず*Contretemps* (2/3, février 1997) に発表され、それから『ヴェール〔*Voiles*〕』（エレ

ーヌ・シクスー〔Hélène Cixous〕との共著。Paris, Galilée, 1998）に収録された。

20 *Voiles, op. cit.*, p. 83-84.

21 Jacques Derrida, *De l'esprit. Heidegger et la question*, Paris, Galilée, 1987, p. 152-153. そのときハイデッガーが語るあの言語、問い「なき」、疑問符なき言語、問い「以前の」あの言語、*Zusage*（同意、肯定、承諾等々）のあの言語は、そうすると応答なき言語だということになるのだろうか？ 待たれる応答から本質的に解き放たれた言語の一「契機」だということに？ だが、デカルトからハイデッガー、カントからレヴィナスおよびラカンに至るみなが挙ってしているように、動物の概念を問いと答えの二重の不可能性、二重の不能性に結びつけるとしても、その場合、*Zusage* の「契機」、審級、可能性は、たとえそれ自体は「動物的」でないとしても、「動物」が剥奪されえないと言いうるような言語の「経験」に属していることになるのだろうか？ それだけで、ある伝統の全体が、その根本的論拠を剥奪されることになり安定を失うだろう。

22 «La pharmacie de Platon», *La Dissémination*, Paris, Le Seuil, 1972, p. 136, n. 47.

23 «Ma faute est trop grande pour que je la porte!» (Dhormes).〔訳注〕

24 «Mon tort est trop grand pour être porté.» (Chouraqui).〔訳注〕

25 «Je me cacherai de devant toi. Je serai fugitif et fuyard sur la terre et il arrivera que quiconque me rencontrera me tuera» (Dhormes).〔訳注〕

26 «Je me voilerai face à toi. Je serai mouvant, errant sur terre: /et c'est qui me trouvera me tuera» (Chouraqui).〔訳注〕

27 創世記、六章六節。「ヤハウェは地に人間を作ったことを後悔した〔Iahvé se repentit d'avoir fait l'homme sur la terre〕……」、「……私はこのものたちを作ったことを悔いる〔...je me repens de les avoir faits〕」（ドルム訳）。シュラキは「悔やむ（regretter）」という動詞を使っている（「……悔やむ

〔regrette〕……」「……私は悔やんだ〔j'ai regretté〕……」)。ジェイムズ王訳聖書も «it repented the Lord», «it repenteth me» と言っている。私がこの準‐悔悟を強調するのは、それがノアの方舟と新たな契約の直前だからである。今回はノアに同伴するすべての生けるものたちとの。この点には別の場所で立ち返ろう。

Ⅱ

「だが私、私とは誰なのか？」

この問いを私があなた方に差し向けようと、あるいはまず私自身にたずねようと、それは私に、私自身に、私だけにしかかかわらないはずだろう。そして、この問いにこの私がもたらすどんな答えにしても、自己の定義に、私の生のエクリチュール、私自身、私独りにしか関与しない自伝の、はじまりの所作に属する事柄だろう。だが先刻ご承知の通り、それは私よりずいぶん年配なのだ、「だが私、私とは誰なのか？」というあの問いは。それには引用のあらゆる皺があり、起源からしてその皺取り《リフティング》手術ばかりを待っている。私はこの問いを反復する、私はそれを機械的に複製できる、それはいつでも記録されえたし、いつでも模倣され、猿真似され、鸚鵡返しされうるのだ、あれらの動物たちによって、例えば猿や鸚鵡によって。言われるところによれば、これらの動物たちは（アリストテレスはそのものたちにミメーシスを拒んだけれども）模倣する、理解せずに、あるいは思考せずに、そしてとりわけ、たずねられた問いに応答せずに。動物たちは答えない、アリストテレスからラカンまで、大勢の哲学者たち、理論家たちは言う。すると動物たちは、エクリチュールと、あの応答不可能性〔無責任性 irresponsabilité〕を、少なくとも『パイドロス』でプラトンが解釈するようなそれを、分有していることになるだろう。エクリチュールでかなわない（*deinon*）のはとソクラテスは言う、絵画（*zôgraphia*）と同様、それが生むところのものたち、そして生けるもののような（*ôs zônta*）ものたちが答えてくれないことなのだと（275 d）。書かれたものは何を聞いても黙っている、威厳に満ちた沈黙を守る、あるいはいつも同じことを答える、だがそれは答えることではない。『パイドロス』のこの名高いくだりは、エクリチュールの動物性という主題とまったく同様、かつておおいに関心を惹かれたところだが、それを『鏡の国のアリス』〔原文『不思議の国のアリス』を訂正。三五頁以下参照〕と比較する必要があるだろう。思い出していただきたい、猫は答えないとそこでは言われている、なぜならいつも同じことを答えるからだ。デカルトは正確に同じことを言うだろう、そしてあたかも、動物は言葉を剝奪されている、言葉が具わっていない動物 *zôon alogon* だということよりも、動物は応答を剝奪されている、人間から応答を剝奪するということを強調することのほうが、いつも人間の利害関心を、よりいっそう引きつけることであるかのようなのだ。言葉において重要なのは、何より先に、交換あるいは問い／答えの対だということになるだろう。そして、さきほど『パイドロス』を想起したので、事のついでに記しておく。エクリチュールについての、さらに言えば自伝的エクリチュールと「汝自身を知れ」についてのこの偉大な書は、動物についての偉大な書でもある。はじまるが早いか、キマイラとペガソスが出てくるのが見られる。その同じ頁でソクラテスは、デルフォイの記銘（*to Delphikon gramma gnônai emauton*）について話し、「私は誰か？」と問いながら、彼自身が奇妙な動物である可能性、おのれ自身が珍妙な獣であることを、知らなくてはならなくなる可能性を排除しない（それがデカルトとまったく違うところになるだろう）。

「だからこそぼくは」と彼は言う、「そうした絵空事には別れを告げ（*khairein*）、それについては伝承をそのまま信じることにして、いま言ったように、そういう事柄にではなく、ぼく自身に対して考察を向けるのだ、――はたして自分は獣〔野獣 *ti thèrion*〕であり、テュポン〔テュポンとは煙を吐く風の名にして驕慢な〈巨怪〉の名でもある。*atuphos*〔テュポンとは反対の性質〕であるとは、おのれ自身を知るがゆえに謙虚であることだ〕よりもさらに複雑怪奇で傲慢狂暴なのか、それとももっと穏和で単純な生けるもの（*zôon*）であって、生まれつきなんらか神に似たところがあり、高慢のために心が曇ったりしていないのか？」（二三〇a）

というのも、『パイドロス』はまた、ある種の動物ものの対話篇でもあるからだ。それは喚起する、ソクラテスの霊《ダイモン》の（半獣半神の）声を、繋がれた二匹の馬、善き馬と悪しき馬を。それは反問する、*zôon* が、〈死すべき〉とも〈不死なる〉とも（*thnêton/athanaton*）（二四六b）呼ばれうるということを。それは援用する、歌い続けたあげくに死ねる、そして飲食を忘れられる人間でかつてあった蟬たちの神話を。カリオペとウラニアに報告する段になると、そのものたちは哲学者たちの名を挙げる、なぜなら哲学者たちは、この二人のムゥサたちに固有の音楽を、ひたすら讃えて時を過ごしているからだ。「私は哲学する」とは以下のことを意味しうる。人間として、私は蟬である〔を追う je suis une cigale〕。私は自分が何であるかを想起する、かつて人間だったことを覚えている蟬であることを。私を私自身に呼び戻すこと、それは私を歌と音楽に呼び戻すことである。

それにしてもわれわれは、このわれわれは答えられるのだろうか、「私、私とは誰なのか？」というあの問いに？　そして、応答――こちらは自由で責任があると言われている――を、複雑な刺激システムへの反応から、いつか、まったき純粋さで、何が区別できるのか？　そして、結局のところ、引用とは何か？

「だが私、私とは誰なのか？」というあの文を、われわれはみな、『第一哲学の省察』の第二省察で読んだことがある。この文は、いくつかの迂回のあいだ、待たせておくことにする、しかしお約束するが、フランスのこの偉大な伝統、デカルト的なそれの道を、フランス哲学の想定上の父まで遡るある系譜をたどって、間もなくわれわれはふたたび通ることになるだろう。私がこの道を、父という名で示すのには、一つならずの理由がある。第一に、絶対的父の、兄弟間の平等の樹立のために殺され犠牲に捧げられるものの、想定される動物性という行跡をたどるためだ。第二に、一見もっともデカルト的でない、動物＝機械のメカニズムにもっとも異質な動物性の思考のいくつかが、それでもやはり、デカルト的コギトの系譜に属しているという仮設を、あなた方の討論に委ねたいからだ。これらの思考はその系譜に、抗し難く、ときには症候的な否認の様態で属しており、私が疑問の余地なしとみなすこの否認は、ある種の症候の概念の重視を、われわれに要請することになるだろう。私の例あるいは範例的目印〔反復する父たち re-pères〕は、カントとハイデッガーのそれでもあれば、レヴィナスとラカンのそれでもある。もちろん他にもいろいろあろうが、持ち時間のなかで、私は少なくともこれらの場所を、そしてこのようなタイプの言説を見定めておきたいのである。それらは同時に範型的、支配的かつ規範的であると私は考える。それらは組織立てる、ある一般的な場所論を、そして、この語のやや新しい意味における世界的人間学さえも。それは今日人間が、それが「世界」と呼ぶもののなかで、それが「動物」と呼ぶものに対面する仕方のことだ。これだけのモチーフ、人間、動物、そしてとりわけ世界を、いわば私は、再問題化したいのである。

これらの道のすべてに、われわれは一回ならず立ち戻ることになるだろう。とりわけ、私のうちに当初おのれを刻んだままに予告されていた表題、私が追う／それである動物 *L'animal que je suis* のちょうどまんなかに、つい先頃、多かれ少なかれ演繹的な、もしくは虚辞的な価値をもつ、あの接続詞の記入を思いついた瞬間何が起きたのか、それを説明するために、自分で理解しようと試みるときに。*L'animal que* donc *je suis*〔動物を追う、ゆえに私は〔動物で〕ある〕。

　私はすでに一回ならず言った、これらの道を、われわれは繰り返し通っていくだろうと。それはこの事の進め方＝足取り〔démarche〕が、追跡される〔*suivie*〕べきだということだ。そして今日の私の唯一の問いは、それを一語に還元しようとすれば、「追うべき」ということについて追求すべき問い〔la question à suivre du «à suivre»〕ということになるだろう。「追う＝続く〔suivre〕」とは、「追うべき〔続編あり à suivre〕」とは、「追跡＝続行＝訴追する〔poursuivre 他に「つきまとう」「しつこく言い寄る」「取り憑く」などの意〕」とは、さらには「迫害する〔persécuter〕」とは何を意味するのか？　後を追う〔on suit〕とき、何をしているのか？　私が後を追う＝ある〔je suis〕とき、私は何をしているのか？　誰か、あるいは何かの、かならずしも〈誰か〉ではない〈何か〉とみなす人もいる、動物のうしろに私がいる〔je suis *après*〕とき？　「うしろにいる」とはどんな意味か？　追跡されるこの事の進め方＝足取りは、それこそ、見つけよう、あるいは逃げようとしている動物のそれに、似ていなくてはならないだろう。それは動物の走り方に似ていないだろうか、嗅覚ないし聴覚で向きを定めつつ、同じ道を、一回ならず、繰り返し通っては諸々の痕跡に気づいてゆく動物の？　そこにある他者の痕跡を嗅ぎ分けるため、あるいは自分の痕跡を、それを増やすことで抹消するために。自分の痕跡を増やすということは、それこそ他者の痕跡としてということであり、かくしてこの行跡をたどって嗅ぎとられるのだ、痕跡はつねに他者のそれであることを、その動物に証明するかもしれないものが。そしてまた、この二重の矢印標示（そのものはそこに嗅覚で行く〔il y va du flair 問題は嗅覚である〕、そして嗅ぎ分けられるものとは、つねに他者の痕跡である）の帰結もしくは方角を追うことで、動物が、そしてそれより前に〈アニモ〉が、回避不可能であるということが。言い換えれば、まず、〈アニモ〉に対する人間の関係において、嗅覚〔flair〕と匂いの感覚〔odorat〕がどうなっているかが問われなくてはなるまい——そして、なぜ感受性のこのゾーンが、哲学および芸術において、これほど無視され二義的なものとされてきたのかが（まさにここで、何年も前に、私はそのことについて語ったことがある。フロイトとカフカの周りで、法の前なる存在について、人間の起立という大問題について。とりわけあの曖昧な特権である直立という形のもとでの起立でもあり、そしてまた別の、裸という領域での、またしてももう一回、勃起としての起立についても）。他方で、他者の痕跡についての言説は、何の後に動き出すのかが問われなくてはなるまい（この言説《ディスクール》のさなか〔cours〕に、そしてその走行〔course〕中に、私はレヴィナスと、彼が交錯《キアスム》と呼んだものに即して交差したのだった）、そしてこの言説が、おのれのうちに、動物としての、〈アニモ〉としての他者の痕跡を、なぜ書き込まなくてはならないのかを。それは私が絶えずしてきたことであり、だがレヴィナスは、さきほど触れたデカルト的伝統、そしてそれは偶然ではなく、ギリシャ＝ユダヤ＝キリスト教＝イスラーム的な伝統であることが見出されるのだが、その伝統のなかにいて、私の知るかぎり、けっしてしなかったことである。

さきほど触れたこの追跡権の戦略は狩猟のそれに似ている、動物がおのれの欲望に、おのれの欲望（あるいはおのれの欲求と言う人々もいよう、その人々は、欲望〔désir〕と欲求〔besoin〕両者間の区別を、人間と動物のあいだの区別として、鉄のように固く信じることを――これは欲望なのだろうか、それとも欲求なのだろうか？――欲している）の欲望可能なものに追従するような狩猟にせよ、あるいは、動物が、おのれの欲動に追従しつつも、追尾され、他者の狩猟によって狩り出されるような狩猟にせよ。そして、同一の生けるものが同時に追いかつ追われること、おのれが狩られていることを知っている狩猟者、誘惑者にして誘惑されるもの、迫害者にして追い詰められるものであることを、ありえないことと考えてはならない、そして同じ戦略、さらには同じ運動の二つの力が、同じ動物、同じ〈アニモ〉においてばかりでなく、同じ瞬間においても結びつくことを。

私が痕跡をたどって追う動物、そしてそれ自身諸々の痕跡に気づいてゆく動物、それは誰なのか？　それは話すのか？　フランス語を話すのか？　多々ある痕跡のうちの一つである宣言に、そのものが、一人称で、«je（私は）»«je suis（私はある／追う／〜である）»と、署名するものと想定していただきたい。この痕跡がすでに、自伝的方法序説の抵当《ガージュ》ないし誓約《アンガージュマン》、約束であるだろう。発音されるか否かを問わず、それとして展示され主題化されるか否かを問わず、「私は」は、つねに、自伝的におのれを措定する。それはそれ自身を指向する、「私は」はおのれを示す、それはそれのことを語る、それも、生けるものとしてのそれのことを、現在形で、生ける現在において、たとえ語っているのがすでに死せるものだったとしても、「私が」おのれを言う瞬間には、生けるものであるそれのことを。〈自‐伝的なもの〉は、生きているにせよ死んでいるにせよ、たまたま自己を語ることもあるような或る「私は」に、後から到来する必要はない。〈自己の‐生の‐書記〉は、「私は」あるいは自己〔*autos*〕という単なる審級が自己をそれとして措定するのは、生のしるし〔消息、音信 signe de vie〕として、現前における生のしるし、現前への生の顕現としてだけだということに拠るのである、たとえそのとき、この生のしるしを与えるもの、男性あるいは女性のそのものが、たまたま死の側に移ってしまっていたとしても、そして「私は死の側に、あるいはむしろ生の反対側にいる」と言いさえするとしても。たとえこの「私は」が、つねにありうることだが、引用され、複製技術によって、あるいはデカルトの動物＝機械によって、機械的に反復されるとしても。この生のしるしを、われわれはここで、〈私は〉あるいは自権性の、自己措定の構造そのもの（たとえこの自己措定が言説的ないし主題的な言表行為でないとしても）において分析する。われわれがこの生の顕現の、この生ける現在としての自己措定の痕跡を、この自伝的抵当を位置づけるのは、最小限の現象学的構造のなか、「私は」一般が、単に〈現れること〉のなかである、たとえこの痕跡形成が幻想を、あるいは不当な哲学的解釈を引き起こしうるとしても、たとえそれが、あの「私は死んでいる」とまったく矛盾せず、それどころではないとしても。どんな「コギト・エルゴ・スム」にもこの「私は死んでいる」が含まれていることを、かつて私は示そうとしたことがあった。[1]

それゆえ私がそれである動物〔l'animal que donc je suis〕、その言語がフランス語に似ているそのものは、どうやら署名するらしい、一つの宣言に。それはどんな宣言か？

その宣言は言うだろう、この後に続くこと〔ce qui suit〕を――つまり、これから私がそれでありつつ追うところのもの〔ce que désormais je suis〕を。読みながら、私の著作を引用しながら、私の痕跡の数々を解読しながら。

私はどんな責任も負いません。もう私は答えません、私が言うことに、もう責任を取りません。もう私は答えませんと私は答えます。自伝というものが、いやしくもそれが一ジャンル、すなわち、数世紀の年輪が刻まれたある制度が、「自伝」と言われるジャンルの制度が与えうるあらゆる保証をそなえた営為であるならば、あなた方はそれに、すぐさま次のような輝かしい長所を、認めるにやぶさかではないだろう。おのれのことを語るものに、どんな責任も負わず、証拠を挙げるどんな責務も負わないよう、あるジャンルの人為的権威の背後に、周知のように文学へのその帰属が問題視されるあるジャンルの権利の背後に逃げ込むことを許すこと。このジャンルは、よく言われる言い方によれば、多大なインクを流してきたことになるだろう。証拠を挙げるどんな責務からも免責された純然たる自伝は、正直さあるいは嘘に権威を付与するものだが、しかしつねに、ある証言の場面に、すなわち、恥をかなぐり捨てて、裸の〔à nu〕、生《なま》の〔à cru〕「真理を、私はあなたに言う」という場面に即してそうするのだ。おのれのことを語ることで、あたかも私が〔je〕、強勢形の私〔moi〕、単数定冠詞付きの名詞として三人称化した〈私〔le moi〕〉が、他者のことを語っているかのように、その私の他者の言葉を引用しているかのように、さもなければ、私が「私」のことを、一般的な、裸の、生の「私」のことを語っているかのように。〈裸の〉、〈生の〉というあれらの言葉とともに、ある動物が通っていくのを私は見たところだ。そしてそのものは、目隠しなしで私を見つめていた。馬のように乗られる動物、生で〔à cru〕、すなわち「素っ裸で」〔à poil〕。このフランス語の表現はほぼ翻訳不可能だが、«monter un cheval à poil»とは、裸の〔à cru〕馬、鞍のない馬に乗ることを言う。

そしてわれわれはすでに密毛のなかに捕われている、アダムとプロメテウス‐エピメテウスのあいだで、毛、毛並み、皮、皮革といった巨大な毛深き謎のなか、小さな恥丘の森のなかに。この森は包囲ないし保護しているかに見える――だが何から？――強烈に欲望をそそる一帯、しかしまた、若干の生けるものの身体では、種の再生産に用途づけられた一帯の裸を。この恥毛の謎はフロイトを、『女性性』のフロイトを引き込んだのだった、ここで立ち返ることはしないけれども、私がよそで、『蚕』[2]で、理論的妄想の宿命のように分析を試みたものへと。万人と等しくフロイトも、女を男より、より自然的に羞らい深い存在とみなす。しかし羞恥というものは、もちろん〔自然的に naturellement〕、あまりにアポリア的な、それ自体においてあまりに矛盾した、その論理自体においてあまりに露出症的な運動であるから、もっとも多く羞らうものはつねにまた、これが症候の法則であるが、もっとも少なく羞らうものである。同じ人々が同じ運動において、女のほうが羞らい深い、しかも慎みがないと言う。そしてそれはまた、女と子供を動物の側に位置づけることにけっして抵抗しない言説にとって、人間とおのれを呼ぶものと私が〈アニモ〉と呼ぶもののあいだで裸を規整する法、〈アニモ〉は人間よりも裸であり、人間は〈アニモ〉よりも裸であるという法なのだ。

私はまだ同じ部屋にいる。動物が私を見つめている。私は白状すべきだろうか、またしてももう一回、前言反復のおそれを承知のうえで、強迫的に、あなた方がつねに幻想と解釈しうるある種の留保を、先ほど問題となった二重の恥の恥に、こうしてもう一つ恥を上塗りしつつ？　私が白状しようとしているのは過誤ではない、私が白状しようとしているのは見たところ過誤のない恥である。それは恥を恥じることの恥と無限に続くような恥であり、過誤なのかもしれないが、それが過誤なのかどうか私がけっして知ることができないような過誤を恥じるという過誤なのだ。私は恥じる、動物と呼ばれるものの、例えば猫の、毛があり〔à poil 裸の〕見るものである動物の、有性哺乳類（というのも、動物のすべてが有性哺乳類ではないからだ、そしてこの区別を考慮した哲学者は、とりわけ動物一般に関するデカルト的言説の系統のうちではごくわずかしかいない。そして、動物のすべてが、私と対面する顔面を持つわけではない）の前に、裸で現れるとほとんどつねに、恥の身動きをしてしまうことを。恥の、気まずさの、そして羞らいの運動が総身を走り、そのとき私はふるえおののく。つまりそれは、大急ぎで服を着直そう、さらには背を向けようとする欲望であり、この猫が、私が裸なのを見ないよう、より詳しく言えば、それゆえ、正面から、性器が剝き出しのところを見られないようにしようとする欲望なのである。私が傍若無人に〔気まずさを覚えずに sans gêne〕耽溺する自伝的営為のなかで、あなた方にすでに打ち明けたことに、私はさらに付け加えよう、もし宿命が——私ははっきり宿命という——二つの偶然事の重なり合いという宿命が、この場面を、あるいは部屋の環境と言ったほうがいいかもしれないものを、複雑にしに来るようなことがあったなら、事態はさらにいっそう強烈になり、居心地の悪さはより混迷し、恐怖と等しく欲望も、恐怖に怯えた欲望（だがこの恐怖とは何か？ そして何に対する、誰に対する恐怖なのか？）もそうなるのだということ、気まずさは耐えられないものになりさえするということを。それはまず、たまたま部屋にもう一人いる場合、寝室ないし浴室に、たまたま第三者が——もっとも猫自身が、そもそもその性が何であれ、最初の第三者でないとしたらの話だが——いる場合である。さらに詳しく述べることをお許し願いたい、これらすべては、この第三者が女なら、さらにいっそう激烈になるということを。そしてここであなた方に向かって話している「私は」、それゆえ、あえておのれを措定する、一人の男としておのれを提示することで、その自己提示に署名する。つまり一つの雄性の生けるものとして、たとえ彼が、求められるかぎりの注意を払いつつそうするにせよ。機会あるごとに想起すること、自分のものとして主張することを、彼がしなくてはならないと信じる不安定な複雑さに対する鋭敏な感覚を保持しつつ、整合的な自伝というものは、「私は男である」「私は女である」というあの確信に、それを揺るがすように手を触れずにはいられないものなのではないかと訝りさえしつつ。私は女であり、その女はまた男である。

さてこの私、この雄の私は気づいたと信じている、この部屋に女がいることで、猫への関係のなかに、私が裸なのを見ている裸の猫、そして私が裸なのをそのものが見ている、そのことを私が見ているのを見ている裸の猫のまなざしのうちに、ある種の火が点《とも》ったことに。その火は輝く、香のごとく部屋にただよいはじめた嫉妬の煙とともに。もう一つの事故（だがこれは事故だろうか?）の宿命性とは何かと言えば、そのとき、女がいることのほかに、回転鏡〔psyché〕が部屋にあることだ。もはやわれわれは、われわれが、そのとき、すべての男、すべての女が、何人、何匹なのかわからない。そして私は主張する、自伝がはじまったのはそのときだと。たまたま鏡がある部屋で、私が動物を見るときには毎回、いったい何が起きているのか（たまたまテレビの前にいる動物、そのものに動物たちを、さらには同じ種の動物たちを見せるテレビの前にいる動物、例えばテレビで猫たちの姿を見、声を聞いている猫のことは語らないまでも。ずっと後でわれわれは、ラカンの痕跡を探り当てつつ、動物における鏡の段階という枢要な問いに取り組むだろう）？　そのとき私が自問するのは、単に猫の頭のなかで何が起きているのかということだけではない。私が問いたずねるのは、鏡を前にした動物に関して証拠や証言を持ち出すような言説の地位とはどんなものかということだけではない。私はまず、以下のような大摑みな事実を意識している。動物について典拠とされる偉大な言説、（アリストテレスからデカルト、カントからヘーゲル、ハイデッガーないしレヴィナスないしラカンに至るまで）の哲学的タイプの言説の歴史においても、また、結局はそれと同じものである常識の言説の歴史においても、よろしいだろうか、「人間」に対する「動物」という大きなカテゴリーのもとにあらゆる動物種を混同する傾向（有性動物と無性動物の差異も、非哺乳類と哺乳類の差異も考慮されず、動物たちの無限の多様性、とりわけ霊長類の、あるいは類人猿と呼ばれる動物たちの多様性も、霊長類学および動物行動学的な知一般においてなされてきた巨大な進歩ともども考慮されない）があるばかりではなく、この膨大な混同のほかに、ある動物が裸の私を見ることができるかどうかということも、裸の自分を見ることができるかどうかということも、たえて問われたことがないという事実を。というのも、そこに巨大な問題領域があることは確かだからだ、（おそらくはところどころで、それぞれの仕方で、この点で新分野を切り開きはじめているかもしれない）動物的行動に関する実証的と言われる諸科学にとっても、その点にはたえて触れたことがないと私が信じている哲学的な思考にとっても。私の側では、私が名を挙げた著者たちの誰のもとにおいても（この点についてのちにわれわれが詳しく読むことになるラカンを例外として。とはいえ彼にしても、想像的なものと動物における鏡像的なものについての彼の解釈を、なお根本的にデカルト的なものにとどまるような動物－学に役立てているのだが）、裸の経験への、また鏡の問いや動物的「反射」のもっとも基本的な形式への、どんなわずかな示唆も、たえて拾い出せたことはない。というのも、動物たちのあいだの構造的諸差異の一つは、そこに、鏡について何らかの経験を持つかもしれないものたちと、まったく持たないかもしれないものたちとのあいだに通っているからだ。このことは一般には動物性の、特殊にはあれこれの種なりあれこれの個体の発達における、なんらかの「鏡の段階」や、あるいは自己同定といった、すでにして重要でありそれ自体難しい問いを立てることに還元されないだけに、それだけいっそう複雑なのだ。さらにいっそう問題的な、以下の知が確保されていなくてはならないだろう。鏡なるものは、そして反射する像《イマージュ》は、ということはまた、おのれ自身の同類なるものの同定は、いったいどこではじまるのか？　一匹の猫が一匹の猫をそれと認め、「猫は猫だ」と知ることを、みずからに言わないまでもはじめるやいなや、すでにして鏡像的な経験について語りうるのではないか？　鏡の効果なるものもまた、いかなるものであれ、ある生けるものが、おのれの種の他の生けるものを、おのれに近きもの、おのれの同類なるものとして同定するところではじまるのではないか？　そしてつまりは、少なくとも、本来的な意味で性的なものがあるところ、生殖が性的対形成を経由する至るところで。代補的な、しかし本質的な複雑化だが、この鏡像的承認＝再認〔reconnaissance〕の効果を、固有に視覚的な像の彼方へとさらに拡張すべきでもあるだろう。動物のなかには、それらの声や歌の音で、おのれの相方ないし同類を同定するものたち、おのれ自身を、またおたがい同士を同定するものたちもいる。主人の声や友好的な、あるいは敵対的な他の動物たちの声ばかりでなく、同属のものたち、同類たちの声を、そのものたちはまず認める、愛の、あるいは憎悪の、平和の、あるいは戦争の、誘惑の、あるいは追尾の宣言とこじつけなしに呼びうるものが、つまりは追うこと〔suivre〕が、「私は追う〔je suis〕」、「私はお前を追う〔je te suis〕」がさまざまな様態でなされる際に。同じ種の近きものの自己愛的《ナルシスム》同定は、声のあいだの、歌のあいだの、コード化されていると同時に発明的でもある、さまざまな音声的表明のあいだの、呼びかけと応答のやりとりをも経由する。生殖が性的対形成を経由する（そしてこのことがすでに、膨大な数の動物たち、異種のものたちのあいだの、大きな境界の、下位境界の一つを記す）至るところで、よろしいだろうか、視覚的ないし聴覚的な、さらには嗅覚的ななんらかの鏡の効果が、異他＝自己愛的な、なんらかの「他者のような自己」が記録されるのだ。とりわけ、これまで無秩序、無法則に見えていた錯綜の糸の数々がここで結ばれることになるが、この異他＝自己愛はエロティックなものだ。性的差異とともに近きものの鏡像的関係がはじまるやいなや、ナルシス的ないしエコー〔による書記 échographique〕的な鏡の段階の前夜、だがすでにして鏡の技術的段階に入り込んでいる前夜において、それなくしては性的経験がありえない、相方《パートナー》一般に対する欲望やその選択がありえない、追尾する誘惑をただちに考慮しなくてはならない。ところが、追尾する、あるいは捕食する誘惑を、優しく、あるいは荒々しく自己固有化する誘惑を考慮に入れるとすれば、もはや性的誇示を露出から、露出を擬態から、擬態を身を隠すことから、身を隠す策略をなんらかの裸の経験から、裸をなんらかの羞恥から、分離することはできない。そのときある種の羞恥は、すなわち裸であることへのなんらかの感受性は、もはや人間に特別ではなく〈アニモ〉に無縁ではないだろう。有性動物のなかには羞恥に到達するものたちがあるだろうし、人間ならざる生けるもののなかにそれへの権利〔droit〕を持つものたちがいるだろう。そしてより正確に言えば、羞恥のヴェールと結ばれている限りでの真理の秩序と不可分な法〔droit〕の秩序のうちに、かくしてそのものたちは入っていることになるだろう。

ひとたびこの転位がなされたら、巨大で困難な問いの一つはそのとき、ある種の羞恥のレトリックに関するものになるだろう。ある二重の換喩にいかなる権利を与えるべきか？一方でこの換喩は、現《あらわ》し／装い／隠れの戯れが、追尾あるいは誘惑と、捕食あるいは動物的エロティスムと呼ばれる〈追うこと〉の諸現象（それを証言するため、確証し証明するためには、行動主義的な諸研究はかならずしも必要ではない。とはいえこれらの研究の必要性は高く、哲学者たちがあまり考慮しないその成果は、素晴らしく、精妙で、どんどん豊かになりつつある）における策略がある至るところで、羞恥を語ることを可能にするだろう。他方でどんな羞恥も、留保されている〔en réserve〕いくばくかの恥に、潜勢的に罪のあるいくばくかの慎み〔de la réserve〕に結ばれている以上、このもう一つの換喩を根拠にして、動物の羞恥なるものがあるという、そしてそれゆえ、裸であることについての動物的感情があるという結論を導く権利があるのかどうか？〈アニモ〉（いくつかの動物たちの動物性）が、過誤のあと、さらには過誤であるがゆえに見せられないと感じられた病気や臨終（病気のとき、あるいはまもなく死ぬと感じたとき、身を隠す動物は多い）のときに隠れたり、尾を下げたりするような、異論の余地なく罪を意識した行動をなしうることを示すやいなや、そのことから負債を、過誤の記憶を、恥を、そしてそれゆえ動物の羞恥を、推論する権利があるのかどうか？

換言すれば、（追尾、誘惑、罪責の経験における）どんな〈身を隠すこと〉も、羞恥の可能性に、たとえそれが（そしてこれが問題の換喩であるが）直接生殖器にかかわらないところでも結びついているのかどうか？　この問いの領野をさしあたり有性動物に、性差における生と死の経験に限定するにせよ、羞恥を、罪責感を持ちうる生けるもの、〈身を隠すこと〉〈おのれを解読できなくすること〉のできる生けるものが、その羞恥を、つねに、かならずしも、生殖器の顕示に集約するわけではないという、あの換喩的差異、換喩の差異に、どのように取り組むべきか？　私の仮説は、ここでの基準、弁別特徴は、〈まっすぐ立つ〉ことの経験と、人間化の過程における起立＝勃起〔érection〕一般の正直性《せいちょく》と不可分だということである。人間を他の哺乳動物たちから区別する直立の、まっすぐな垂直性への移行としての起立＝勃起という一般的現象の内部で、性的勃起を〈起立していること〉から、とりわけ性的勃起において、交接の対面下で、雄が隠しえない勃起と萎縮の交替（人間的な対形成の、もう一つの圧倒的に弁別的な特徴）から、区別しなくてはならない。欲望のこの差異を自発的に装ったり自然的に隠したりできないところでは、羞恥は本来的に、すなわちその換喩を停止＝固定することによって〔en arrêtant〕、あるいは集中することによって、男根的ゾーンにかかわることになる。

要するに、動物が私を見つめるのはこの対面の場所においてなのだ。そこにおいてこそ私は、人が動物と呼ぶものが、それが私を見つめるなら、裸の私を見つめることに耐えるのに苦痛を覚える。この苦痛になんらかの享楽の予告がつきものであること、それはまた別のことだ。しかしそれが同じことであることも、欲望、享楽、不安が、そのうちで合成されるものであることもわかってはいる。とはいえ、最初の瞬間には、バートルビーが言うように、猫の前に裸で現れずにすめば、まなざしを交わさずにすめばありがたいのだが。何が起きるのか、彼らが動物と呼ぶものと、裸でまなざしを交わすとき？

この城館で、私がそこからあえてあなた方に語りかけようとする巣穴、語たち、像たちの巣穴を掘り下げはじめる以前から、私は長いあいだ夢見ていた。あらゆる種類の可能な場面、可能な、また不可能な世界の数々を。それらを私は夢見ていた、夢に見ていた、動物の夢とはどんなものか、そしてまず、動物が夢を見ること、動物が夢を見るのかどうか自問しながらも。動物が夢を見ること、動物のなかには夢を見るものたちがいることは知られている。それらが夢見うる表象がどんなものかは何も知られていないが、実験によって、夢と同じタイプの過程が、そのものたちの睡眠を横断していることは知られている。夢の瞬間を記録するには、いくつかの抑制剤を実験的に除去するだけで事足りた。私はまた、彼らが動物と呼ぶものが、寝ているところを見るのが好きだ、この生けるものが目をつむって息をしているときに。というのも、動物がみな、見るものなのではないからだ。私はあなた方に「彼ら」と言う、「彼らが動物と呼ぶもの」と、この人々から私がつねに、ひそかに、自分を例外として除外してきたことを、はっきり強調するために。そして、私の歴史のすべて、私の問いたちの系譜のすべて、真実には、私が追跡し、思考し、書くところのもの、痕跡をつけ、抹消もするところのもの、そのすべてはこの例外から誕生したように、そして選ばれているというこの感情に鼓舞されてきたように思われるということを。あたかも私が、彼らが動物たちと呼ぶものに、ひそかに選ばれたものであるかのように。この例外の小島から、その無限の海岸線から私は語るだろう、この小島から出発して語るだろう、この小島のことを。

私はそのものたちが寝ているところを見るのが好きだ、あたかもそのとき、自分が何か本質的な事柄を取り押さえようとしているかのように。私たちのありふれた経験、このうえなく日常的で家庭的なわれわれの犬や猫の観察や、折り紙付きのたくさんの動物学者たちの結論（さきほど想起したように、この点ではいくつもの基準や、客観的と言われるような、さらには脳波探知機で計測可能な徴候がある）にも耳を傾けるなら、どうやら動物のなかには夢を見るものたちがいるらしいので、いくつかの問いの一般的な形式がさっそく予告されてくる。一方において、すべての動物ではなくみな同じ仕方でもないが、動物のなかに夢を見るものたちがいるからには、この名を単数形にすることにどんな意味が、そしてどんな権利があるのだろうか、夢ほどにも、ということはまた意識、下意識、無意識の、さらには表象と欲望のあいだの関係ほどにも本質的な経験が、これほど多くの動物たちをたがいに引き離し、それと同時に、人間と呼ばれるものといくつかの動物たちを結び合わせることになる以上？　単数定冠詞付きの動物なるものの概念にとっての、どんな統一化の地平もあらかじめ放棄して、「動物たち《アニモ》〔animaux〕」と言うべきではないだろうか？　この概念の統一化のためには、何であれこちらの側にも同定可能なものが対置されうるはずであり、それは例えば人間であり、あるいは、いっそう深刻な場合には非生物、さらには死物としての非動物ということにもなるだろうが。そうすれば、〈死動物《アニモール》〔animort〕〉ということにもなるだろうか。他方において、夢の試験と私が呼ぼうと思うものを、のちに立ち返るべき、しかしその法則はここでさっそく示すことにする、諸カテゴリーの、有限ならざる系列に、移し替えることはできないだろうか？　「動物は夢を見るか？」という問いは、その形式、前提、争点において、以下のような問いの数々と、少なくとも類比的である。「動物は考えるか？」「動物は表象を持つか？」「自我」を、想像力を、それとしての将来への関係を持つか？　動物は、記号だけでなく、言語も持つか、そしてそれはどんな言語なのか？　動物は死ぬか？　笑うか？　泣くか？　喪に服すか？　退屈するか？　嘘をつくか？　赦すか？　歌うか？　発明するか？　音楽を発明するか？　音楽を演奏するか？　遊ぶか？　歓待を差し出すか？　そもそも差し出すのか？　贈与するのか？　手を、目を持つのか？　等々。羞恥は？　服は？　そして、鏡は？……これらの問いのすべて、そしてそれらに依拠する他の多数の問い、それらは動物の固有なものについての問いである。それらは、その歴史、諸前提、争点の複雑さのために、膨大なものである。のちに私は、それらの問いに対するある種の鍵〔clef〕を、あえて差し出すことにしよう、そしてそれを回すことにしよう。万能鍵のようにではなく、また籠や動物園の檻の開放前の錠前をこじあける道具（＝夜鳴き鶯〔rossignol〕）のようにでもなく。人間化途上の人類と齢《よわい》を同じくする監禁や包囲の犠牲となってきたなんらかの動物族の解放や、動物の権利に関する新たな宣言の準備を目指すためでもなく（その理由はのちほど述べる）。そうではなく、より音楽的な意味で、シャープやフラットのようなひとまとまりの規則的な臨時記号（＝変質〔altérations〕）を示すための、音部記号〔clef〕ないし調号のようにである。私はただ、ある楽譜の全体に変化をもたらすある調性、音程を示したいのだ。固有に動物的であるようなものの存在に関する、如上の問いたちの射程＝楽譜〔portée〕を、どうしたら変えることができるだろう？　どうしたらこれらの設問の音部記号に、いわばフラットを付して調子を和らげ、音楽を変化させることができるだろう？

私は、それゆえ、結局のところ夢見ているのだ、見出しえない、来たるべき巣穴を。[3] 動物の夢について私は夢見る、そして自分がここで作り出せるかもしれない場面のことを夢見ている。数カ月来。私の夢はすべて、ある種の袋小路に漂着した、より正確に言えば、矛盾した厳命が生んだある種の分裂に。私は自分に両立不可能な命令を、それゆえ不可能な使命を与えることを夢見ていたのだ。どうしたらここで、未聞の、いうなれば相当に非人間的な言語ないし音楽を、聞かせることができるのか？　しかもそれは、私を、忘れられ、無視され、誤認され、迫害され、狩り出され、釣り出され、犠牲にされ、隷従させられ、飼育され、囲い込まれ、ホルモン浸けにされ、遺伝子を組み換えられ、搾取され、消費され、食われ、飼われてきた動物性の、代表者なり解放者にするためではない。ある言語のなかで、私を聞かせ＝理解させる〔me faire entendre〕ためである。多くの人間たちが動物に帰する、あれら非分節的な叫び、意味のない音、咆哮、吠え声、鳴き声、囀り声からなる言語でないのは確かだとしても、その語たち、概念たち、歌、アクセントが、あらゆる人間の言語のなかに、上述の動物なるものに関する、あまりに多くの愚論を宿らせて来たものすべてに、ようやくにして十分疎遠であるような言語のなかで。私が愚論〔bêtise〕と言ったのは、その表現がフランス語の意味論において保証されている、唯一の人間に固有なものを名指すためだ。人間たちの愚かさ〔la bêtise〕について語ることはつねにできるし、時にはそのものたちの獣性〔bestialité〕について語ることもできる。それに対し、ある獣〔une bête〕の愚かさないし獣性について語ることにはどんな意味も、どんな権利もない。それは擬人化であり、それももっとも特徴的なそれだろう。要するに私は、未聞の文法と音楽を発明することを夢見ていたのだ、人間的でも、神的でも、動物的でもないような、ある場面を作り出すために。上述の動物なるものに関するすべての言説を、動物を人および神に擬する同型論的な、あるいは神および人を中心に据えるようなすべての論理ないし公理論を、哲学を、宗教を、政治を、法を、倫理を告発することを目指して。それこそそこに、この語の人間的な意味において動物的な戦略の数々を、策略、狡知、戦争機械、防御ないし攻撃の駆け引き、狩猟の、捕食の、あるいは誘惑の、さらには想定上の種のあいだでの、無慈悲な闘争における絶滅作戦を認めるために。あたかもまったき無邪気さで、動物に害〔mal〕をなすことを欲しないような動物を、私が、この私が、夢見ているかのように。とはいえ、人類化途上にある人間の支配的な言説は、動物なるものを、このうえなく矛盾した、両立不可能な姿のもとに思い描いてきたということも真実である、そしてそれこそこの真実の周りで、われわれはせわしなく思考を巡らせているのだ。自然的であるがゆえの絶対的な善良さ、善悪以前の絶対的な無垢、過誤なき、そして不足なき動物（それこそがその劣位性としての優位性だということになる）、しかしまた、動物的な絶対悪、残虐性、殺戮的な野生性。

だが私、裸の無垢な＝罪なきもの〔innocent〕、同時に推定無罪かつ有罪の裸の被告、私は誰なのか？　そう、さきほど私は訊ねたのだった。この問いが、ここで、フランス語で反響することが肝要だ。«qui suis-je?» あるいは «que suis-je» と。どちらとも取れる語義の混乱は、どこまでも翻訳不可能なままにとどまるだろう、小さいままにとどまるもの、三語からなるこの疑問命題の真中に来る小さな語にとどまるもの、すなわち «suis» という小さな同綴異義語にとどまるものにおいて。同時にそれは、直説法現在一人称で、一つならずの動詞を、*être* と *suivre* を、活用＝結合する〔conjugue〕、qui suis-je?〔私は誰か＝誰を追うのか？〕と。«Qui est-ce que je suis?»〔同じ疑問の非省略形〕と。この小さいもの、第三者として到来し、«je suis»、«suis-je»、«qui je suis»、«que je suis» などと言って繋辞の役割を果たすもの、主語とそれ自身のあいだ、主語とその属詞のあいだ、さらには主語と、この語が文字通りに、鏡状の狩猟のなかで、それに対して肉薄し、あるいは擬似餌となる目的語のあいだでわれわれを安心させてくれないもの、このものはどこから来たのか、そしてどこへ行くのか？

この無邪気にして倒錯的な同綴異義語の遊動を、私は単に発明しただけだと信じていた、この小さな語、この小さくて強力な suis という語の二重の用法を。この用法をあらかじめ正当化したものと信じてさえいた。もちろん一般的な意味ではない、それならどちらかといえば凡庸なものだろうから。そうではなく、動物に関してということだ。本当に私はそれを発明したのだ、なぜなら発明したと信じたのだから、そして、私が試みている証明の形では、これまでこの用法に出会った覚えがなかったのだから。その証明とはすなわち、以前に（前といってもどんな時より前なのか、時間よりも前なのか？）、それとしての存在〔すること〕の問い以前に、*esse* の、*sum* の、*ego sum* の問い以前に、〈追うこと〉の問いが、私が追う〔＝それである que je suis〕、あるいは私を追う他者の問いが、私が追う〔＝それである〕彼または彼女が私を追うという、他者の迫害ないし誘惑の問いがあるということだ。事態が本当に私が信じている通りだとしても、ある種の巡り合わせがその条件を複雑にしたことに変わりはない。そしてそのことは、少なくとも言及にあたいする。

私がいまあなた方にお示ししていることのすべてをすでに暖めていたとき、そしておおよそ磨きあげてさえいたときに、まだ十日も経っていないが、ミシェル・アアルのある論文のなかで、ほぼ並置された形の二つの引用に遭遇したのだった。[4]

第一の引用はヴァレリーの『ある蛇の粗描』から抽出された詩句である。[5] それが私の関心を引くのは創世記の蛇が喋り、私と言っておのれ自身を指し示し、かくしてわれわれにとって今後問いの形式自体の一つとなるものを名指すからだ。すなわち自己性、さらには自己言及的自我性、自己触発および自己運動、自己活動、動物ならどれにでも認められる自律性を。動物＝自＝伝〔zootobiographie〕の生成そのものを。この蛇は「私」と言う、だが、私のように、私が追う＝私がそれである動物とは言わない。このものが啾々《しゅうしゅう》と囁くのをお聞きいただきたい、というのもヴァレリーは念を押すように、「私は啾々と囁く」〔je siffle〕とこのものに言わせているのだから。

獣で私はある、だが鋭利な獣である
卑賤とはいえその毒は
賢者の毒人参など及びもつかぬ！

Bête je suis, mais bête aigüe,

De qui le venin quoique vil
Laisse loin la sage ciguë!

私はこの詩を別様に読む機会を得たが、ここでこの作品を然るべく、それ自体として、そのさまざまな声の錯綜の全体において扱うことは断念せざるをえない。とはいえ、われわれにその時間が与えられていたら、そのモチーフのいくつかに省察を加えたかったところだ——まず偽装のそれに。ある「私」がそれゆえ語るのであり、「私［がそれ］である獣」として自己提示する。だがこのものはおのれを告発するために語る。おのれの正体を告白する。しかしそれがおのれの正体を告白するのは、「狡猾さでは動物中随一のもの」としてもまた自己提示することによってなのだ。そのものはまず白状する、欲望の起源で身を隠す裸体のこの狡猾な主《あるじ》は、私は嘘をついている、私は別のものであると。そして私が「動物的な単純さ」で偽装を施す動物的な流儀とは次のようなものだ、本当はさほど動物的でも単純でもない、いずれにせよ単一にして単純な動物の同一性ではないものを、同時に隠しつつ見せる流儀とは。

蒼天の壮麗が鋭利にする
動物的な単純さで

私に偽装を施すあの妖蛇を

La splendeur de l'azur aiguise
Cette guivre qui me déguise
D'animale simplicité;

妖蛇〔guivre〕は、念のために言っておくが、空想上の動物である（そしてどんな動物も、〈アニモ〉と違い、本質的に空想的であり、幻想的、寓話的なのであって、私たちに話す、私たちのことを話す、寓話の動物なのである。寓話的動物が、すなわち話す動物が〔フランス語 fable（寓話）はラテン語 fabulor（喋る）からの派生語〕自分のことを話す、「私」と言うために——「私」と言うことでそうしている当の場所では、例によって、実ハ君ニツイテ話ガ語ラレテアリ〔de te fabula narratur ホラティウス『風刺詩』、I, 1, 69〕という次第なのだ）。妖蛇《ギーヴル》は幻獣《シメール》と同じく三重の動物である。それらは、こう言ってよければ、一匹のなかで、一身のなかで、なお三つである。体はたしかに蛇だが、若い豚の足があり、蝙蝠の翼が生えている。

私が分析してみたかったもう一つのモチーフは、深淵の、それゆえ眩暈のそれであり、動物に関して繰り返し見出されるものだ、とりわけリルケやハイデッガーのもとで。またしても私は、私が開くのを見るこの淵《ふち》のなかで、茫然自失の想いに暮れる〔＝私を失う Je me perds〕、私が裸なのをかのものが見ているのを私が見ているのを見ている動物のまなざしに、私が、「私」なるものが、溺れるにいたるまで交わることになるその場所で。ヴァレリーにおいて深淵は、「私はある」を、こう言ってよければその二つの縁《へり》から引き寄せる、「私は」〔je〕ないし「私」〔moi〕の縁と、〈あること〉〔存在 l'être〕ないし「私はある」〔je suis〕の縁の両側から。まず〈あること〉の、それゆえ私がそれである存在〔l'être que je suis〕の縁から見ていくことにしよう、というのもここで「動物的な深淵」と呼ばれるものは穴や淵ではなく、存在の過剰、〈ない〉よりはむしろ〈ある〉があるということだからだ。

〈天空〉、やつ〈創造主〉の過失！〈時間〉、やつの没落！
そして動物的な深淵がぱっくりと！……
起源におけるなんたる失墜
無に代わる火花とは！……

Cieux, son erreur! Temps, sa ruine!
Et l'abîme animal, béant!...

Quelle chute dans l'origine
Etincelle au lieu de néant!...

動物的な深淵、「獣で私はある」と言う獣の眩暈、それは非在ではなく現れる存在、無に代わる火花〔étincelle au lieu de néant〕なのであり、私がそれである、無を代理する場所〔lieu tenant du néant que je suis〕なのだ。眩暈は、それがなおなにがしかの空虚、欠如、欠陥、喪失に起因するにせよ、それで目が回り頭がくらくらするのは、何もないところでよりは、むしろ何かがあるところでなのだ。というのもヴァレリーにとって欠陥とは、存在であって無ではないからだ。この詩では、罠の場所から、蛇の、「狡猾さでは動物中随一のもの」の〈エゴ・スム〉の場所から言表されてこそ、あの高名な詩節は、自転しつつ、あるいはとぐろを巻きつつ〔詩節 strophe はギリシャ語 strophein（回る）からの派生語〕鳴り響く。

私の罠でも最高のやつ
お前〔太陽〕は人心に知らせせまいとする
〈非在〉の純粋のただなかで
この宇宙が一つの欠陥にすぎないことを！

Et de mes pièges le plus haut,
Tu gardes les cœurs de connaître
Que l'univers n'est qu'un défaut
Dans la pureté du Non-être!

無を代理するこの存在、無に代わるこの真中の場所〔ce milieu tenant du néant〕、それが私だ、狡猾さでは動物中随一のものだ、それは眩暈のもう一方の縁だが、同じ動物的深淵の眩暈の縁なのだ、なぜならそれは〈私〉Moi だからだ。この〈私〉はおのれを反射する、そして「私はある」と、そして「獣で私はある」と言う。この〈私《モワ》〉に耳を傾けていただきたい、Moi というこの小さな語は、詩句冒頭の頭文字ばかりでなく、小さな語の三つの文字がすべて大文字で書かれている。かくして小さな文字は大きくなる、名に代わるか先立つこの名〔ce pronom ou ce prénom〕が、〈言葉〉のはじまりの語として自己提示するとき。

無に代わる火花とは！……

しかし、やつ〔創造主〕の〈言葉〉のはじまりの語

〈私〉！……最も倨傲なる星
狂気の創造主が語った星々のうちの
私はある！……私はあるだろう！……私は照明する
神の縮小を
〈誘惑者〉のあらゆる火で！

Etincelle au lieu de néant!...
Mais, le premier mot de son Verbe,
MOI!... Des astres le plus superbe
Qu'ait parlés le fou créateur,
Je suis!... Je serai!... J'illumine
La diminution divine
De tous les feux du Séducteur!

こうなるとどう見ても、蛇の万能にして誘惑する狡知とは、神の、狂気の創造主の代わりに、神のように語ること、ヤハウェの「私はあるところのもの」、「私は私がそうであるところのもの」（*Ehieh acher ehieh*）を真似ることだと考えられる。純粋な無を行為遂行的な言表で断ち切る約束に則り、時にはこれは未来形に――私はあるだろうところのものと――様態変更されることもある。ここでは蛇が言う、「〈私〉！……〔……〕私はある！……私はあるだろう！……〔……〕私は……であるところの〈もの〉である」と。力業《ちからわざ》〔coup de force〕のなかのこの力業が産出するのは無に代わる存在、すなわち最初の不純性以外の、それ以下の何ものでもない（存在の汚染と、レヴィナスの言葉を今回に限り〔pour le coup この力業のために〕深刻に倒錯させて言ってみてもいいだろう）。この力業、離れ業〔tour de force〕は、存在＝ロゴス的なこの創造を、創造とだけ言っても同じことになるものを、一つの誘惑にする。「私はある」のこの自己産出行為、この〈自伝生成〉〔autobiographogenèse〕は、その本質において誘惑の行為なのだ。存在が誘惑になる、それが狡猾さでは動物中随一のものの狡知である。「私はある」はそれがいずれそうなることになるところのもの、すなわち誘惑者の誘惑になる。そしてそのものは言う、私はあるところの〈もの〉である、お前を追うもの、お前が追うもの、お前の後をつけるものである、お前を誘惑することを、それも、私の後から来たお前が、私を追うものになることを目論んでと。

無に代わる火花とは！……

しかし、やつの〈言葉〉のはじまりの語

〈私〉〔MOI〕！……最も倨傲なる星
狂気の創造主が語った星々のうちの
私はある！……私はあるだろう！……私は照明する
神の縮小を
〈誘惑者〉のあらゆる火で！

Etincelle au lieu de néant!...
Mais, le premier mot de son Verbe,
MOI!... Des astres le plus superbe
Qu'ait parlés le fou créateur,
Je suis!... Je serai!... J'illumine
La diminution divine
De tous les feux du Séducteur!

この「私はある／である〔je suis〕」は、後にまたも啾々と囁かれる〔se siffle〕、すなわち揶揄される〔se persifle〕、蛇がこう繰り返すとき。

私は改変する〈もの〉である〔Je suis Celui qui modifie〕
〔神学的な大文字、神獣同型的な、自己＝神＝動物同型的な〕、
〔……〕
私はその〔おのれを愛する魂の〕寵愛の底にある
お前がお前自身にしか見出さない
真似のできないあの風味である！

Je suis Celui qui modifie,
[...]
Je suis au fond de sa faveur
Cette inimitable saveur
Que tu ne trouves qu'à toi-même!

この「私は改変する〈もの〉である」という句は、啾々と囁いて揶揄するある種の呪詛の後に、命名そのものを、有るものたちを創造する〈名〉を、「素裸の人間たち」をおのれの似姿に象って創造する〈名〉を攻撃する呪詛の後に来る（「お前たちは素裸の人間どもだ／おお、白く間抜けな獣たちよ！」〔Vous êtes des hommes tout nus,/Ô bêtes blanches et béates!」」)。

なぜ私は、「私はある」「獣で私はある」と言う動物の狡知としての、存在＝ロゴス的狡知のこの糸を追ってきたのか？　ミシェル・アアルが何の素振りも見せていない以上、どうやら彼自身気づかなかったらしい一つのチャンスを指摘するためである。『ある蛇の粗描』のこの引用のすぐ後に、彼はアポリネールの句を数行引く、『愛されざるものの歌』のなかの、蛇に対するある呼びかけを。[6] ところがそこでは、「私はある」（「動物で私はある」）の〈あること〉を言うために発言するのは蛇ではなく、反対側で、蛇を見つめながら自己について語りつつ、そのものに向かって、「お前は私を追う」と言う誰かなのだ。「お前はいる」（«tu es»）ではなく、「お前は私を追う」（«tu me suis»）であり、お前が私の後を追い、迫害し、追跡しているということなのだ。ここで生じているのは単なる場所の交換、それも言表行為上の立場に関連した交換にすぎず、〈追う〉が〈ある〉に、〈お前は私を追う〉が〈私はある〉に置き換えられているだけに思われるかもしれない。それならば蛇は、あたかも対面している他者であるかのようだということになろう。だが、けっしてそうではない。呼びかけるものは自分自身に対するように蛇に対して呼びかけているのであり、自己の影に呼びかけるように、反省的に他者に呼びかけているのである。

そして匍匐しつつ私を追うお前

秋に死ぬ私の神々のなかの神
お前は測る、どれほどの広がりを
大地が私の権利として与えてくれるのか
おお、私の影よ、おお、私の旧知の蛇よ

Et toi qui me suis en rampant
Dieu de mes dieux morts en automne
Tu mesures combien d'empans
J'ai droit que la terre me donne
Ô mon ombre, ô mon vieux serpent

自分について語る愛されざるものの言葉。自伝的署名と自己提示のこの鏡像的動物化は、『愛されざるものの歌』を、他にも可能な読み方があるなかで、中世のある重要な伝統に関係づけることをわれわれに指示すべき脈の一つにほかなるまい。リシャール・ド・フルニヴァル〔一二〇一―六〇(?)。フランスの医師、錬金術師、詩人、聖職者。愛書家としても多くの重要な手稿を遺す〕の『愛の動物譚』は、恋愛の言説のなかに、動物的形象の多数の個体群を書き込んでいる。ところでそこでは、鏡像的ないし自己愛的な図式が一つの役割を演じているのだが、それは巻頭のアリストテレス的ミメーシス——このミメーシスはアリストテレスによれば、それこそ人間に固有なものなのだが——への明確な参照によってのみ規定されているわけではない。これらの『愛の動物譚』に然るべき仕方でアプローチすることはできない相談なので、自己像を動物化するある一節、あたかも詩人が自伝的動物としてわれわれに打ち明け話をしているかのような一節に言及するだけにとどめよう。詩人は告白する、だが、彼がそれであるところのキリスト教徒として、告白の罪もまた告白する。彼は自白する、自己について書くことに存する自己愛を、たとえそれが白状するため、裸で現れるためであれ。獣のように裸で。そしてそのとき、おのれ自身が書いたことに、おのれの自己自身への自己目的的関係に魅惑される作家として、彼は虎に、あるいはむしろ、鏡のなかの自分の像によって、自分の虎の子たちを忘れるほど捕われてしまうような虎の雌におのれをなぞらえる。

Oil, miex fu je pris par mon veoir ke tigres n'est al mireoir, ke ja tant ne sera corchie de ses faons, s'on li emble, ke s'ele encontre un mireoir qu'il ne li covingne ses iels aredre. Et se delite tant a regarder la grant beauté de sa bone taille, k'ele oblie a cachier chiax ki li ont emblé ses faons, et s'areste iluec comme prise.［彼女は自分の偉大な美しさを鏡のなかに眺めるのがあまりに楽しかったので、自分から子供たちを奪ったもの

たちを追いかけるのを忘れてしまい、罠にかかったように動かなくなる。」[7]

告白の自己愛をこのように告白しなくてはならないとき、罪責性、嘘そのもの、そして偽証が、正直さそのもののなかに、約束の核心に宿っていることが認められる、「私はある je suis」の、裸の、自動詞的な単純さのなかに。それはすでに他動詞的関心を隠している、「私は追う je suis」の〈追うこと〉を。私は誰か別のものである＝を追う〔je suis quelqu'un d'autre〕、私は誰か別のものに追われている、私はある欲望、あるいはある企図を追求している、私は狩り立てる、追い詰め、追い払う、同時に私を、私は。

しかし私、罪ある罪なきもの、同時に推定無罪にして有罪の被告、告白の罪までも告白する私は、さきほど問うたのだった、qui suis-je? と。この問いが、ここで、フランス語で反響することが肝要だ、《qui suis-je ?》〔私は誰か＝誰を追うのか?〕、あるいは《que suis-je ?》〔私は何か＝何を追うのか?〕と。

始源の契機に戻ろう、フランス語のこの文が、すでにしてその翻訳を与えるところの最初の版に。「だが私は誰なのか、……である今となっては〔Mais moi qui suis-je, maintenant que...〕。」《suis》というこの小さな語は、デカルトの筆のもとに、彼がラテン語で *Meditationes de prima philosophia*〔第一哲学の省察〕の第二省察を書いているときには現れない、

《*genium aliquem malignum*》というフィクション、すなわち悪しき霊、狡猾さでは動物中随一のもののごとく狡猾なる霊というフィクションの後には。この霊を、今度はわれわれが、われわれの動物伝記的生成〔＝創世記 genèse〕の境域に呼び出してみてもよいだろう。

ルイ十三世の大臣の息子である若いリュイーヌ公爵は、存在動詞にはっきり頼ることはまったくせずに済ませていたあるテクストを、フランス語に、彼の翻訳に持ち込んだとき、《suis》というこの小さな語を入れた。《suis》という、あるいはむしろ《*sum*》というこの語は、ラテン語では何も言わない。

Quid autem nunc, ubi suppono deceptorem aliquem potentissimum, & si fas est dicere, malignum, datâ operâ in omnibus, quantum potuit, me delusisse?

しかしどうなのだろうか、このうえなく有能な、そして、こう言うことが許されるなら悪意を持った欺き手が、あらゆる点でできるだけの苦心を払って私を欺いていると想定している今となっては？

これが翻訳では次のようになり、そこに《suis》という小さな語が出現する。

Mais moi, qui suis-je, maintenant que je suppose qu'il y a quelqu'un qui est extrêmement puissant et, si je l'ose dire, malicieux et rusé, qui emploie toutes ses forces et toute son industrie à me tromper ?[8]

だが私、私は誰なのか、このうえなく有能な、そして、こういうことが許されるなら悪意に満ちた狡猾な何者かがいて、その力量、技量の限りを尽くして私を欺いていると想定している今となっては？

この二つの版の関係や«suis-je»という出来事に、初版と第二版のあいだ、出発言語と到達言語のあいだの翻訳の効果を、漫然と読んで済ますわけにはいかない。この翻訳はデカルトの母語に立ち返るのであり、デカルトは翻訳を見直し、そのうえバイエがわれわれに言うところでは――

……これらの版を見直すという口実のもと、彼は自由に書き直し、自説をより明快にしようとしたのだった。自分の言わんとするところがラテン語では、あらゆる種類の人々に対して十分明晰になっていないと考えられる箇所をいくつか見つけると、フランス語をラテン語と照合する人には容易く認められるいくつかの小さな変更によって、翻訳でそれらの箇所をより明快にすることを企てたのである。[9]

諸根拠の順序を理路整然と追って〔dans la séquence conséquente de l'ordre des raisons〕、すでにデカルトが、自己の定義に対する信を、「人間」としてのそれ、「理性的動物」としてのそれすらも、中断してしまっていたことを忘れないようにしよう（二六頁）。これらの定義は、彼の眼には、懐疑不可能なものではない。この中断の契機に、最大限の重要性を付与しなくてはならないと私は考える。それは単にレトリック上の注意に属するものではないのであり、のちにわれわれは現代におけるその遺産、とりわけハイデッガーにおけるそれを問うことになるだろう。「しかし、いまや存在することを私が確信しているこの私が何であるのかは、私はまだ十分明晰に知っていない〔フランス語版〕（しかし、いまや必然的に存在するこの私が何であるのかは、私はまだ十分に理解していない〔ラテン語版〕）」〔Mais je ne connais pas encore clairement ce que je suis, moi qui suis certain que je suis（*Nondum verò satis intelligo, quisnam sim ego ille, qui jam necessario sum*）〕と言い切ったのち、デカルトは以前の主張や信憑を、「完全に懐疑不可能」でないものすべてを切除する。それらを彼は一撃で切除する、みずから言うところでは問いを増やして時間を浪費しないために。この教訓を私は銘記すべきではあろう、だがそれは、お分かりのように、必要な問いの数を制限するという危険を、それに必要な時間をおのれに与えない場合には、つねに冒させる教訓でもある。保全すべきこの時間、いずれにせよ、おのれに与えるべき、あるいは与えぬべき時間の名において、そして路程の直線的単純性の名において、デカルトは、まったき厳密さで、動物性と理性を結合した人間の定義、理性的動物としての人間の定義を省略することになる。この所作のうちには伝統との断絶の契機があるが、この断絶は往々にしてデカルトには認められない。ハイデッガーでさえ『人間主義についての書簡』で、理性的動物としての人間の定義を問い直すとき、デカルトに伝統との断絶を認めていない。伝統の思想家は誰も、彼の眼には、その例外とはならないらしい、なぜならハイデッガーは一つの「形而上学的解釈」をそこに見ているからだ。この解釈は、誤りではないとしても、「形而上学によって制約され」たままである。それはまた、あらゆる人間主義によっても制約されたままである。これらの人間主義は引き継がれてきた、のちにわれわれが立ち返らなくてはならないあるコンテクストで、ある所作に即して、一九四六年、彼が次のことを書き記すときまで。

最初の人間主義、つまりローマの人間主義は、そしてそれ以来現代に至るまでに現れたあらゆる種類の人間主義もまた、人間のもっとも普遍的な「本質」を自明なものとして前提している。人間は、アニマル・ラチオーナーレ〔*animal rationale* 理性的動物〕とみなされる。この規定はギリシャ語のゾーオン・ロゴン・エコン〔*ζῷον λόγον ἔχον* ロゴスヲ具エタ生ケルモノ〕のラテン語訳にすぎないのではなく、一つの形而上学的な解釈である。人間のこの本質規定（*Diese Wesensbestimmung*）は誤りではない。けれども、この本質規定は、形而上学によって制約されている。その形而上学の本質の由来が、その限界ばかりではなく、実は『存在と時間』において、問われるにあたいするもの（*frag-würdig*）となったのだ。[10]

このハイデッガーの所作にはのちほど立ち返らなくてはなるまい。だがさしあたり、ローマ人たるデカルトにしても、彼なりの仕方で、この問い直しに似たことを、ラテン語で、すでに述べていたことに留意しておこう。路程の差異にはもちろん高度な意味があるにしても、おそらく、結局のところ、見かけほど還元不可能ではないのであり、『省察』は理性的動物としての人間というあの定義を中断していたのである。節約のために、時間を稼ぐために、「完全に懐疑不可能」でないものすべてを彼が一撃で切除するときの、デカルトの切断する所作とは次のようなものだ。

　さてそれでは、以前私は自分を何だと考えていたのか？　もちろん、人間であると考えていた。しかし、人間とは何か、理性的動物（*animal rationale*）というべきだろうか。そうではない。なぜなら、そうすると、その後で、動物とは何か、理性的とは何か、と問わなくてはならなくなり、こうして一つの問題からいくつもの、しかもいっそう困難な問題へはまり込んでしまうからである。いま私は、そのような詮索に時間を浪費しようと思うほど暇ではない。(二六頁)

私が何であるか、そして誰であるかをつかみ直し提示しようとすれば、それゆえ理性的動物というあの共通的定義を中断することからはじめなくてはならない。「私はある」は、その直観的で思考する純粋性において、たとえ理性的であろうと、この動物性を排除する。理性的動物のこの括弧入れに続く一節で、デカルトは、こう言えるとすれば、生を思い起こさせるすべてのものを、彼の「私はある」から抽象することを提案する。最前彼は、私とは「別もの」でありうるすべてのものを、この「私はある」から取り除かなくてはならないと宣言していたのだった。

しかし、いまや存在することを私が確信しているこの私が何であるのかは、私はまだ十分明晰に知っていない。これからは、私を何か別のものと不用意に取り違えることのないよう用心し……(二六頁)

この用心によって彼は、「私はある」から、彼がいわば機械か死体（これらは彼自身が用いている言葉である）のように客体化する、自分自身の身体を抽象するだけではない。彼の「私はある」は、この可能な死体化から出発してのみ把握され、みずからおのれを提示することになる、それゆえ「私は死すべきものである」、あるいは「すでに死んでいる」、もしくは「死に運命づけられている」、さらには「死に向かう」ということから出発してのみ。

最初に現れたのは、私が、顔、手、腕を、そしてこれら骨と肉からなるひとまとまりの機械を持つということだった。この機械は死体においても認められるもので、それを私は身体〔corps〕という名で呼んでいた。（二六頁）

デカルトはさらに先に進む。生の、生気〔animation〕の、それゆえ動物性〔animalité〕のこれらのしるし、おのれを感ずる、おのれを養う、おのれを動かすという自己触発ないし自己運動に、経験という名目で言及しなくてはならないときには毎回、彼はそれらを生ける魂に関係づける。これはそれ自体としては、そしてなお客体化可能なものとしては、物体〔corps〕にすぎないもの、「極度に稀少で微細な、風か炎、あるいは非常に動き易い空気〔エーテル〕のようなもので、それが私のより粗大な諸部分〔身体〕に浸透し拡散している」のかもしれないのだった。デカルトはそれに、魂が船の水先案内人のようなものではまったくないことに驚いている（この驚きが、魂と身体の結合に関する彼の解釈の全体を動機づけることになる）。私はこの運動の必然性や難しさを知らないわけではないが、ここではあえて追わないことにする。非常に特異なひと続きの論述〔séquence〕を切り取ることに心を配っているからである。このひと続きの論述《セカンス》は、純粋な「私は考える」への通路を限界画定するため、生への、身体の生にして動物的生への、一切の参照を中断しなくてはならない、あるいは、それこそ分離可能なものとして分離しなくてはならない。少し先でデカルトは、思考を、「私はある」から分離不可能な唯一のものとして措定する。

（……）思考は私に属する属性である。それだけは私から分離されえない。私は、ある、私は存在する。そのことは確実である。しかしどれだけのあいだであろうか？　すなわち、私が考えているあいだである。（二七頁）

思考の現在の自己への現前、現在形でおのれ自身に自己を提示する現前、それこそが、生、生きている身体、動物的生という、分離可能なもののすべてを排除する。「しかし、それでは私は何であることになるのか？」と、デカルトは次の頁で問う。答え、「考えるもの」。そしてただちに何が起きることになるのか、動物そのものに関して、この「私は考えるものである」にほどなく続く、名高い蜜蠟の分析のなかで？　この蜜蠟は「蜜蜂の巣から取り出されたばかりである」とデカルトは言う。彼はそれを蜜蜂からこのように取り上げたわけだが、それは「まだ蜂蜜の甘さを失ってはいない」。だが、純粋な「精神の洞察」に判明に属さない蜜蠟のすべて、感覚のもとに落ちるものすべて、外的感覚を、「共通感覚」（「そう呼ばれているもの」とデカルトは正確を期す、「すなわち想像力」）さえも用いて知られるものすべて、これらすべては、感覚的外部性のこれらすべては、動物たちもその能力を具えている。どんな動物でもその能力なら具えている。「というのも、この最初の知覚のうちには明晰で明白などんなものが、どんな動物の感覚のなかにも同様に落ちえないようなどんなものがあっただろうか？」それでは、この「どんな動物の感覚」をも逃れるものとは何か？　延長〔l'étendue〕であり、知性的であって感性的ではない蜜蠟である。それは周知の通りだ。しかし、このときデカルトが、それを、この知性的な蜜蠟を、裸にされた身体、着衣を剝ぎ取られた身体のように表していることはどうでもよいことだろうか？　一糸纏わぬ身体、純潔な身体という比喩形象に即して。なぜならこの身体はただ単に横たわり〔purement étendu〕、そしてこのようにして純化されている〔purifié〕のだから。なぜなら私が、精神において、人間の精神において、感性的な装身具ないし化粧を、すなわちそれのうちに残る動物的なものを、あるいは動物性に晒されているものを、それから脱がせたらしいのだから。あたかもこののち動物性の側に見出されるものは、裸でないもの、感性的な着衣であるかのように。蜜蠟そのものは、その本質的属性において、すなわち知性的延長においてどうなったかと言えば、それは見ることも、触れることもできないままなのだ！ 動物のではない、人間の精神としての私はあるにこのような仕方で到達するには、蜜蠟の着衣を剝ぎ取らなくてはならないのだ。あなた方には蜜蠟の衣服を脱がせようとしたことがおありだろうか？ いずれにせよこれが、「私の精神の本性をいっそう容易に、いっそう明白に」証明するための条件であるらしい。

（……）私が蜜蠟をその外的な形態から区別し、いわば着衣を剝ぎ取って裸のままに考察するとき、たとえ私の判断のうちになお誤りが起こりうるとしても、それでも私は蜜蠟を、人間の精神なくしてはこのようにとらえることはできないのである。（三三頁）

私がそれではない動物、私の本質そのものにおいて私がそれではない動物と、要するにデカルトは言っていることになる、それは裸の蜜蠟を前にした人間の精神としておのれを提示すると。そして、この「ではない」から、この「私は動物ではない」の視点、そこで私が「どんな動物の感覚」もできないであろうことをする視点から、デカルトは動物を、視野に捕らえようとするだろう。それを視野に捕らえること、それゆえ彼のものである視点から、しかも動物のほうは彼を見つめないところで、ということだ。それでもやはり言われるのだろうか、彼は動物哲学者だったことになるだろうと？

（括弧。この場ではしないけれども、この裸の蜜蠟を、デカルトの夢に取り憑きにくるあらゆる亡霊たち、幽霊たちと同伴で呼び出す必要があるだろう。まず『第二省察』で。

（……）そこで私は、それゆえ蜜蠟が知られるのは、目の視覚によるのであって精神の洞察によるのではないとほとんど結論したくなる、たまたま窓から、道を通る人々を見ていなかったとしたら。それを見て私は、間違いなく人間を見ていると言う、蜜蠟を見ていると言うのとまったく同様に。しかし私はこの窓から、帽子と外套以外に何を見ているというのだろう、幽霊か弾機《ばね》だけで動く偽装人間を、それらが覆い隠しているのかもしれないのに？　けれども私は、それを本物の人間と判断している。このように私は、私の目で見ていると信じていたものを、私の精神のうちに存する判断の能力によってのみ理解するのである。（三二頁）

次に『第六省察』の終わりで、またしても人間に、「本物の人間」に関してデカルトは不安を覚える、覚醒と睡眠のあいだで、模像に、そして幽霊的偽装に。

実際、私が覚醒しているあいだに、睡眠中に見る映像がするように、突然誰かが私の前に現れ、同じく突然姿を消し、そのものがどこから来たのかも、どこへ行くのかもわからないとしたら、私がそれを、本物の人間というより、私の脳内に形成された亡霊か幽霊であり、睡眠中にそこに形成されるのと似たようなものとみなしたとしても、あながち無理ではないだろう。(八六頁)

判断によって祓い去るべき亡霊、お気づきのようにそれは、つねに、「本物の人間」の機械的模像、すなわち動物＝機械としての亡霊的人間なのだ。われわれはこの動物＝機械に、それを別様に狩り出そうとして近づきつつある。)

想像するに、絵画や彫刻の歴史家ならそうした例があるように、いつかこう問う哲学史家も出るかもしれない、ジャンルの分類のなかに、動物哲学者なるものがあっただろうかと。動物画家や動物彫刻家ならいる。動物文学についても語られる、あたかも動物性というものが、界や種や類ばかりでなく、芸術のジャンルをも定義するかのように。哲学のジャンルがなぜあってはいけないのか？　動物哲学はなぜ語られないのか？　この空白に、それが空白だとして、本質的な諸理由があるのだろうか？　デカルトは手を尽くして、動物哲学者にならないようにしたのだった。

最初に私のうちに刷り込まれた《l'animal que je suis》という表題のちょうど真中に、さきほど述べたように、つい最近、多少三段論法的でもあれば虚辞的でもあるあの接続詞を、l'animal que *donc* je suis という具合に挿入するという考えが浮かんだのだった。これはマラルメの『イジチュール』〔この作品の主人公の名 Igitur は、ラテン語の接続詞としては「ゆえに」「このように」の意〕を記念するものでもありえただろう。[11] この作品の場所の数々に取り憑いている動物学にはおそらく、これまで十分な注意が払われてこなかった。『イジチュール』はまた、周知のように、マラルメの意図自体に即して、創世記を参照してもいる（《*Igitur perfecti sunt cœli et terra et omnis ornatus eorum...*》〔「かくして天と地とそれらを飾るすべてのものが出来上がった……」〕）。これは動物たちが創造された直後のこと、人間が創造され、他の生けるものたちを馴致し命名せよという命令が下るより前のところだ。マラルメの作品（『イジチュールあるいはエルベーノンの狂気』――〈エルベーノン Elbehnon〉とはヘブライ語でエロヒームの息子のことであり、ヤハウェの創造する力を意味する）はまず、テクストの時刻ごとに反映しあうすべての鏡を通して、「組み合わせの無限の偶然〔le hasard infini des conjonctions〕」を、この自己愛的なハムレットの種族の記憶を想起する。「私の一生についてあなた方になすべき報告〔le compte que j'ai à vous rendre de ma vie〕」を述べる際、イジチュールは彼の自我を、みずからこう言い表している彼の鏡像的な「自己知覚〔perception de soi〕」を、あるいはさらに彼の「自己意識

〔conscience de soi〕」を、要するに彼のコギトを、〈私は考える《コギト》、私はある《スム》〉を、まるまる一群れの動物的形姿に取り憑かせるにまかせる。「蜘蛛の巣の襟飾り〔fraise arachnée-nne〕」や「蜘蛛の糸〔fil arachnéen〕」、「訳の分からない翼の羽搏き〔battement d'ailes ab-surdes〕」や「羽をばたつかせて飛ぶこと〔volètement〕」、あらゆる種類の鳥類は蝙蝠を思わせるが、そればかりか、「怪物たち〔monstres〕」、幻獣《シメール》たちまで出てくるのだ。「幻獣〔chimère〕」という語は、幽霊のこの自己への関係に、繰り返し少なくとも四回、拍子を刻み〔scander〕にやってくる。そのことはまさに、私の律動が「拍子を刻むこと〔scande-ment〕」、「私という登場人物の前進〔progrès de mon personnage〕」がたてる「拍子を打つ物音〔scandement〕」と、二回呼ばれている。そして実際にこれは、ある死すべきものの自伝の亡霊的なドラマなのであり、このものは天地創造のさなかにおのれの鏡のなかでおのれを捕らえる〔＝捕われる se prend〕、あるいはおのれの墓所でおのれを取り押さえる〔＝不意を襲われる se surprend〕、人間より前に、幻獣的な動物たちのただなかで。

しかし、この「ゆえに〔donc〕」を、『私が追う＝それである動物〔*l'animal que je suis*〕』の真中に挿入したとき、私がまず考えたのは『イジチュール』のことではなかった。この「ゆえに」は*ergo*である。そしてこの虚辞的接続詞はデカルトを、記念するのではなく召喚することを目的としている。

主体＝署名者がおのれ自身に関係づけるある命題、少なくとも、「私は」と言うもののほうへ人差し指を向け、そこにおのれを露呈するふりを装う命題のちょうど真中〔四つ、五つの語のあいだの四つの文字〕に、ひそやかに置かれたdoncというこの軽やかな義肢は、それゆえ《ドンク》、あるひと連なりのもの〔séquence〕を、あるいは追う＝続くもの〔ce qui suit〕の整合的な連結〔conséquence〕を、ただそれだけを強調することを目的とするものではないだろう。それは第一に、あるものの *ergo sum* に、「ゆえに私はある」に、追随する〔suivre〕こと、それを継続する〔poursuivre〕こと、それを記念するために引用することさえ求めはしないだろう。『方法序説』から『省察』へ、なるほどこのものは自伝哲学的な語りの道を、哲学の提示としての自己提示の道を切り開いただろうし、さらに誇張に至るまで懐疑しただろう。しかし、ド・ラ＝メトリや他の多くの人々を含む機械論的と言われる伝統のなかで、動物が機械でしかないことはけっして懐疑しなかったし、それどころかこの懐疑不可能性を、懐疑の、それとしての *ego* の、*ego dubito*〔私は懐疑する〕としての、*ego cogito*〔私は考える〕としての、そしてゆえに *ego sum*〔私はある〕としての *ego* の、条件のようなものにさえしたのだった。魂および思考の自己への関係、思考する実体の存在そのものは、要するに *ego cogito* としての、「私は考える」としての *ego* にほかならないものが欠落した動物＝機械の概念を、そこに含意していたのである。この自動機械には「自我」あるいは「自己」が欠落している、いわんやどんな反省も、さらにはそれ自身の生のどんな自伝的な標記または刻印も欠落しているというわけだ。この巨大な機械論的——唯物論的とも言われる——伝統を作り直すには、動物と言われる生けるものの再解釈ばかりでなく、機械というもののもう一つの概念を、こう言えるとするなら記号的機械の、人工知能の、サイバネティクスの、動物ないし生物エンジニアリングの、遺伝子的なもの一般等々の、もう一つの概念を経由しなければならないだろう。

語にかかわる問い〔question de mot〕。無数の仕方で、われわれはしばしばこの点に立ち返るだろう。それは語というものについての問い〔la question du mot〕であるとともに、いくつかの語からなる一つの問い〔une question de mots〕でもあることになるだろう。そして一つの語とは、そして「語」という語〔le mot «mot»〕とは、何を意味するかを知ろうとする問いでも。そのことに応答責任を負えるかどうかを知ろうとする問いでも。

ゆえに *donc* 私が追う＝それである動物と、フランス語のこの小さな語 *mot* の蝶番を挿み込むことで、私自身は控えめに、はるかにより限定的な仕方で、ルネ・デカルトの、日付のある或る書簡の記憶だけを、『方法序説』に続く年、一六三八年三月の日付けを持つ書簡の記憶ただそれだけを呼び覚ましたいのである。それゆえ、*cogito ergo sum* の巨大な演劇的連鎖でもなければ、猿、鵲《かささぎ》、鸚鵡《おうむ》に言及した『方法序説』の第五部でもない。これらの自動機械は、いずれにせよけっして応答はできないと、あるいは、たとえ「われわれのように言葉を発する」ことはできるとしても、「自分が言っていることを考えていることを証し立てつつ〔en *témoignant*〕〔私の強調〕」そうすることはまったく不可能だとされるのだが。証言〔témoignage〕ということの多義的な価値、確証〔attestation〕の意味を、どうやらデカルトは濫用しているようだ、こう言った直後、次のように結論づけるとき。

……一方人間は、生まれつき耳が聞こえず口がきけず、ほかの人間には話すのに役立っている器官が獣と同じか獣以上に欠けていても、ふつうは自分で記号か何かを発明し、日ごろ一緒にいてこの人たちの言語を習い覚えるゆとりのある人たちに、その記号によって自分の気持ちを分からせる。そしてこのことは、獣には理性が人間より少ないばかりでなく、理性がまったくないことも証し立てている〔témoigne〕〔私の強調〕。〔……〕同じ種の獣たちのあいだにも、人間どうしのあいだと同様出来不出来が認められ、あるものはほかのものより訓練しやすいだけに、猿や鸚鵡でそれぞれの種のなかでもっとも完全なものであれば、それらの魂がわれわれの魂とまったくちがった性質のものでないならば、子供のなかでもっとも愚鈍な子供や、少なくとも脳に障害があるような子供に、この点で肩を並べられないなどということは信じうる［croyable］［これも私の強調］ことではない。それに、言葉を自然な動きと混同すべきでもない。自然の動きは情念を証し立てる〔témoignent〕〔やはり私の強調〕ものであり、動物と同様に機械にも真似ができる。また、いくにんかの古代の人のように、わたしがそのものたちの言語活動を理解しないとしても、獣たちも話すのだと考えるべきでもない。[12]

「信じうる〔croyable〕」という語（「……などということは信じうることではない」）以外に、私は二回繰り返して、証言〔*témoignage*〕という語を強調した。また別の観点からも創始者である人、すなわちこの『序説』を、この〈自己の‐生の‐哲学的記録〉を、「私の国の言葉であるフランス語で」、自分たちの「自然な理性」しか用いない人々が読めるように、そして別の場所で彼がはっきり述べているように、「女性たちにも何かが理解できる」ように書いた人でもあるデカルトによって、この語は計算された強調をともなって選ばれたもののように見える。[13] «*témoignage*» というこのフランス語の語に、あなた方の注意を喚起したのには一つならずの理由がある。まず、それが通常自伝と呼ばれるものの旗印〔＝主導的な語 maître mot〕であり、自伝はしばしば証言とみなされるからだ。どんな自伝も証言としておのれを提示する。私が何者か、何を生き、感じ、聞き、触れ、考えているかを、私は言う、あるいは私は書くということだ。そしてそれと相即的に、どんな証言も自伝的真理としておのれを提示するからだ。私が、私自身が、知覚したこと、見たこと、聞いたこと、感じたこと、生きたこと、考えたこと等々に関して、私は真理を約束するということだ。その次に、どうもデカルトがこの証言という語を、多義的にして独断的な仕方で用いているように見えるからだ。そのとき彼は、一方では、鵲や鸚鵡は「自分たちが言っていることを考えていることが証し立て」できないということが「見て取れる

［on «voit»］）（だから証言なのだ）と断言し、他方では、さらに証言を証拠に翻訳しつつ、そこから以下の結論を引き出している。

［……］そしてこのことは、獣には理性が人間より少ないばかりでなく、理性がまったくないことも証し立てている。［……］同じ種の獣たちのあいだにも、人間どうしのあいだと同様、出来不出来が認められ、あるものはほかのものより訓練しやすいだけに、猿や鸚鵡でもそれぞれの種のなかでもっとも完全なものであれば、それらの魂がわれわれの魂とまったくちがった性質のものでないのなら、子供のなかでもっとも愚鈍な子供や、少なくとも脳に障害があるような子供に、この点で肩を並べられないなどということは信じうることではない。［……］

分有された自明性と称されるものに、良識そのものに、かくも頻繁に訴えるこれらすべての「見て取れる〔on voit〕」とともに、«témoignage» というこのフランス語の語は、フランスでほぼ初のこの自伝哲学のなかではさらにいっそう多義的に見える、その用法を数年後の『省察』に見られる用法に、より正確には、先に想起したように最初はラテン語で書かれた『省察』初版と、リュイーヌ公爵によるそのフランス語訳のあいだで同じ語についてなされた用法に比較する場合には。デカルトの手に委ねられたこの翻訳ではどうなっているかと言えば、«témoigner» というただ一つの動詞が三回、毎回異なる言説的、論理的様態に属する三つの異なるラテン語の動詞を翻訳するために用いられている。㈠一方では、本来的な意味での確証の様態である。もっとも、こうして «témoigne» と翻訳された『第四省察』の «*testatur*» は、非常に混乱した意味でしか証言ではないのだが。「……欺こうと欲することは、疑いもなく弱さもしくは悪意を証し立てる〔témoigne〕〔*testatur*〕。そうである以上、そんなことが神において出会われることはありえない」（五四頁）。この文を引用したのは、動物と呼ばれるものが、神以上に、欺こうと欲するかどうか、そして本来、悪をなすこと、悪意を抱くことが可能かどうかという問いに手をつけるためだ。例えばラカンは、動物は装うことはできる、だが欺くことはできないと考える。すなわち、ラカンの論脈では、嘘をつくこと、装うことを装うこと、本当のことを言って惑わすことはできないということになる（このことがわれわれにとって、のちに大きな論点となる）。悪の問い、そして根源悪の問いは、動物の伝統的な二重の形象と不可分であるらしい。すなわち無垢であること、悪意を持ちえないことの具現とされるか、あるいは反対に、悪霊的なもの、悪魔的なもの、黙示録的なものの形象とされるか。㈡他方では、同じ『第四省察』で、「証し立てる」という語は、証明する立論の様態、«*arguunt*» に対応している。「……私の誤謬（これだけが私のうちに不完全性があることを証する〔*arguunt*〕ものだ）」（五六頁）。㈢最後に、『第六省察』では、«témoignent» は証拠の、本来的な意味での立証

(*probant*)の様態を翻訳する。ここで問題となるのはそれこそ「共通感覚」(*sensus communis*)であり、それは脳を介して「精神に同じものを感じさせる〔*menti idem exhibit*〕、たとえ身体の他の部分が種々異なった状態にありえようとも。このことは無数の経験によって立証される〔*probant*〕が、ここでそれらをいちいち報告する必要はない〔*ut probant innumera experimenta, quae hic recensere non est opus*〕」(八四頁)。

誰かが無数の経験を持ち出して、それらは「立証する」と、それらについて証言できると言いながら、「ここでそれらをいちいち報告する必要はない」とするような場合、私がよく知っている動物は耳がそばだつのを感じる。報告する必要がないなんて、どうしてだろう?

デカルトの言説的連鎖における、諸根拠の順序における、証言というこの語彙もしくは意味論を、いっそう鋭い嗅覚で、しかしまたいっそう理路整然と追跡すべきところだ。先に示唆したように、証言の経験は定義上言説の領野でどんな限界も知らないけれども、その目指すところは自伝的なものだ。それは自伝を使命とする。それに、これは同時に野心でもあり節度でもあるのだが、今日私があなた方に打ち明けたいと思うことのすべては、ここでは証言の様態に属することになるだろう。告白の限界のうちに、不分明なことはすすんで白状する限界のうちに、私は自分を引き止めたい。そしてこの告白は、直接的ないし間接的に、無数の経験ではなくとも、あれこれの経験は報告するだろう。さきほど言及したデカルトの所作とは反対に、それらはここで報告する必要があると私は言うだろう。*«quae hic recensere opus est»*.

動物を追う、ゆえに私は（動物で）ある〔L'animal que *donc* je suis〕、この表現は、自画像の不動の表象を描くものであってはなるまい。それはむしろ、息切れしつつ走ること、動作学ないし狩猟術、迫害の、ゆえに私がそれであるあの動物を、あるいは私が私の経験を報告することで追うものとされるあの動物を追跡する狩りの、動く映像〔＝映画 cinématographie〕の痕跡の数々に、私を入り込ませ拘束するものでなくてはなるまい。それゆえさきほど私は言ったのだ、この表現は、（『序説』や『省察』における）〈私は考える、ゆえに私はある〉の偉大な瞬間の数々以上に、一六三八年三月の、有名な書簡の曲り角で起きたと覚しいことに共鳴すると。[14] その書簡でデカルトは、自動機械の仮説、今回は問い／答えの構造のうちに書き込まれた非‐応答の主張（「……偶然でもない限り、これらの自動機械は、言葉によっても、仕草によってさえ、自分に問われたことについて、けっして応答する〔私の強調〕ことがないということです」）など、『序説』の諸論拠を一年後にもう一度取り上げ直し展開しているのだが、彼の論証を、いつもの通り、幼年期の偏見を批判するために役立てている。彼の目に幼いと、そして誤謬に非があると映るものは、おのずからなる信憑ではなく、このような衝迫的な意見を根拠となしうると信ずる判断なのだ。そのうえ、このおのずからなる信憑は、「獣たちの大半の行動とわれわれの行動のあいだの類似」に関して問題にされることはない（というのも、この類似にはデカルトの眼にさえ異論の余地はなく、彼はそれ自体にはけっして異を唱えないからだ）。彼によれば、ここで批判を免れないのは、幼年期の謬見のように警戒すべきなのは、外部から内部への移行であり、外的な類似から内的な類比を、すなわち、動物にもわれわれのような魂、感情および情念があるということを帰納する可能性を信ずることなのだ。それなのだ、幼年期の、あるいは「脆弱な精神」の予断とは。デカルトは、それゆえ、大変な慎重さを見せているのだ。デカルトが疑うのは動物と人間の類似ではなく、それが誘発する判断ないし意見である。そこで彼は、どんな動物も、「人間以外の他のどんな動物も」、一度も見たことがない人間によってまずは住まわれる世界という仮設を提出する。この純然たる方法的虚構は、暫定的に、このデカルトの推論から抜き出すことができよう、そしてわれわれを、他の二つの問いへと方向づけることが。その二つの問いはいずれも、それらに固有の複数の終焉に到り着く、人間の終焉ではなく、動物の終焉に。

一　まず、いわば現象学的な終焉、形相的な終焉。虚構という資格であれ、動物たちなき世界を、あるいは少なくとも――それに関する討論がわれわれを待ち受けているハイデッガーの表現、動物は「世界に貧しい」（*Weltarm*）という表現と戯れずに戯れるとすれば――動物たちに貧しい世界を考えることができるだろうか？　動物性はどんな世界概念にも含まれているのだろうか、人間世界という概念にさえ？〈動物と‐ともに‐あること〈l'être-avec-l'animal〉〉は、世界内存在の根本的で還元不可能な構造であり、動物なき世界という観念は、方法的虚構でさえありえないのか？ その場合、〈動物と-ともに-あること〉とは何を意味することになるのだろうか？ 動物の同伴とは何か？ 動物以前に、動物なしで、おのれを思考しようと欲するような人間存在あるいは現存在に、それは副次的に到来するのか？ それとも、〈動物と-ともに-あること〉は、現存在の本質的構造なのか？ そしてその場合、そのことをどのように解釈すべきか、そこからどんな帰結を引き出すべきか？ これらはまさに、世界と動物に関する、世界に貧しい（*Weltarm*）動物に関する、そして世界形成的な（*Weltbildend*）現存在に関するハイデッガーのテクストに取り組むことでわれわれが再び見出すことになる問いである。のちに見るように、この問いは、世界が〈世界-であること〉の問いと別のものではないだろう。世界とは何か？ 世界とは何の謂いか？ そして生が、動物的生があるということは、世界の世界性にとって本質的なことなのか否か？ この問いの射程は、のちほどより鮮明に現れてくるだろう。

二 動物の終焉の地平は、世界や現存在の構造の現象学ないし形相的分析に役立てられる虚構であるだけではない。それは、こう言えるとすれば、現実的な仮設の地平でもある。というのも、デカルトのこの虚構的仮設が出現せしめるものは、たとえそれが一瞬しか続かず、また教育的、方法論的価値のようなものを保持しているとしても、十七世紀以上に今日のほうが、より真実味のある光景でもあるからだ。この光景はある欲望ないし幻想の症候のようにしか形成されえない。それは動物性以後の、ある種のホロコースト以後の世界、人間にまずは現れていた動物性が、ある日そこから消滅した世界という図である。動物性は人間によって、破壊ないし絶滅されたことになるだろう。純然たる絶滅という意味では、たとえこの動物たちのいない世界にわれわれが向かいつつあるように感じられはするとしても、ほぼ不可能なことのように見えよう。だが、生命力を奪ったり脱動物化したり、他の人々なら変質〔脱自然化 dénaturant〕させると言うかもしれない扱いを動物性に施すことによって、あまりに新しい動物性の諸形象が生産されていくならば、それらはやがて名を変える必要があるほど怪物的に見えることだろう。次第に信憑性が増しつつあるこのサイエンス＝フィクションは、馴致する家畜化とともに、調教、無害化、人間文化への強制的適応とともにはじまっていたことになるだろう。そして、医療産業的な搾取、環境と生殖への大規模な介入、遺伝子の組み換え、クローン化等々によって継続されてきたことに。

これらの問いを開いたままにしておいて、デカルトの虚構に戻ろう。「人間以外の他のどんな動物も一度も見たことがないような」人間は、にもかかわらず、ホモ・ファベルあるいはホモ・テクニクスとして、技師として、自動機械を、そのあるものは人間に、他のものは動物たち（馬、犬、鳥とデカルトは言う）に、見紛うばかりに似ているように作成することはできるものとされる。これらは歩き、食べ、息さえするものとされる——この点は重要なので覚えておこう——、それらは「模倣するだろう」（これはデカルトの言葉である）、「可能な限り、それらが似ている動物たちの他のあらゆる行動も、打たれたときに叫んだり、周りで大きな音がしたときに逃げたりといったような、われわれがわれわれの情念を証し立てる〔témoigner〕〔またしても！〕ために用いる記号《シーニュ》さえ除外せずに……」。

ここでデカルトは、彼のほうは、自分自身の選択に、彼が選んだ動物の例に、そしてとりわけ、彼が選別した模倣される記号の例に、注意を払っている様子《シーニュ》を見せない。これらはすべて反応の記号である（私は反応と言う、刺激に対しては反応と言われ、応答とは言われないように。というのも、反応と応答の区別にこそ、一切が賭けられることになるからだ）、それも、とりわけ、苦痛に対する反応の。というのもデカルトは、記号そのものには、彼が選んだ記号のカテゴリーには、どんな意味も付与していないように見えるからだ。これらは反応の記号であり、そしてあたかも偶然であるかのように、これらはみな、ある不幸を、狩り出され、本質からして迫害され、追い立てられ、あるいは虐待されている獣の苦しみを、あるいは恐れを表出している。これらは、人間的情念の記号と比較すべき動物の情念《パッション》＝受苦の記号である（「……打たれたときに叫んだり、周りで大きな音がしたときに逃げたりといったような、われわれがわれわれの情念を証し立てるために用いる記号さえ除外せずに……」）。この書簡の議論を支えている『方法序説』の、こう言ってよければ史上初めてこのことが問題とされた一節で、デカルトはすでに、あたかも偶然であるかのように、「害を加えると叫ぶ」ほど、動物的な生けるものを巧みに模倣する機械についてて語っていた。このことは、ルネ・デカルトが、動物の苦悩に鈍感だったということをかならずしも意味しない。しかしここでは彼は、ベンサムの問い（*Can they suffer?*）の哲学的ないし倫理的な妥当性に、明らかに無関心であろうとしている。あのものたちは苦しみうるか？　おそらく苦しみうるだろうとデカルトは言っているかに見える、だが、と彼は付け加えているかのようだ、この仮設の問いも、その意義も、そこにはないと。それにそもそも、その情念の苦しみは「本物の情念」「本物の情念」ではないと。というのも、この仮設の自動機械から、「本物の情念」「本物の感情」という結論が導き出せるかどうかということだけだからだ。周知のごとく答えは否である。それも、まさしくこれらの自動機械が応答することができないからこそ否なのである。というのも、「われわれの情念を証し立てる」ためにわれわれが用いる記号と、人間によって作成された自動機械の記号のあいだのあの可能な類似に言及した直後、その人間が本物の生けるものとその外形だけを持つようなそれとを見分けることにいまや窮しているときに、デカルトは二つの基準（彼は二つの「方法」と言う）を提案する、真と偽を、真正なものと自動機械の模倣的模像を見分けるために。この二つの方法は『方法序説』の方法である。それは私たちが記憶に留めておかなくてはならない二つの基準である、なぜならそれらが、私がのちに位置づけてみたいと思う諸言説の伝統の全体を、ハイデッガーおよびラカンに至るまで支配することになるからだ。㈠非‐応答、応答することが、私たちの問いに応答することができないこと、それゆえ、私たちの疑問符が聞き取れないということ。損、種による違いのない欠陥。それは欠如とは、あらゆる欠如とは、あらゆる欠陥ないし貧困とは、知的障害や狂気の場合も含めてわれわれが被りうるあらゆる喪失とは、共通の尺度では測れない欠如とでも言うほかないものだ。動物に、その完全性自体において欠如しているもの、動物の欠乏は、人間的不完全性に欠如しているものとは、およそ共通の尺度では測れない。この欠如から、この比較を絶した欠乏から、人間的不完全性はその優越性を引き出す。これから読む一節で強調したいこの二つの特徴に、私は次のものをつけ加えよう、私の眼には、私の眼、すなわち眼という観点からは、重要性において引けを取らない特徴を。問題となるのは、こう言ってよければ観想的動物である。そして理論の動物を、見ている動物ではなく見られるがままの動物を、観察されるものとしての動物を、「私」と、「私はある」と言う人間、あるいは「われわれ」と、「われわれはある」と言う人間の対象を、客体化する劇の舞台に上げることである。自分を見ていない動物を見ている人間にデカルトは訴える。この一節のいくつかの語を道すがら強調しよう。あの人工知能の情報科学技術者に一芝居演じさせるくだりにこの一節は属しているのだが、彼はみずからの手になる自動機械たちのなかに、真の情念と偽の情念をどのように見分ければよいか分からない。それほど記号は似ているのである。

……打たれたときに叫んだり、周りで大きな音がしたときに逃げたりといったような、われわれがわれわれの情念を証し立てるために用いる記号さえ除外せずに。このような次第で、しばしば彼は、本物の人間たちのあいだで、その姿をしているだけのものたちを、見分けることをみずから妨げるような仕儀に陥ったとしましょう。その彼に経験が教えたであろうことは、その判別のための手だては二つ、『方法』の五七頁で私が説明した二つだけだということでしょう。その一つは、偶然でもない限り、これらの自動機械は、言葉によっても、仕草《シーニュ》によってさえ、自分に問われた［私の強調］ことについて、けっして応答する［私の強調］ことがないということです。もう一つは、これらの自動機械がする運動はしばしば、もっとも聡明な人間の運動以上に規則的で確実ではあるけれども、それでもやはり、われわれを模倣するためにしなければならないはずのいくつもの事柄が、もっとも常軌を逸した人間以上に欠如している［私の強調］ということです。私に言わせれば、このような人間なら、われわれのあいだにいる動物たちについて、彼がそれらを見ることになる［私の強調］ときに、どんな判断をすることになるかを考察しなくてはならないのです。[15]

同じ頁の先のところに、われわれは文字通り、見られている動物、理論的スペクタクルに展示されている動物への言及をふたたび見出す。それは「私はある」と言う人間にとっての客体であり、おのれの本質を反省はするが、動物の、彼は見ているが彼を見てはいない動物の像《イマージュ》のなかに、おのれが反映しているのが見つからない、見つけることを欲しない、反照《スペキュレール》＝鏡像的主体にとってのスペクタクル〔spéculaire と spectacle はいずれもラテン語 specere「見る」からの派生語〕なのだ。懐疑不可能なこととは、次のようなことだ。

さて、このような人間がわれわれのあいだにいる動物たちを見るならば〔さきほどと同じ表現を強調する。動物たちを見ること、とはいえその動物たちはわれわれのあいだにいるのである〕、そして動物たちの行動に、それをわれわれの行動とは異なるものにする二つの同じ事柄を、自分の自動機械に認めることに慣れている事柄を認めるならば、動物たちのなかに、われわれのなかにあるような真の感情、真の情念〔私の強調〕があるのではなく、これらのものは自動機械であるとのみ判断する〔私の強調〕ことはまったく疑いありません。

この議論の場面と論理は、よく指摘される以上に、私には奇妙に見える。ここに一人の登場人物が、人間がいて、そしてこの人間は虚構によって完璧な自動機械を作れたとされ、そののちある判断によって、動物たちは、それらのものたちのほうは、真理において自動機械であると、骨肉を備えた〔＝生身の en chair et en os〕自動機械であると、現実に結論するとされる人間なのだ。しかもそれはなぜかと言えば、動物たちが、人間に似ている自動機械に似ているからなのだ。そしてこの結論は、このことをけっして忘れないようにしよう、一つの判断の後に、それに続いて出てくる〔suit〕のである。それはけっして、定義上、感情、知覚、情動ではなく、推論によって下された判断であり、意志と結ばれた悟性の行為である。デカルトにおいてつねにそうであるようにこの意志は無限であり、悟性の目的＝終焉の彼方におもむく。この判断は判定的命題であると同時に裁定〔真理の言い渡し verdict〕でもある。動物の停止〔arrêt〕に関する、動物がそこで止まる限界に関する裁決〔arrêt〕でも。この限界で動物は止めなくてはならない、あるいは止まらなくてはならない、すなわち、応答の閾で、応答以前に、応答の或る特定の本質の手前で。しかし、*autos* と自権性の、自己駆動と自己運動の、このもう一つの深淵はここに放置しよう、自然の法（反応）と自由の法（応答と責任）のあいだで、その核心におもむくべき深淵は。

　このよく知られた立論はなぜ、分有されてきた良識に衝撃を与えたのか、いまも与えて止まないのか、とはいえそれは、良識を陳述し翻訳しているのだが？　それはこの立論が、長い歴史的討論に、洗練された命題、反対命題の数々の壮大な展開に、裁断を下しに来たものだったからだ。ここでは私は、これらの命題を逆言法〔ある事柄について、それは語らないと述べつつ読者の注意を引く修辞法）によって扱うという選択をしなくてはならなかった。プルタルコスからポルピュリオスへ、そしてモンテーニュへ、大抵はアリストテレスとストア派に異を唱える形でこれらの問いをあらゆる方向にたえず検討した人々が、ある終わりなき会話に関与してきた。それをついにデカルトが、「フランスの騎手《カヴァリエ》」の闊達《カヴァリエ》な足取りで裁断しに来たのである、それ相応の権威をもって。例えば応答に関する単純な問いにしても、まずは人間と動物のあいだで「応答する」とはどんなことかという単純にして深淵状の問いにしても、デカルト以前にすでにたくさんの答えがあったのであり、裁断する際にデカルトは、たぶんこれらの答えを知っていただろう。この書簡で『序説』の議論を再度取り上げることによって、デカルトが一つの明確化を加えたのはおそらく偶然ではない――そしてそれが、私が『序説』の正典的なくだりよりも、まずこの書簡のほうに関心を寄せることを選んだ数ある理由のうちの少なくとも一つである。『序説』では、猿あるいは「他のなんらかの理性なき動物」を模倣する機械は、われわれのようには、「「自分の」考えを他のものたちに言明すること」ができないか、あるいは、機械も進歩すれば言葉が具わるという仮設（今日のわれわれなら、やや粗略な留守番電話のことを考えるだろう）そのものにおいても、機械は語を「組み合わせる」こと、「自分の前で言われるだろうすべてのことの意味に応答するため、もっとも愚鈍な人間たちでもすることができるように、さまざまに配列する」ことはけっしてできないだろう、と。だが、その洗練度、力および複雑さにおいて、われわれが今日では機械に委ねることができる、明日にはますますできるようになるだろう反応＝応答の能力のすべてを、たとえデカルトがそのとき想像できなかったとしても、曖昧であると同時に限定された、応答の領野のこの定義（「自分の前で言われるだろうすべてのこと」）のはらむあやうさを、確かに彼は感じたに違いない。書簡では問題はもはや、呼びかけでも、命令でも、音でもありうる——動物がそれらに「応答する」こと、あるいは反応することを、デカルトはよく知っていた——「自分の前で言われるすべてのこと」に動物が応答できないということばかりではない。そうではなく、問いに、問いかけに、「自分に問われたことについて」応答することができないということなのだ。あたかも動物は、なるほど呼びかけや命令には、例えば自分の名前の記号には応答することができるとしても、機械的にプログラム化された語群であれ、一つの問いに応答することはできないかのように。応答の問いは、それゆえ、問いの問いなのだ、プログラム化不可能にとどまるような、それと同時に、それだけが他者に、そんなことが可能なら（将来性豊かな技術＝歴史的な領野、まさにそこでは、質問＝回答のプログラム化が将来を閉ざしているように見える）、応答する自由を残すような問いへの応答としての応答の問いなのだ。デカルト的動物とは、その後裔（もう一回言うが、私はそこに、カント、ハイデッガー、ラカンおよびレヴィナスを、ということは他の多くの人々をも認めようとするだろう）の全体と同様、真の問いかけに応答することができないもののことだろう。というのもこの動物には、真の問いの能力が欠如しているとされるからだ。真の問いに対する関心とは何か、これこそが問いのすべてであり、それが続いて、言うが早いか実行されて、ロゴスの、理性の、存在あるいは他者の問いとして規定されえたのだった。応答の限界としての動物的限界について裁断を下すことで、デカルトは彼自身応答しているのであり、まるまる一つの伝統的立論に反論しているのである。この立論については、一つだけ目印となるものを取り上げることにしよう、ポルピュリオスから、古代における菜食主義の倫理に関する、共同体、法＝権利、義務、正義等々の諸関係が、人間を他の生けるものたちと結びつけるか否かをめぐって展開された、先行するあらゆる哲学論争（ピュタゴラス派、プラトン派、ストア派、エピクロス派）に関する、無尽蔵に豊かな彼の大著から。『節制論〔*Peri apokhēs*〕』[16]という、飽くことなき、実に見事な彼の著作のある局面で、ポルピュリオスは、声を聞きそれに応答する、〈アニモ〉のあの能力を強調する。*upakouō*という語の意味するところは、それこそ極めて曖昧だ。私は聞く、私は耳を傾ける、私は答える、それも招待や命令と同様に、問いにもまた答える、私は従う、呼びかけに、問いかけに、指令に、喚問に、厳命に応えて、私は自己提示する（＝出頭する *je me présente*）。私は自己提示する、これは自伝の最初の所作であり、法の歴史のすべての「私はここに〔me voici〕」の所作である。ところでポルピュリオスの〈アニモ〉は、無言の場合でも、私が *upakouō* と言うときにすることができるらしいのだ。私がしていると言うことを、それは、そのもののほうは、たとえ言わずともすることができる。ポルピュリオスは言う——

こんな話さえある（*istoreitai*）、無言の動物（*tôn aphtoggôn*）のなかのあるものが主人の呼びかけに答える（*upakouein tois despotais*）心意気には、親しい友以上のものがあるというのだ。いずれにせよローマの人クラッシウスのウツボは、自分の名が呼ばれると（*onomasti kaloumene*）彼のもとにやってきた。このウツボに対する彼の思いたるや、以前三人の息子を失ったときもさほど乱れを見せなかったこの男が、ウツボが死んだときには泣いたほどだった。（三巻五章）［ポルピュリオスの数多い典拠の一つであるプルタルコスは、三人の妻が死んだときの、ドミティウス・アヘノバルブス以上にと言った。］

まもなくポルピュリオスは応答の領野をいっそう拡張し、動物に応答の特性を認める。

怒っているときも優しいときも、呼びつけるときも追い払うときも、何かを要求するときも与えるときも、人間たちの言語（*anthrôpôn phone*）は、動物たちにとってもやはり明快なのだ。ひと言で言えば、動物たちはどんな意図でも理解するし、そのつど適切にそれに応答する（*alla pasais oikieiôs upekousan* すべてのことに適切に応答する）。

私がデカルトのこの書簡のほうを、もう一回言うが『方法序説』よりもむしろ優先的に扱ったのには他にもいくつか理由がある。それというのも、この書簡自体が一つの応答たらんとしているからであり、いくつもの問いかけへの応答として、遅ればせの、媒介された応答として自己提示しているからだ。デカルトは対話の相手に、自分の応答を彼の友人に伝えてくれるようにと書いている。「……彼がそう望んだことですので、お手数をおかけしますが、私の応答を彼にお伝えくださ い」。その次に、そして特にこの点が重要なのだが、これら複数の応答のなかで、自動機械の応答の問いに、自動応答機械〔＝留守番電話 répondeur automatique〕であり、ゆえに応答なき（「応答なき」ということは、のちに立ち返るが、レヴィナスにとっては顔の死を定義する）ものとしての動物の問いに、直接先行していたのは、一見偶然に見えるけれども、あるコギトに関する応答だったのである。この〈コギト・エルゴ・スム〉は、かならずしも死者によって署名されているのではないとしても、いずれにしても、生の、「私は生きている、私は息がある〔animé〕、あるいは動物である〔animal〕」を意味するであろう「私は息をする」の自己肯定とは、なんら関係があってはならないらしい。固有に現象学的な、すなわち判断中止的な論理が、そこで以下のことを証明しようとする。「私は息をする」から「私はある」という結論を私が引き出しうるのは、私は息をすると「私は考える」、あるいは「信じる」、あるいは（デカルト的な意味で）「感じる」ということが暗に意味されている場合に限られる、「私は私が息をしていると考える」、そして「それゆえ私はある」、たとえ「私が息をしている」ということが誤りであろうとも、実際には私が息をしていなくとも、あるいは生きていなくとも。〈私は息をする、ゆえに私はある〉は、それ自体としては、どんな確実性の機縁にもならない。それに対して〈私は私が息をしていると考える〉のほうはつねに確実であり懐疑不可能である、たとえ私が誤っていようとも。そうであるがゆえに、「私は私が息をしていると考える」から、「それゆえ私はある」という結論を私は引き出しうる。私が――現象学的に、デカルト的な「私は考える」の定義に即して――覚知する〔éprouver〕こと、それは私が息をするということではなく、私は私が息をすると考えるということなのだ。懐疑不可能な結論とは証明する〔prouver〕結論である、そしてそれは、思考としておのれを覚知する〔s'éprouver〕もの、おのれに対して自己提示するものから出発してのみ絶対的に証明する。われわれは言わなくてはならない、絶対的確実性が保証された結論、その論理的連環〔conséquence〕がまったく懐疑なしに続く〔suivre〕結論、それが続き〔＝従い suivre〕うるのは「私は考える」の後だけであると。この結論は、それゆえ、「私は考える」から「私はある」へ、あるいは「私は私が生きていると考える」（たとえ誤りでも）から「私はある」へおもむくのであり、「私は生きている」あるいは「私は息をしている」から「私はある」へではない。

私は息をする、ゆえに私はあると言う場合、ひとがおのれの存在を、息はそれなくしてはありえないということから結論しようとするのであれば、何も結論することにはなりません。なぜなら、息をすることが真であることが先に証明されていなくてはならないからですが、それは存在することもまた証明されていなければ不可能だからです。[17]

ということは、「私は生きている（すなわち動物として）、ゆえに私はある」という表現にはどんな哲学的確実性も保証されていないことになる。私が表題ないし署名にした、「私は動物である〔＝を追う〕、ゆえに私はある〔l'animal que donc je suis〕」という結論も同じことになる。「私は私が動物であると考える、ゆえに私はある」というような文を懐疑から救うことはできるが、この文にはどんな特権もないことになるだろう。「私は考える」ではじまるどんな文ともひとしなみであることに。そしてこの「私は考える」が、動物には言表できないとされる。「私は」一般も同断である。なぜか？　それこそが問いのすべてであり、問いの問いにして応答の問である。

デカルトのこの議論を、私はその繊細な諸節合の総体において再構成したわけではない。それに先立つ議論、命令しつつ泣く、あるいは泣いて命令する子供に対する乳母の服従や応答に関する議論（カントの『人間学』のある注に、われわれはこの場面を再び見出すだろう〕についても、そうしたいのはやまやまだったのだが。留意していただきたいのは少なくとも次のことだ。存在〔実存 existence〕の懐疑不可能性、「私はある」の自己定立ないし自己顕現は、〈生きていること〉にではなく思考に拠るのであり、この思考とは、第一に呼吸、息ないし生として規定されるのではないような〈おのれに対して現れること〔un apparaître à soi〕〉であり、さらに言えば、第一に生としておのれに現れるのではないような思考する魂のことなのだ。われわれを（とりわけデカルトからハイデッガーへの、後者による生の中立化への途上で）待っている巡路の閾で、動物＝機械を特徴づけるモチーフ群と節合しつつ私が留意したいのは以上のことに尽きる。これらのモチーフは多様に見えるが、非‐応答、そのプログラム化の機械的性格において固定ないし硬直しているがゆえに応答しない言語活動、そして最後に、欠如、欠乏、欠損ないし欠落＝剥奪〔privation〕といったことを、一つの体系に結集する。

これから私がたどろうとしている道程は、いくつかの選択を前提としている。そのまとまりについてだけは正当化を試みておきたい。それとしての動物の諸権利をどんな意味でも尊重することを義務づけられているとは思わない人々と、逆に、かかる諸権利に対するかかる尊重が少なくとも何を意味しうるかを思考しようとする人々のあいだで、闘いは非常に不均衡な力関係にあるけれども、その展望は今日、そして将来にわたって開かれたままでである。かかる権利は、おそらく、動物の権利ではなく動物たちの権利だろうし、そして、権利という観念自体まで、権利の歴史および概念という観念自体まで、それがこれまで、その構成自体において、動物の敬意なき隷属化を前提してきたがゆえに再考することを覚悟しなくてはならないのだが。

ご存じのように、動物の権利に関する普遍的宣言というものが、その最初の版から数えれば二十年近く前から存在している。現行の版になってからはまだ十年も経っていない。十項からなるこの宣言を国際動物権連盟が整備したのは一九八九年のことだ。お手元にあるものをご参照いただきたい。[18] それには長い、少くとも二世紀来の、トーマス・ヤングとジェレミー・ベンサム以来の前史がある。この宣言を、私は想起することも、またその各項が提起するあらゆる問題を分析することもしない。しかし、この文書が（適用される確実な手段も力も当面は皆無であり、それゆえ、つねに原則として強制手段を含んでいなくてはならない法の真正な地位は持たないとしても）法的文書として自己提示しており、動物一般、「人間間の尊重と不可分な動物たちに対する尊重」、「自由」（「自分の自然環境で自由に生きる権利」）、自然、生、そしてとりわけ「動物の法的人格」といった、根本的かつ問題含みの諸概念に訴えており、われわれがさきほど大急ぎで列挙した他のすべての概念が明白にされることを前提している以上、この権利の地位について、またそれが前提する諸々の権利主体の地位について、われわれが問いたずねる根拠はある。そのとき、私の仮設は以下のようなものになる。権利の歴史および権利主体の概念の歴史、権利と義務の主体の歴史において、それと不可分な主体の概念の歴史において、一つの思想の連なり〔une séquence〕がわれわれの時代にとって決定的である。この思想の連なり《セカンス》を、これから私は、同時にとても高いところから、また間近から、上空飛行的に瞥見しようとしている、ある峰から別の峰へ（デカルトからラカンへ、カントからレヴィナスへ、ハイデッガーからデカルトへ）、ある山塊の峰々の上空を、動物（〈アニモ〉）がそこを通るのを眼で探しながら飛行するように。この思想の連なりは、すでに予告した基準によって分析されるなら、ある特定の主体の概念を条件づけたものとして現れるだろう。その主体の概念は、法＝権利を基礎づけながら、それと同じ挙措によって、どんな動物の権利も否認することへと、あるいは、動物の権利のどんな宣言も根底的に問題含みなものにすることへと導くだろう。それゆえここでなされることは、予備的な目印を、この問題の構成そのものにおいて不可欠に見える目印のいくつかを、非常に控え目に標定しておくことである。

　動物の権利に関する普遍的な宣言に私が寄せるありったけの共感にもかかわらず、それがそのようなものとして、諸権利の宣言として自己提示することが正当化されるかどうか、「権利」がここで請求されるべき概念なのかどうか、私は自問する。〈アニモ〉との「われわれの」諸関係の問いを、われわれは「権利」という言葉で問わなくてはならないのだろうか？　そして、このことは何を意味しているのか？　義務を負うことを免除されている、あるいはそれが不可能な諸主体に、権利を認めることができるかどうかという巨大な問いには、時間がないのでここでは手をつけない。一般にはそれはできないと考えられている、いくつかの例外を除いて。権利の歴史においてこの可能性は排除されていないが、それこそ一筋縄ではいかない問題であり、さしあたり余白に放置しておかざるをえないと考える。このことについては一言だけ、のちほどカントに関して言及するだろう。他方ではまた、かかる権利を認めるにやぶさかではないところでも、これらの権利の宣言には非常におおきな改善の余地がある。人間の諸権利についても、過去はこのことをすでに十二分に証明してきたし、動物の諸権利についても事情は変わらない。どんな権利とも同じように、この権利の無限の改善可能性は、その内容にも、かかる宣言の創設的諸概念、諸定義、暗黙の諸公理にも等しくかかわっている。例えば、この宣言で用いられている用語に限定して経験的に列挙してみるだけでも、動物そのもの、生の一体性、「神経系」、「自然権」（前文）、必要な、瞬間的な、残虐な致死（三条）、利用、展示、ジェノサイド、ビオトープ、そしてとりわけ、「動物の法的人格」（九条）といった概念に。

これらの問いへのごく予備的な再導入を図るため、「私は考える」や「私はある」、「私は考える、ゆえに私はある、と私は言う」以来、動物についての思考を指図してきたこの言説は、真実には、主人として、動物に対して指図してきたのだが、そこでポスト・デカルト的な系譜をたどることを私が選んだのは、同時に、この研究集会の契約を尊重するためであり（自伝、「私は考える、ゆえに私はある、と私は言う」、「私は私をあるがままに提示する」――真実には、動物のまなざしに）、一つの伝統‐系譜を考慮するためである。この伝統‐系譜を私は（これが私の仮設であるが）、哲学において、哲学として、われわれの世界で、「現代」において支配的であるばかりでなく、より正確には、支配そのものの言説であるとみなしている。そしてこの支配は、われわれが動物たちに被らせている無限の暴力、さらには底なしの害悪のなかでと同じように、その名においてこの暴力が行使されるところの諸公理、創設的諸概念を、結局のところ分有しているさまざまな形の〔この暴力に対する〕抗議のうちにも働いているのである。こうした抗議が、動物の諸権利の宣言や、とても豊かな古来の歴史をすでにして持つ、エコロジー的ないし菜食主義的文化のほうへ方向づけられている場合でさえ。

私の仮設は、それゆえ、この系譜が指図しているということ、すなわち、動物の問いが、さらには動物そのものが扱われる領域のすべてで、この系譜が優勢であり、覇権的だということだ。動物学、動物行動学、人類学、しかし第一に存在論、知と技術による支配（動物‐生物‐遺伝子学）、しかしまた、倫理、政治および法＝権利といった領域でも。

この道程に踏み込む前に、それを方向づけることになる四つの思考に共通の特徴を記しておこう。これらの思考はこの道程の軌道に道標を印す、間隔を隔てた標識が、そしてただ単に矢印であるものがそうするように。すでに挙げた諸理由から、ここではそれをあえて警告灯〔見るもの voyants〕と言うことにしよう。彼らのあいだにはいくつもの巨大な差異ないし矛盾があり、それを過小に評価したいと思わないことにかけては人後に落ちないつもりだが、それにもかかわらず、カント、ハイデッガー、レヴィナス、ラカンは、彼らが「動物」と呼ぶものに関して、私なら信憑と、あなた方ならお好み次第で公理、あるいは予断、推定ないし前提と呼ぶこともできるかもしれないものを相当数分有している。いずれにせよ私が示してみたいと思うのは、彼らがデカルトと同様、われわれ人間とは違って（差異はこのように規定される）、動物は話さないし答えないと、合図をする〔記号を作る faire signe〕動物の能力は言語活動とは無縁であり、一つのプログラムによって限定され、固定されていると考えていることだ。彼らのうちの誰一人、動物の種のあいだにある本質的ないし構造的な差異の数々を考慮に入れたことはまったくない。彼らのうちの誰一人、真剣かつ規定的な仕方で、われわれが動物を、狩り、殺し、滅ぼし、食べ、供犠に付していること、それらを利用し、働かせ、人間に対しては禁じられている実験に用いていることを考慮に入れなかった。ラカンを除き彼らのうちの誰も、動物のセクシュアリティを考慮せず、そのラカンにしても、そのことは伝統的公理論をなんら変更しはしない。彼らのうちの誰においても、動物行動学ないし霊長類学の知の進歩が本当に繰り込まれてはいない。当然のことながら、これらの共通の特徴は、彼らのうちの一人ひとりにおいて、異なる布置に応じて分配されている（そのことをわれわれは考慮するだろう）。しかし、これらの布置もつねに同じことに帰着する、あの同じものに、私が追っている当のものに。そしてこの同じもの、当のものは、副次的かつ非本質的な仕方による以外には、私が大雑把に想起する以下の事実から影響を受けない。㈠「私は考える、ゆえに私はある」は、デカルトによって主体と名づけられたのではないということ（とはいえここで重要なことは、主体の基礎づけである）、㈡カントの「私は考える」は〈コギト・エルゴ・スム〉をめぐるデカルト的存在論の立論全体を問いに付すこと（とはいえそれは、あらゆる表象に随伴する「私は考える」であり、重要なことは、動物には拒絶される理性の自己への関係をそれが定義することである）、㈢ハイデッガーの現存在〔*Dasein*〕はデカルト的主観性の脱構築によって定義されること（とはいえここで重要なことは、「私はある」に、各自性〔*Jemeinigkeit*〕に定錨した現存在である）、㈣レヴィナスによってそのように名づけられた「主体」は客あるいは人質であること（「主体は客である」、「主体は人質である」とレヴィナスは言う、とはいえそれは、おのれを他なる人間に関係づけるのであり、顔のない、どんな倫理とも無縁な動物とは対照的な、「兄弟」「近きもの」である「われわれ」に関係づけるのと同じことである）、㈤ラカン的「主体」は、今回はこの名のもとに無意識の論理に属すること（とはいえここでもやはり重要なことは、それが人間的主体だということであり、そこではデカルトへの肯定的参照が維持されている）。

他の不変項としては次のことがある。デカルトと同様、カント、ハイデッガー、レヴィナス、ラカンは、その名を担うかその名が担う署名者たる主体たちと言っておくこれらのものたちは、彼らのほうが観察し、彼らが語る動物によって、自分のほうが見つめられる可能性をけっして想起しない。デカルトと同様、彼らのうちの誰も、動物と人間のあいだの、裸の、あるいは羞恥の問題を想起ないし考慮しない。デカルトと同様、あらゆる動物たちのあいだに区別を設けることに彼らは思い及ばない、そしてデカルトと同様、彼らは動物を、「われわれ、人間たち」に対置可能な唯一の全体として語る。「われわれ、人間たち」のほうは唯一の共通の特徴によって「私は考える」、「私はある」の主体ないし現-存在〔そこにあること *Da-sein*〕とされ、他方の側には唯一の不可分な限界があるとされる。彼らの持ち出す例はつねに可能な限り貧困で、それがつねに例証しようとするのは異なるタイプの動物たちの異なる諸構造ではなく、動物なるものの一般的同一性である。デカルトと同様、彼らは彼らが動物と呼ぶものに、どんなわずかな権利も、応答へのどんな適性も、それとしては認めない。

不変項および共通の特徴として、すべてを生動させる〔anime〕、それゆえすべてを灌漑していくはずの次のことも付言しておこう。すなわち、これらの言説すべての心臓部に生命の搏動を刷り込んでいるのは供犠であるということ。これらは供犠的経験の四つの思考であり、供犠の必要を断定し直すことなしには、理路を追い首尾一貫した仕方で、それ自体のうえに結集することのない四つの思考なのだ。それはかならずしも儀礼的な動物供犠としての供犠ではない。もっとも彼らのうち誰も、私の知る限り、それを告発したことはたえてないのだが。そうではなく、人間的空間における、基礎〔根本 fondamental〕的な供犠、基礎づけ〔創設 fondateur〕的な供犠そのものの必要であり、いずれにせよこの空間のなかでは動物に対し、必要な場合はそれを死に処すことまで含めて、指図することが禁じられてはいない。基礎的な供犠の場所は、カント、ハイデッガー、ラカンおよびレヴィナスの思考のなかに、明確かつ主題的に刻印されている。[19] 一見したところ、この供犠的パトスはどうもデカルト的ではないように見えるし、それに供犠に付される動物は動物＝機械であってはならないのではないかと言われもしよう。しかし、デカルト的コギトのユダヤ＝キリスト教的な、そしてそれゆえ供犠主義的な水脈をその深みに呼び戻そうと思えば、そこに流れ込む二つの支流を位置づけるだけで事足りよう。まず、デカルトのあらゆる否認にもかかわらず、アウグスティヌス的コギトへと連れ戻すそれ。『告白』における自伝的動物を扱いたければ、ニーチェの馬やカントの馬以前に、アウグスティヌスの「善良な馬」（*bonus equus*）を出頭させなくてはならないだろう。それを愛しても甲斐がないとアウグスティヌスは言う、それのようでありたいと欲することはできないのだからと。それに対し、ある人のようでありたいと望むことはできる、その人を知ることなく遠くから愛すること、私がそうなれないような道化役者を愛すること、賛嘆することは。そのときアウグスティヌスは自問する（この桁外れの自伝の核心における道化役者と馬という例については、他にも言うべきことは多々あるだろう)。「そうすると私は、ある人のなかに、そうであることが私にはおぞましいものを愛しているのだろうか、自分も人間であるのに? 人間それ自体とは、なんという深き淵であることか(*grande profundum est ipse homo*)! [……] それなのに彼の馬たちのほうが、彼の感情や彼の心情の運動よりも数えやすいのだ!」[20]。アウグスティヌスは、彼のキリスト教徒の兄弟たち、隣人たちには認めるこの深淵を、動物に対しては拒絶する、深淵の眩暈におもむくように動物におもむく〔おのれを返す se rendent〕他の人々もいるのだが。

デカルト的思考のもう一つのキリスト教的支流は、ここでわれわれが専念している供犠的な場面と、子羊と牡羊の回帰と無縁ではない。なぜならそれは、デカルトが可能かつ必要であると判断した調停の試み、魂および身体という実体と、聖体の秘儀における実体変化の教義のあいだの、そもそも説得力はある調停の試みだからである。デカルト、カント、ハイデッガー、レヴィナスおよびラカンを、ただ一つの捕獲〔une seule prise〕において、一緒に、結局のところただ一つの生ける身体のように、さらにはただ一つの罪体〔犯罪事実 corps de délit〕のように、いくつもの触手を持つ同一の言説組織の動くシステムのように、捕らえよう、理解しようとするに及んで、私は私自身が、レスリング、釣りないし狩りにおけるように、ある組み手〔une prise〕を探し求めているような気がしてくる、ただ一つの動物の身体の神経中枢に触れることを試みるに足る、熟練と巧緻をそなえた組み手を。蛸や大蛸の捕まえ所を知っていると主張するもの、それも過度に暴力を加えずに、死に致らしめずに捕らえるすべを、とりわけそれが墨を吐くあいだおとなしくさせておくすべを心得ていると主張するもののように。誰も過度に苦しめずに、その権能の数々を転位させるために。その墨〔encre は ancre「錨」と同音〕あるいは権能とは、ここでは「私〔le «je»〕」だろう。それはかならずしも「私」と言いうることの権能〔*pouvoir dire*〕のことではなく、ある言語における自己言及的な言表行為以前に、「私」でありうることの権能〔*pouvoir être*〕あるいはそれをなしうることの権能〔*pouvoir faire*〕の自権性のことだろう。

　私はこのことを白状する、すなわちこのような組み手《プリーズ》を探し求めていること、そしてこの概念〔＝一緒につかむこと concept〕の捕獲《プリーズ》を探し求めていることを。私はそれを自伝という名目で白状する、それも、次のことをあなた方に打ち明けるために。私が想起しつつある無限の錯綜を考慮すると、自分がなし、考え、書き、生きていることのすべてについて、しかしまたすべてについて、文化のすべて、人間のと言われる社会のすべてについて、微視的、巨視的なすべての階梯で、私は非常に動物型の〔animalistes〕知覚、解釈を持っている。私が唯一気にかけていることは、この動物型の「見方《ヴィジョン》」を中断することではなく、どんな差異も、どんな他者性も、どんな錯綜の襞も、どんな深淵の来たるべき開けも、この「見方」のために犠牲にしないことである。

罪あるものか罪なきものかは不明だが、今日の私の捕獲〔prise〕は、デカルト的なコギトの、カント的な「私は考える」による捕らえ直し〔reprise〕からはじまることになるだろう。動物＝機械論が啓蒙期に引き起こしえたあらゆる批判ののち、理性的動物たる人間の差異をカントが断定し直すことになったとき、彼は「私」から出発してそうする。この根本的な人間中心主義は彼の著作の随所に分配されているが、それがそれとして、自我論的、同語反復的かつ自己書記的なものと宣言されるのは、『実用的見地からみた人間学』の冒頭である。[21] 早くも最初の数語から、人間は「表象のなかに〝私〟を持ちうる」もの（*der Mensch in seiner Vorstellung das Ich haben kann*）と定義される。それは一つの権能である、そのことを忘れないようにしよう。この権能、この〈私を持ちうること〉は上昇する、それは立てる、それは「高める」（*erhebt*）、人間を、無限に（*unendlich*）高く、地上の他のあらゆる生けるものたちの上に（*unendlich über alle andere auf Erden lebenden Wesen*）。この無限の高まりが、厳密な意味で、主体を同定する、なぜならカントは、その直後に、「私」が意味するのは、そのすべての変容の下で同一にとどまる意識の統一であることを強調しているからだ。「私」とは「私は考える」であり、あらゆる表象に随伴する超越論的統覚の根源的統一である。人間がそれである主体とは人格である、この「同一の人格」（*die selbe Person*）が、それゆえ、理性、道徳および法＝権利の主体となるだろう。この人格は何に対立するのか？　そう、物件にである（したがって、物件に対する権利と人格に対する権利という、ローマ法にさかのぼるあの旧い区別がふたたび見出されることをここで想起しておかなくてはなるまい）。人格は、あれら物件（*Sachen*）たる理性なき動物たち（*dergleichen die vernunftlosen Thiere sind*）とは、その位階および尊厳によって（*durch Rang und Würde*）、絶対的に異なる存在（*ganz verschiedenes Wesen*）である。これら理性なき動物たちに対し、それらが物件であるがゆえに、ひとは権能と権威を持つ（*walten*）。ひとはそれらを好きなように利用し処分することができる（*nach Belieben schalten und walten kann*）。理性なき動物たちに対するこの力、この walten und schalten [原文ママ、意のままに扱うこと] の自由な権威を、カントはここで、人格が持つ「私」と言いうる権能の、多々あるうちの一属性、一帰結として定立しているのではない。動物に対するこの権能は、「私」あるいは「人格」の本質、人間の本質なのだ（そもそもこの本質は、創世記以来、人間にあの使命を割り当てた神の厳命に合致している。生けるものたちの上におのれの権威を刻印すること、このことは、「私」において自己提示するという、無限に高い権能によってしかなされえない。それはただ単に自己提示すること、あらゆる提示および表象〔再提示 représentation〕に随伴する自己への現前という形において、自己に自己を提示することだ）。この自己への現前、この自己への現前の自己、（理論的、実践的、倫理的、法的、政治的な）主体の応答の、そしてそれゆえ責任の条件である、単独的にして普遍的なこの「私」、それは一つの権能である。「私」と言う権能とは、「私」と言表する文字通りの権能とは、慎重にも、あるいは大胆にも、カントが同一視しない一つの能力である。この人格的主体はその自我性をなしうる、こう言えるとすれば、それを言うことなくそれをなすことができる。それはおのれを断定しうる、その自我性およびその尊厳において、すなわちその責任＝応答可能性〔*responsabilité*〕において、他者たちの前で、また法の前で、応答をなしうる、おのれに責任を負いうるその権能において、「「私」とまだ言えないところにおいてさえ」(*selbst wenn er das Ich noch nicht sprechen kann*)。この「私」を、それは思考のなかに(*in Gedanken*)持っている、そしてそのことが思考そのものを定義する、それがおのれを結集する限りで、この〈私〉の権能によって、この〈私〉の〈私はできる〉によって、あらゆる表象に随伴する「私は考える」としてのこの〈私は私をなしうる〉によって、それが同一であり、結集されており、それ自身に現前したままであるところで。〈私〉の自権性が、「私」という語において、*Ich, I, ego* において、それとして言われえないところ、言表されえないところにおいてさえ、この自権性はおのれを実現する、どんな言語のうちでも、それが人間の言語でありさえすれば。ここでの *ego* に関するカントの所作は、存在に関する、すなわちあるものの「それとして」の経験の条件に関する、後のハイデッガーの所作と同じである。のちにわれわれは、その条件が、人間的現存在を動物から区別するのを見ることになるだろう。どんな人間的言語もそれを持っている、この「それとして」の自己を、たとえそこに語が欠けているとしても。カントは言う。

……あらゆる言語は一人称［結局のところ動物的生に欠乏しているのはこの一人称なのであり、どんな自伝的な自己への関係も、根源的にそれから剝奪するものなのだ］で話すときこの〈私〉［この「自我性」*diese Ichheit*。*Ichheit* は、フランス語訳でそうなっている «Je» よりも «égoïté» と翻訳したほうがよい。というのも、問題は単にある「私」を、私の「私」を今ここで定立することではなく、私の「私」を一つの「私」に、〈私であること〉、それとしてのその自我性、その普遍的な〈自我であること〉、〈自我であること〉一般の一般者を表す単数形におけるその現象にするものに、言語によって到達することだからだ］を考えなくてはならない、たとえ特定の語によってそれを表現しないとしても。

カントが人間たちに、また「私」と言うための語を持たない言語たちに、動物たちには、またその記号のシステムには、けっして与えないだろう信用を与えるのは、動物たちの記号のシステムが（それらの伝達のシステムの欠乏と固定性のために）語一般を欠いているからばかりではなく、言語のなかにある以前に思考のなかにあるこの「私」なるものが、思考そのもの、思考する権能、動物には欠乏している悟性以外の何ものでもないからだ。「というのも、この〈思考する〉能力［この権能、*Vermögen*、すなわち思考する権能、*nämlich zu denken*］とは悟性（*der Verstand*）だからである」。

おそらくここそが、この「私」をなしうる権能というものの、同時に微妙にして決定的な争点を、さらに明確にすべき場ないし時だろう。問題となるのはたぶん、単に自己への関係でも、ある種の自己運動でも、自己運動的自発性でもないだろう。動物に対してもっとも否定的な人々でさえ、誰も、デカルトでさえ、こうしたことを動物に拒絶はしなかった。繰り返すが、どんな生けるものも、そしてそれゆえ生けるものとしてのどんな動物も、自発的におのれを動かす、おのれを感じる、そしておのれをおのれに関係づけるこの権能は認められてきた。それこそは、どれほど問題含みにせよ、生けるものの、純粋に物理－化学的とされるものの無機的な不活性に伝統的に対置されてきたような生けるものの特徴ですらある。誰も動物に、自己触発および自己運動を、それゆえかかる自己への関係における自己を否認しはしない。そうではなく、動物に対して異議が申し立てられるのは――そしてここでこそ「私」の機能の仕方と構造とが重要になる、「私」という語が欠けているところでさえ――、指示的な、自己指示的な仕方で自己を参照する権能、自己のほうに少なくとも潜勢的に指を向けて、これが私であると言う権能なのだ。というのも、バンヴェニストが力説したように、それこそは私がそれを発言し実現するとき、〈私〉が言いかつなすところのことだからだ。それは言う、「私は私について語る」と。〈私〉と言うものはそれ自身を表示する、その言表行為の、あるいは少なくともその表示の現在において。この自己指示的ないし自己参照的な自己目的性の能力がないとされるからこそ、「私」が欠落した動物は、同時に、「私は考える」がない、悟性がなく理性がない、応答がなく責任＝応答可能性がないとされるのだ。あらゆる表象に随伴すべき「私は考える」とは、思考の条件としての、思考そのものとしての、あの自己参照なのである。そしてそれこそが人間の固有なものであり、動物には欠落しているとされるのだ。

もちろん、この問いは桁外れであり深淵のようなものだ。私はこの問いを批判的に練り上げ直したいと思うけれども、その場合、動物一般については語らない（私はけっしてそうはしない）までも、多くの動物が実際、鏡像を容易に操作したり、人差し指を自分のほうに向けて、これが私です、私は自分を示しています、それに私は責任を負いますと、難なく言ったり表示したりするという目に見える形を取るような、この自己指示ないし文字通りの自己参照を、なしえないように見えるということを否定しはしないだろう。しかし、一方では、この自己指示性が、どんな遺伝子システム一般のうちにも、もちろん多様な形でだが、作動していないと確言はできない。遺伝子エクリチュールの各要素がおのれ自身を同定しなければ、ある種の反省性に即しておのれを刻印しなければ、遺伝子鎖において意味作用はなしえないからだ。この自己指示性が、〈アニモ〉に観察されうる多数の社会的諸現象のなかで、非常に発展した、差異化した、複雑な諸形態を取らないとも確言できない。誘惑や性的戦争における、色彩で、音楽で、あらゆる種類の装飾、誇示ないし直立〔勃起 érection〕で展開される「君を追う私を追え〔«suis-moi qui te suis»〕」における、自己愛的《ナルシシスム》露出の諸現象、それらが自己指示に属するものであることを誰が否定できようか？　しようと思えばずっと遠くまで行けるだろうしこれらの指標や例を増やすこともできるだろうが、そうする時間はない。だが反対に、また他方では、ここで私の論証の論理的マトリクスを構成しているものに即して言えば、問題は〈アニモ〉に、それに拒まれているものを、ここでは自己顕示の〈私〉を返還することだけではない。それはまた人間に、あるいは理性的動物に、動物でしかないものには欠落しているとされるものを、単純に付与することを可能にするような公理を問うことでもある。〈私〉の自己定立は、自己表示的な自己目的性は、人間においてさえ、他者としての〈私〉を含意しているとすれば、そして（他の場所で私が証明しようとしたことだが）おのれのうちに何らかの還元不可能な異他触発を迎接しなくてはならないとすれば、その場合には〈私〉のあの自律は、純粋でも厳密でもなくなるだろう。それが人間と動物のあいだの、単純で線状の限界画定の機縁をなすことはありえないだろう（人間たちのあいだの、動物たちのあいだの、人間たちと動物たちのあいだの）あらゆる差異がこのように再導入され考慮されることのほかに、〈私〉の問いは、「私はある」ないし「私は考える」の問いは、先決的な他者の問いのほうへ転位していくだろう。他者の、私が追う、あるいは私を追う、他なる私の〔de l'autre moi que je suis ou qui me suit〕問いのほうへ。どんな他者なのか？　そして他者の法の、他律の規定は、われわれがここでその論理を、そのロゴス（というのもその論理はロゴスの能動的な一解釈でありロゴス中心主義だからだ）を追っている人間中心主義を、どのようにに、あるいは転位し、あるいは確認することを可能ならしめることになるのか、それこそはなお、われわれを待ち受けている問いだろう。

「私は考える」のこの人間ロゴス主義とそれに適合させられた有限性（この有限性を、カントとハイデッガーは、逆説的にも動物には否認するだろう）の概念から、引き出せそうな諸帰結の巨大な編目のうちで、二つの潜勢的な経路のみを私は追うことにする。

第一の経路は、カントにおける家畜動物に関して、以前他の場所で私が分析したことをより明確にしてくれるだろう。『人間学』の最後で、カントはさらに一つの限界を画す。今回は問題はもはや「私」ではなく「社会性」である。第一段階ではカントは、動物社会と人間社会の比較を、かなり遠くまで押し進めたそうな気配を見せる。まず強調されるのは、共和制においてまで、一切の公民政体（*bürgerliche Verfassung*）においてまで、すなわちその使命（*Bestimmung*）の最終目的に向かう人類の善なる素質の最高段階を表すものにおいてまで、純粋な人間性より動物性（*Thierheit*）のほうが、そのさまざまな発現において依然先行（*früher*）し、そしてより強力な（*mächtiger*）ままだということだ。[22]

それゆえ動物のあの先行性が、〈前に－いること〉（言い換えれば、人間が動物のうしろにいること）があるのであり、そしてまた、力における優越性もあることになる。優先性と優越性がはじめて逆転するのは、動物が衰弱（*Schwächung*）して人間に隷属するとき、それを人間にとって野生の獣より有用にする家畜化に隷属するときのことだ。人間文化の社会化はこの衰弱と、飼い馴らされた獣の家畜化と軌を一にする、それは〈獣が家畜になること〉と別のことではない。飼い馴らされた家畜（*das zahme Vieh*）の我有化、調教、馴致が、とりもなおさず人間的社会化なのだ。個人としては人間も、野生の獣と同様、おのれの無条件的自由を肯定するためなら、すぐにでも隣人と戦争をはじめるだろう。それゆえ、野生の動物の馴致の原理なくしては、社会化も、政治的体制も、政治もない。獣を、〈獣が家畜になること〉を支配するこの権能と手を切ると称するような動物の政治などという発想は、不条理であり矛盾していることになるだろう。政治的なものは家畜を前提する。だからこそカントは、その誘惑を覚えながらも、動物社会と人間社会の比較の一切に、一つの限界を画す。どうやら一つは譲歩したらしい。人間は家畜動物のように群れの一部をなす定めにはないにせよ、その社会性は、（豊かな歴史を持ちマルクスまで生き延びることになるある類比に即して）蜜蜂の蜂窩のそれに似てはいる。いずれの場合も、ある協働組合の、ある市民社会の、成員になる定めにある。この社会を組織するにあたってもっとも単純な、工夫に乏しいやり方は、蜂窩の指導者を、師を、賢者（*Weiser*）を持つことだ――そしてこれが蜜蜂の君主制原理というものだ。しかし、比較（*Gleichnis*）はここまでである。というのもこれらの蜂窩同士は、その複数性において互いに戦争をするからであり、カントにとってこの戦争は、人間がする戦争とは比較できない。掠奪蜂が蜂窩から放たれるその目的は好戦的な自然状態にとどまること、策略と暴力で、他の蜂窩の力を略取するような関係にとどまることだ。それに対して人間がする戦争（それをカントは、しばしばそうするように、要するに、暗に賛美しているのである）は、野生の自然状態から市民的な状態へと移行させる。例えば次のように書くとき、カントはいつになく説得力を欠き、多大な苦労をうかがわせる。比較を止めるどころか、かえって誘っている感がある。

比較はここまでである。というのも、蜜蜂の場合は、策略や暴力で、他のものたちの勤労の成果を利用するにすぎない。どの民族も近隣の諸民族を従属させて自分の力の増大を図る。強大になりたいという貪欲であれ、あるいは先を越さなければ［速度という］このモチーフは、動物社会としての人間社会のテクノロジー競争のうちに追跡すべきものだろう］自分のほうが相手に併呑されてしまうという恐怖であれ、われわれの種における対内戦争ないし対外戦争は、おおきな災禍ではあるにせよ、野生の自然状態から市民的な状態へ移行させる動因［*Triebfeder* 欲動の刺激］なのである。[23]

だが、動物がする戦争を人間がする戦争から、野生の獣性にこのようにとどめおく戦争を、それとは逆に野生状態から抜け出させ、そのとき文化と社会的意識への開放が生じるとされる戦争から、このように区別するものは、最終的には何なのか？　私がそれである動物の、人間性と合理性を保証するあの「私は考える」と、要するに同じ方向へ向かうものは？　なんと逆説的にも、ある機序《メカニスム》、ある機械〔machine〕にほかならない、ただし今回は、摂理の企み＝機序〔machination〕なのだが。人間性を社会へと高め戦争によって野生状態から抜け出させる〈欲動の刺激《トリープフェダー》〉、同じ戦争が獣性のほうは野生状態にとどめおくところでそのようにする〈欲動の刺激〉、それは«*ein Maschinenwesen der Vorsehung*»、「〈摂理〉の機序」なのである。動物＝機械ではなく摂理を司るある神の企みであり、それは知覚の現在より遠くを見る。この摂理的な「何か〔machin〕」は前もって見る、悪と、悪が何に役立ちうるかを。この〈何か《マシャン》〉は予見する、これら二つの戦争の合目的性を、たとえ二つとも戦争であり、それも動物性を基底とする二つの戦争だとしても（なぜなら動物は人間のなかで、人間社会のなかで、それよりうしろにいる人間より古く〔*früher*〕、かつより強力であり続けるのだから）。カントは言う。

……〈摂理〉の機序、そこでは対立する諸力がぶつかり互いに阻害しあうが、だがまた別の動因の斥力ないし引力のもとで（*durch den Stoß oder Zug anderer Triebfeder*）、それらは長期にわたって規則的な流れのなかで維持されるだろう。[24]

この矛盾、この反転、この対抗欲動性——欲動に抗する欲動、動因に抗する動因（別の〈欲動の刺激〉に抗する〈欲動の刺激〉）——については、本来なら時間をかけて詳細に分析すべきところだが、それは機能するのだ、そう、「機能する」と言わなくてはならないのだ、ある社会ないし歴史の流れを安定化、規則化する機械のように。そして、安定性、規則性というこの基準は、ただそれだけで、動物的な、あるいは野生的なと言われる社会の記述にも等しく妥当するのではないかと問うことができる。例によって、そしてこれは動物が語られるときの定則なのだが、カントがしていることは自分が言うことを否定すること、否認すること、それと矛盾したことを、矛盾ということに関してにせよ、言うことから遠くない。あまり注意されないある注記のなかで、ある透徹した脚注のなかで、彼が進化論者として、「第三の時期」にはチンパンジーが「私は考える」と言えるかもしれない可能性、そのようにして悟性に、そしてそれゆえ人間の位階と尊厳に到達できるかもしれない可能性に言及しているだけに、よけいにそれに近いことをしているのだ。そうなると、いましがた触れたあの〈摂理の機序〉〔*Maschinenwesen der Vorsehung*〕の意図を、あの摂理的な機械仕掛けの神《デウス・エクス・マキナ》を、人間＝神中心的なあのコンピュータの意図を、いったいどのように解釈すべきかあらためて問われることになる。いましがた読んだくだりにわずかに先立つこの注で開陳されるのは、誕生時の子供の泣き声についての、微妙な論点を含む、多大な苦労がうかがわれる解釈である。子供の泣き声に、デカルトと同様カントも、とりわけ動物を扱う際、悩まされていたのだ。乳幼児のこの泣き声が意味するものは愁訴ではなく、怒りであり憤りであると、カントは平然と断定する。新生児は抗議を爆発するにまかせる。苦痛を叫んでいるのではなく、何かが気に食わない、気に触る、神経に障る(*ihr etwas verdrießt*)ということを表明している。そのときカントは、この神経過敏で怒りんぼの小さな乳幼児を、狼や豚の貪欲に晒す自然の意図(*Absicht*)を訝しむ。母親が不在か分娩の後で弱っているとき、子の泣き叫ぶ声が、近くにいるこうした動物を招き寄せかねないからだ。カントの答えは錯乱的であると同時に並外れて明敏でもあり、要約すれば以下の三つの段階を踏む。三つの時期があるとされる。まず、歴史以前には、時間以前の時間には、純粋な自然状態では、赤ん坊は生まれたときに泣かなかった。その次に、どうしてか、どのようにしてかは分からないけれども、とカントは文字通りに言っているのだが、親が文化に到達するときが来る。そのとき自然は、この乳幼児の、はらはらさせる泣き声を可能にする。それはたぶん、言葉を目指してのことだろう。その次に、これが三番目の段階なのだが、カントは、非常に遠くまで及びうるとみずから称する指摘を行う(*diese Bemerkung führt weit*)。非常に遠くまでと言うけれどもいったいどこまでなのか？　第三の時期という仮設までである。それはこの人間中心主義の、そしてそれゆえカントの全著作の論理の全体を分配し直すことを余儀なくさせるような、ある来たるべき時期なのであるが。問題となるのは以下のようなことだ。

この第二の時期に、自然の大きな変化がいくつも生じるなかで、第三の時期が続くことにならないだろうか、そのときにはオランウータンやチンパンジーの器官が発達して、歩行すること［それゆえ直立に移行すること、またそれにともなう対面において、また対面性交において生じうるすべてのこと］、手で対象を扱うこと、話すこと（*zum Sprechen*）に用いられるようになり、ついにはある人間の骨格の形成に至り（*zum Gliederbau eines Menschen*）、そのもっとも内奥の器官には悟性の使用のための器官（*ein Organ für den Gebrauch des Verstandes*）が含まれていて、社会的な文化を通して（*durch gesellschaftliche Cultur*）次第に発達していくというようなことに？[25]

この例外的な注の重要性は明らかである。ここではカントはもはや動物一般について語ってはいない。人間ではない動物たちの類型間の構造的差異を考慮している。この注はまた、進化的、さらには「歴史的」（この語には括弧を残しておくが、その理由はさきに示そうとした通りである）なプロセスに、マクロな次元での人間化の時期区分に、さらにはその彼方に開かれた思考のありようを印しており、あまりありえそうにない話であり、素朴な形で記述されてはいるけれども、霊長類学の来たるべき作業に対する哲学者たちの注意を、少なくとも解放するものではある。このような知は哲学者たちに、通例となった自分たちの言説を「脱構築する」ことを余儀なくさせるはずである、たとえ自分たち自身で、またこの言説自体に、そうするよう鼓舞するものが見出せないとしても。

以上のことは言えるにせよ、この注の地位はしかし、束の間の夢想のそれだ。この点でそれは、ボビーという「カント派の犬」に関する、レヴィナスのあの走り書き風の言及に似ている。われわれが再び語ることになるこの言及を、レヴィナスの読者たちはよく引用し非常に称賛しているが、この称賛は、この犬の通過が、それが横断する言説のなかで、先例もなければ後続もなく、また将来もないからこそいっそう大きいのである。この言説の内的な諸限界についてはここでは言及を控えるが、われわれはまもなくそちらのほうへ目を向けていくことになるだろう。カント自身、動物の将来についてのこの注から、彼の言説の支配的な編成においてはどんな帰結も引き出していないように思われる。そもそもそれに、ボビーの物語同様この注にしても、人間＝動物同型論的かつ人間中心主義的な傾向が強いことに変わりはない。オランウータンとチンパンジーに、約束されたわけではなくとも開かれはしたこの将来は、ある人間の骨格の形成（*zum Gliederbau eines Menschen*）という親近性を保持している。人間的構造というこの観点からは、現在の類人猿も含めた動物一般は、現在的にはいかなる権利も認められない。動物は理性的動物ではない、なぜなら悟性と理性の条件である「私は考える」が欠落しているからだ。そのようなものとして、そのこと自体によって自由と自律性もまた欠落している動物は、権利と義務のあの相関性という、自由な人格としての主体の固有なものに即して、権利および義務の主体になることはできない。主体の主体性におけるこの相関性の断絶を、カントは二つの例において考察している。農奴は義務の主体であるがどんな権利も享受しない。神はあらゆる権利を持っているがどんな義務にも拘束されない[26]。しかし、この二重の例外はどんな場合にも動物には妥当しない。どんな権利にも、どんな義務にも動物は至ることがなく、目的の王国とは無縁のままだ。動物は（そして人間のなかの動物さえも）それ自体が目的とはみなされえず、ただ手段とのみみなされうる。それはあの純粋に感性的な経験のオーダーに属しており、つねに犠牲にされ（これは感性的な、あるいは生命にかかわる利害関心や情念の従属を語るためにカントがつねに用いる言葉である）なくてはならない。ひと言で、また本質的な事柄へと急ぐために言えば、理性的ならざる動物に主体性とともに欠落しているのは、カントが「尊厳」（*Würde*）と呼ぶものだ。すなわち、内的な価値にして価格で測れないほど尊いもの〔sans prix〕、それ自体が目的であることの価値、あるいはこう言ったほうがよければ、比較可能で交渉可能などんな価格も、どんな商品価格も超えた価格である[27]。動物に対しては商品的で交渉可能な価格はありうる、それはそれ自体が目的となりえないどんな手段に対してもそうであるのと同じことだ。あの純粋実践理性の潜勢的な残酷さはここに由来する。残酷さの語調はカントの言説に、それが感性を道徳的理性への供犠に付す定言命法的な必要性を説くとき、すでに端々に表れてはいる。しかし、この供犠的残酷さは、動物が問題になるとき、いっそう深刻に、潜勢的には恐るべきもの、仮借なきもの、凶暴なものにもなりうるのであり、そこに最悪の暴力を、ある種のサディスムそのものを告発することをためらわなかった人々もいて、アドルノはその一人である。サドとともなるカント（Kant avec Sade「カントとサド」。ジャック・ラカンの論文の表題。『エクリ』所収）、とはおそらくこのことなのでもあり、ラカンが動物に敵対する残酷さというこの方向に検討を進めなかったことは、われわれがまた語ることになるある種のラカン的論理とおそらく無関係ではない。アドルノは、彼のほうは、その『音楽の哲学』[28]で（時間があればここで掘り下げると興味深いだろうベートーヴェンについてのある指摘を行った際に）、「自律の名において」人間だけに付与される「尊厳」（*Würde*）というカント的観念は「胡散臭い」、「非常に胡散臭い（*so suspekt*）」と断ずることをためらわない。自律への、自己規定への、道徳的自己決定（*Selbstbestimmung*）への、自己命令および道徳的自伝とも言えるものへの適性、これこそはカントにおいて、人間の絶対的特権ないし優位点となるところのものなのだ（まさにそこのところで言われもしよう、自己運動の *autos* は、その反省的な自己目的は、一般に、生けるもの一般の固有のものとみなされると）。自然に対する人間の主権ないし支配（*Herrschaft*）をこのように保証する尊厳というものは、真実には、とそのときアドルノは論旨を明確にする、「動物に敵対して差し向けられている」（*Sie richtet sie gegen die Tiere*）と。アドルノは自然に対する支配の欲望を、主体というものの一般的で中立的な計画を同定するだけでは満足しない。それは科学と技術による自然の支配を欲しているものとされる、デカルト的企図についてしばしば言われることだ。そうではなく、それは戦争行為であり、憎悪の運動であり、敵意であるとされる。あたかもカント的競り上げが、こちらのほうは結局のところ中立で無関心なものであり、動物＝機械に根本的に無関心にとどまるとされるデカルト的企図を悪化させたかのように（私はまったくそうは思わない。私が信じるところでは、デカルト主義はその機械論的無関心の下で、動物に対する戦争というユダヤ教＝キリスト教＝イスラーム的な伝統に属しており、この供犠的戦争は『創世記』と同じほど古い。そしてこの戦争は、科学技術を動物に適用する一つの仕方、それとは別の仕方も可能であり考慮しうるような一つの仕方なのではない。そうではなく、この暴力、あるいはこの戦争はこれまで、人間化の、あるいは人間の人間による自己固有化のプロセスにおいて、科学技術的な知の企図および可能性そのものと骨がらみだったのであり、そのもっとも高邁な倫理的ないし宗教的諸形態をも含めてそうだったのだ。倫理的ないし情感的などんな高貴さも、この暴力をわれわれの目から押し隠すべきではない。この暴力を中断することは、エコロジー主義や菜食主義のこれまで知られてきた諸形態では不十分である、たとえこれらのものが、それらが反対するものよりましではあるにせよ）。

いずれにせよ、動物＝機械の理論は中立かつ無関心、無感動であるとする予断に準拠すれば、その場合には、カント的道徳はある戦争行為のなかで「動物に敵対して差し向けられている」と非難することは、ある関心に、まさしく関心を寄せることになる。動物に対する否定的関心、アレルギー的情念、欲動的屈曲、「デカルト主義」の悪化に、それが意味するところが動物に対するある種の「憎悪」であり、動物〔animal〕に対して悪＝苦痛〔mal〕を「意欲する」ことであるような悪化に関心を寄せることに。というのも、アドルノはやがて、カント派が動物性に向ける憎悪や嫌悪を語ることになるからだ。言い換えれば、純粋実践理性の原理には、カントの倫理的企図には憎悪がこもっている、それは残酷である、犯罪的である、犯罪とみなされうるということであり、アドルノによって、彼が予告し私がここで展開している論理によって、犯罪とみなされるということだ。この道徳の原理および目的には、なにがしかの死が、致死および殺害があるということだ（カントが死刑の原理的必要性を、ベッカリーアのような人ばかりかサドのような人までがそれに異を唱えていたときに、法の概念および可能性の名自体において強力に支持したことについては、動物性一般および人間の動物性との関連で、ここで言うべきことは多々あるだろう）。実践理性のこの犯罪視は多くの方向に解釈しうる。一方において、人間の権利の名における好戦的な憎悪は、要するに、人間がその上におのれを高めると称する動物性から人間を引き去るどころか、種のあいだの戦争のようなものがそこにあることを確証すると言える。そして、防衛的かつ抑圧的なその攻撃性において、死に至るまでの動物の利用＝搾取〔exploitation〕において、実践理性の人間は依然野獣的だということを確証するとも。また、ある悪しき意志が、さらには倒錯的な悪意さえもが、前述の道徳的な善き意志に住まっている、生気を吹き込んでいる〔anime〕とも言える。そしてこの「悪」は、この悪の病気と悪意〔la maladie et la malignité de ce mal〕は、動物のなかで運ばれてくるのでも、そのうえに担われているのでもなく、それに敵対して差し向けられているのであり、それは動物《アニマル》を苦しめる〔faire mal〕こと、その悪《マル》＝苦痛を意欲することだとも。分析すべきいくつもの理由から――これは本質的な次元であるが、今日は脇に置いておかざるをえない――「悪」についてのカントの思想は、この観点から解釈し直さなくてはならないだろう。カント的道徳の深い倒錯性に対する（アドルノからはじまるわけではない）こうした疑惑の全体、それがきっと、その道徳の系譜学においてニーチェを導いたものだろう。最後に、この倒錯性、それこそは（ニーチェ的な、しかしまたフロイト的でもあるさまざまな道筋に沿って解釈された）「私は考える」の他者ないし無意識であると、それこそは私を考える他者であり、私があるところで私を追う他者であると、それこそは「私のすべての表象に随伴する〈私は考える〉」にあらかじめ取り憑いているあの他者であると言える。かくしてわれわれは、レヴィナスおよびラカンに論及するとき、この場合、他者と無意識を語ることで十分かどうか問わなくてはならなくなるだろう。まったき他者の、そして無意識の論理は、例えばレヴィナスとラカンが他者を第一義的に参照していることは、ただそれだけで、デカルト直系の、すなわち、エピプロメテウス〔エピメテウスとプロメテウスの兄弟の名の合成〕＝ユダヤ教＝キリスト教＝イスラーム直系の、人間中心主義的予断を解除するのに十分かどうか（すでにお分かりのように、私の答えは「否」である、レヴィナスに対しても、ラカンに対しても）。最後に、私がそれである動物が他者あるいは無意識の場所から私を追うところでの、「私は考える」のこの〈考えられざるもの〔l'impensé〕〉、それはまさしく機械性であり、清祓すべき悪しき霊のように、動物＝機械というデカルト的概念同様、摂理という、摂理的機械という、文明化的効果を持つはずとされる戦争機械の歴史を先行規定と予言によって前もって目的化する〈摂理の機序〔*Maschinenwesen der Vorsehung*〕〉というカント的概念にも、自動的に取り憑くのだと言える。だがその場合には、この文化状態、人間の戦争が〈摂理の機序〉の摂理的意図に則ってそこへ導くとされる規則的社会性の状態はなおも、パクス・フマーナ〔人間の平和〕という形のもとでの、動物に対する容赦なき戦争の継続であることに、死に至るこの戦争の一契機にすぎないことになるだろう——というのも、この戦争の行き着く先は動物なき世界、その名にふさわしい動物のいない、家畜、用具、食肉、実験用の身体ないし生物といった、人間のための手段になることとは別のことを目指して生きる動物のいない世界だろうからだ。

しばしアドルノに戻ろう、彼の論旨を、私はこの断章の文言からやや離れたところへ引っ張ってきたけれども、それを裏切るようなことはしなかったと思いたい。動物に対するカント的ないし観念論的な憎悪のこの悪化、この動物嫌悪は、アドルノのテクストの精神において、さらにはその文言においてもまた、ほとんど主体のゲルマン化、あるいはいずれにせよ主体のファッショ化と無縁ではないと言いたくなる。人間と動物（それが、ベンサムが《*can suffer*》と言ったように、苦しむことができる限りで）のあいだのどんな共苦〔*Mitleid*〕にも、どんな思いやりにも、カントが余地を残さないことをアドルノは確認する。アドルノは言う、カント的人間には人間と動物性のあいだの類似ないし類縁性を思い出すこと（*die Erinnerung an die Tierähnlichkeit des Menschen*）以上に嫌悪すべき、憎悪すべき、おぞましい（*verhasster*）ことはないと。カント派は人間の動物性に憎悪しか持たない。それこそ彼の「タブー」ですらある、この語のあらゆる意味でのそれ、そしてまず、不純なものに触れることに対する神聖な禁止なのだ。禁止され敬遠されるこの動物性はタブーであり、それにはまさしくトーテムにしてタブーである動物に打刻〔frappe〕された宗教的畏怖の両義性が伴っている。そしてアドルノの論旨はそこで、父と息子の宗教というフロイトの、まるまる一つの全体をなす、問題設定と分節されているらしい。アドルノは*Tabuirung*（「タブー化〔tabouisation〕」）を語る。ある清祓的営為が、観念論者が唯物論者に差し向けるあらゆる罵倒を一般的に特徴づける。そしてこの清祓がタブーを、同時に聖化し禁止することへと向かうのである。タブーは同時に、宗教的に排除され、言ってはならないものとされ、黙らされ、聖化され、犠牲にされる、禁止を打刻《フラッペ》される、あるいはただ単に殴打《フラッペ》される。「タブー」である動物に対する憎悪は、観念論および超越論主義の一般的特徴だということになろう。先にアドルノは、超越論的主張と自然および動物に対する人間の支配というあの企図のあいだの類縁性を指摘していた。人間的主体のカント的規定（理性的にして有限な存在の唯一の例、派生的直観〔*intuitus derivativus*〕の唯一の例）は、この超越論的観念論の傑出した形態だということになるだろう。アドルノは一挙にとても遠くまで論を進める。観念論の体系にとって動物たちは、潜勢的に、ファシズム体制にとってのユダヤ人と同じ役割を果たすと彼は言う。動物たちは観念論者のユダヤ人であり、かくして観念論者は潜勢的なファシストにほかならないことになる。そしてこのファシズムは、人が動物を罵倒するとき、さらには人間のうちなる動物を罵倒するときにはじまる。真正な観念論（*das echter Idealismus*）は人間のうちなる動物を罵倒すること、あるいは人間を動物扱いすることに存する。アドルノはこの罵倒（*schimpfen*）という観念を二回参照している。それが含意しているのは言葉による攻撃だけでなく、誰かをその尊厳において降格させ、おとしめ、低い評価をくだし、認めないような攻撃である。人は物を罵倒しない、誰かを罵倒するのだ。アドルノは、観念論者は動物を罵倒するとまでは言わないが、観念論者は唯物論者を罵倒する、あるいは人間を動物扱いすることで罵倒するのだから、「動物」とは罵倒だということは含意されている。「ゆえに私がそれである動物〔l'animal que donc je suis〕」という表現は、（私が〈愚行〉〔bêtise〕をしてしまったときの、あるいは、私が私を告発することで改悛を表明するときの、自分を指さして〈馬鹿な私〔bête que je suis〕〉を示すときの）ある種の自己非難のようにも解しうる。自己誹謗の、自己による自己の罵倒の瞬間《とき》。

　ユダヤ的存在への、ユダヤ人憎悪としての観念論的な動物憎悪へのこの参照は、同じ論理のいまではおなじみの図式に則って、女性性への、さらには子供性へのある種の憎悪にまで容易に拡張されうるだろうが、それは果たしてどこまで及びうるのか？〈動物に対して意欲された悪＝苦痛、なされた悪＝苦痛、動物に対する罵倒は、その場合、雄の振る舞い、*homo*〔ラテン語で「人間」の意〕としての人間の、だがまた *vir*〔ラテン語で「男」の意〕としての人間の振る舞いでもあることになるだろう。動物の悪＝苦痛とは雄である〔Le mal de l'animal est le mâle〕。悪＝苦痛《マル》は雄《マル》から動物《アニマル》に到来する。動物に対してなされるこの暴力が、本質的にではなくとも主導的には男性的なものであることはかなり容易に示せるだろう。そして、この主導性における主調的なものとして、戦士的、戦略的、狩猟的であり、益荒《ますら》男《お》的〔viriloïde〕なものである。狩猟の女神のディアナや馬を駆るアマゾネス的な存在はいるかもしれないが、もっとも大規模なその現象的形態において、狩猟から闘牛まで、神話から屠場まで、例外はあるにせよ、動物を攻撃するのは雄のほうだ。獣たちに対しておのれの権威を据える任務を神が負わせたのがアダムであるように。（この供犠的場面を名指すために、他の場所で私は、単一の現象にして単一の法則のように、単一の優勢な価値のように、肉食＝ファロス＝ロゴス中心主義を語ったのだった。[29] 知的自伝という名目で、ついでに手早く記しておくと、「ロゴス中心主義」の脱構築が、まったく必然的に、何年にもわたって「ファロス＝ロゴス中心主義」の、続いて「肉食＝ファロス＝ロゴス中心主義」の脱構築へと展開しなくてはならなかったのは、ごく初期に、発話《パロール》、記号《シーニュ》＝ロゴス中心主義」の脱構築へと展開しなくてはならなかったのは、ごく初期に、発話、記号ないし能記《シニフィアン》といった概念に痕跡《トラス》ないし刻印《マルク》の概念が置き換えられたことで、前もって、それも意図して、人間中心主義の境界の、人間的な言説および語に監禁されているような言語活動の限界の通過に向かう方向づけがなされていたからなのだ。刻印、書記《グラム》、痕跡、差延〔différance〕は、すべての生きているものに、生きているものの生きていないものへのすべての関係に、差異を含みつつかかわるのである。）

ユダヤ的存在へのこの参照は、そうすると、どこまで及びうるものなのか、そしてなぜカントなのか——動物に対してより錯綜した、典型的にデカルト的ではない見解を持っていたヘーゲル（ヘーゲルにおいて、しかしまたマルクスとフッサールにおいても、この問いには熟考の機会が与えられなくてはならないだろう）が、反ユダヤ主義的ではなくともどちらかと言えば反ユダヤ教的だとされるのに対し、カントのある種深くユダヤ教的な思考は一般に称賛されるのがつねなのだが？　プルタルコスの（アミヨの翻訳による）『動物たちのための三編』への、実に見事で内容豊かな序文において、エリザベート・ド・フォントネは、ハンナ・アレントに続いて、カントが「アイヒマンが愛読する著者」だったことを指摘するだけで事足れりとしない。動物に関する人間主義的公理系を問いに付すことは「無責任な脱構築的逸脱」だと非難する人々に反対して、彼女は次のように指摘する。

無法大全〔*summa injuria*〕［ナチの動物愛好とヒトラーの菜食主義への暗示］を持ち出して、匿名かつ無言の苦悩に対する憐れみをいっそう甚だしく愚弄することしか念頭にない人々にはお生憎だが、カフカ、シンガー、カネッティ、ホルクハイマー、アドルノといった、今世紀〔二十世紀〕の非常に偉大なユダヤ人の作家や思想家たちは、どうやら動物の問いに取り憑かれていたらしいのだ。この問いが彼らの作品に執拗に書き込まれたことで、この人々は、合理主義的人間主義とその決断の根拠の問い直しに貢献したことになるだろう。歴史的災厄の犠牲者たちは、実際に、ある点までは彼ら自身に、また彼らの同胞たちに比較可能な他の犠牲者の姿を、動物たちのなかに感じ取っていたのである。[30]

私がこのくだりを引用したのは（その周辺の、もっとたくさんのくだりも引用しなくてはならないところだが）、なるほどそれに賛意を示すためではある。しかしまた、二つの問いを提起するためでもある。その一つは、この点にはあまり拘泥はしないけれども、「脱構築」への言及に関するものである。エリザベート・ド・フォントネが正当にもそれに反対して発言した非難の言葉をそのまま取り上げ直すなら、あまり「無責任」になることのないよう、多々ある用心の、また事態の複雑さへの顧慮の一つとして、「脱構築」は、われわれがその弾機《ばね》仕掛けの数々を、その闘争論ないし戦争論を分析しつつある、動物たちに対してかくも残酷な言説の、（エリザベート・ド・フォントネが言うところの）「合理主義的人間主義」を、攻撃はしないようにしなくてはならないだろう。なるほどこれらの言説は事実、合理主義的人間主義を引き合いに出すし、そのようなものとして自己提示してもいる。しかし、この自称「合理主義的人間主義」は、人間の概念も理性のそれも、性急に囲い込み限界画定しようとする。私が重要だと考える脱構築は、ここで、もう一つの歴史、もう一つの歴史の概念の名において、理性のそれであるとともに人間の歴史でもあるものの概念の名において進み出るのでもなければならないだろう。壮大な歴史、巨視的な、そして微視的な歴史でもある。われわれが今分析している単純化、誤認、暴力的な否認は、抑圧された人間的可能性に対する、理性の別の力能に対する、より包括的に議論するような論理に対する裏切りであり、問う力能に関して、また応答に関して、また科学との関係でも——例えば、これも一例にすぎないけれども、もっとも開かれた、もっとも批判的な動物学や動物行動学の知との関係でも——要求のより高い責任に対する、裏切りでもあるように思えるのである。

第二の問いは次の展開への橋渡しの役を果たしてくれるだろう。エリザベート・ド・フォントネは、今世紀の多くのユダヤ人思想家たちが動物の問いを、彼らのコーパスに実際に書き込んでいたことにわれわれの注意を促した。そうだとすれば、今世紀に倫理と聖潔にもっとも心を砕いた人であるとみなされていることがたぶん間違いではないユダヤ人思想家、エマニュエル・レヴィナスが、動物を、彼の作品の核心的な大問題にしなかったという事実を問題にすることは、それだけいっそう緊急になされるべきことに思われる。私にはこの沈黙は、少なくともわれわれにとってここで重要である観点からすれば、レヴィナスをデカルトおよびカントから、主体、倫理、人格の問いに関して分かつあらゆる差異以上に意味深く見える。これらの差異、さらにはこれらの対立、これらの断絶を、誤認しないよう、抹消しないように気を配ることにかけては、私は人後に落ちないつもりだ。しかし、こうしたことは人間的主体の思考の軸をいささかも転位しない。この思考は、倫理の核心に供犠の可能性および必要性を位置づけながら、こう言ってよければ〈アニモ〉からおのれが見つめられていると感じないのであり、人間の顔に付与される属性は何も、このものに認めない。この点で変わりがないことは、いくつもの差異、対立、断絶ないし転位を貫いてそれが存続しているだけにいっそう注目にあたいする。「主体の思考」と私が言うのは、まず、われわれが分析している主体論的伝統のなかにレヴィナスを書き込むことを正当化するためだ。というのも、この動物の問いは、それ自体として興味深く、深刻であるだけにとどまらないからだ。それはわれわれに、哲学者たちを読むために不可欠な導きの糸を手渡す。それはまた、ある体系ではなくともある言説装置の、ある論理的一貫性の構築における、ということはまた脱構築における、秘密の「建築術」のようなものにアクセスするためでもある。ある哲学者が言うことは、人間と動物の限界について彼が証明しようとすることを、そして真実には証明に失敗することをしっかり聞き取らなくては理解できないのである。

しかるに、たとえレヴィナスが遺産を屈折させても、主体の伝統的かつ存在論的な「傾斜」のように記述されうるものを彼が転倒しても、強力な、独創的な、また、いわば転倒的な仕方でそうしても（のちにわれわれが論及するあるテクストにおけるラカンの表現を取り上げ直すなら、レヴィナスにも「主体の転倒」があったことになろう）、彼が主体をラディカルな他律に従わせても、彼が主体を身代わりの法に従属する主体にしても、主体についてそれは何より前に「客〔hôte〕」である（それはそもそも無限の客なのであり、彼が自説に適うものと主張する無限の理念というデカルト的伝統に即してそうなのであり、この理念が彼に、要するに、「私は無限のうしろにいる」と言わせるらしいのだが）と彼が述べても、主体についてそれは人質である（「主体は客である」「主体は人質である」[31]と彼は言う、取り憑かれ、追跡され、迫害されていると）と彼が指摘しても、倫理のこの主体は、顔は、まずそしてただ、人間的かつ兄弟的な顔のままなのだ。他の場所で私はこの兄弟性という価値にはらまれた諸々の争点を強調したが、それは顔のレヴィナス的解釈にとって中心的かつ決定的な価値であり、顔とはまず私の兄弟の、そして私の（どれほど遠く縁が薄くとも）隣人のそれなのである。これほどそれが明らかなところはない。それは動物を倫理の回路からはずすことだ。この解釈はやまほどの引用で例証できよう。他律的かつ倫理的な彼の新たな定義において人間的主体が顔であるとしても、他者の顔に認められる特徴、権利、義務、情愛、可能性のどんなものも、動物ないし〈アニモ〉に認めることは問題外なのだ。このことは、あれほど「取り憑かれた」、他者とその無限の他者性の取り憑きにあれほど没頭した思想であることを思えば一驚にあたいしよう。他者に、他者の前で、そして他者の代わりに、他者に対して私に責任があるのなら、動物は、私がそのなかに私の兄弟を認める他者よりも、私がそのなかに私の同胞ないし隣人を同定する他者よりも、こう言ってよければさらにいっそう他者であり、いっそうラディカルに他者なのではないか？　私に他者に対する義務が、どんな負債より前の、どんな権利より前の義務があるのなら、その場合にはそれはまた、他者なる人間より、私の兄弟ないし私の隣人より、さらにいっそう他者なる動物に対してもそうなのではないか？　それがそうではない。どうやらレヴィナスにとっては、〈アニモ〉はそれこそ他者ではないらしい。少なくとも一見例外に見える名高いくだり、それについて間もなく一言する、そもそも私にはよく言われるほど大胆には思えないくだり（有名なカント派の犬、ボビーの物語）を除き、私の知るかぎり、レヴィナスが動物のまなざしに、見事な、強烈な印象をあたえる多くの分析を彼が加えたあの裸の、可傷的な顔のまなざしとして言及したことはたえてない。動物は顔を持たない、それは裸の顔を持たない、私を見つめる、その目の色を私が忘れるべき裸の顔を。あれほど頻度の高い「裸」という言葉、他者の顔、皮膚、可傷性を、「私はここに」と私が言うときの他者に対する私の責任を記述する際レヴィナスにとってあれほど不可欠な言葉は、性差における裸にはけっして関与せず、動物に対する私の関係の領野にはけっして現れない。顔も、皮膚さえも、動物は、レヴィナスがこれらの語に与えることをわれわれに教えた意味においては持たないのである。どんな注意も、私の知る限り、けっして真剣には向けられない、動物のまなざしにも、そして動物たちのあいだの差異にも。あたかも私が、猫、犬、猿ないし馬から、蛇や何らかの盲目の原生動物以上に見つめられることがありえないかのように。

私の親しい友であるジョン・レウェリンは、一九九二年にはここにわれわれとともにいたのだが、これらの主題に根本的な、明敏かつ果敢な分析を加えてきた、とりわけ『エコロジー的意識の中動態』[32]において。私は彼に賛辞を捧げたい、そしてあなた方に彼の本を読んでいただくようお願いする、彼の顧慮を分有し彼の助力を求めつつ、私はおそらくやや異なったやり方をしていこうとしているのだが。レヴィナスを扱ったとても充実した章（「私に近きものとは誰か？」〔《Who is my neighbour?》〕）で彼が報告するところでは、ある日、まさにここで、スリジィで、一九八六年、レウェリンはレヴィナスにいくつかの問いを投げかけたのだった。例えばこうした問いを。顔を持つということは言語への適性を含意するのか？　動物は顔を持つのか？　動物の目のなかに「殺すなかれ」は読み取られうるのか？　レヴィナスの答えは次のようなものである、ジョン・レウェリンが書き写したものを私が翻訳した。

あなた［あるいはひと］がいつ「顔」と呼ばれる権利を持つのか（*at what moment you have the right to be called 《face》*）は申し上げられません。人間の顔は絶対的に異なるものであり、ただ事後的に、われわれは動物の顔を発見するのです。蛇に顔があるかどうかは分かりません。その問いにはお答えすることができません。より特殊な分析が必要です。

「人間の顔は絶対的に異なるものであり、ただ事後的に、われわれは動物の顔を発見するのです」という命題についてまず短い指摘を。この命題が示唆していることは、どうやらこの事後的発見は類比的な移し置き、あるいは擬人化によってなされるもののようだけれども、このような仕方では、この発見は疑われないまでも副次的なものにされてしまう——そしていずれにせよ、よかれあしかれ、顔の思考と経験が根源的に人間的なものであり、すなわち兄弟的なものであることが確認されることになる。このような読み方は、やはりレウェリンが引用している後年（一九八八年）のインタビューの際の、もう一つの応答によって確証されるように思われる。倫理がすべての生けるものにまで拡張されること、そしてわれわれは動物を「無益に」苦しめてはならない（これは動物の権利の普遍的宣言の立場である）ことを認めつつも、レヴィナスは、人間的なものとしての倫理の根源的、範型的、「原型」的性格を強調し、この倫理を人間たちの、人間たちだけのあいだの関係の空間とする。この点でこそ人間は人間なのだ。ただ事後的に、類比的な移し置きによってのみ、われわれは動物の苦しみを感じるようになる。ただ転移、さらには隠喩、あるいは寓意によってのみ、動物の苦しみはわれわれに義務を負わせる。確かに人間の顔は、要するに他者の前で、他者の後でのみ「私はある」であり「私はある」と言う。しかしこの他者はつねに他者なる人間であり、そのものは、「［私を］殺すなかれ」と言うためにそのものを見つめることがけっしてない動物より前に来るのである、たとえ動物が、「助けて、苦しい」ということを、「君のように」という言外の意味をこめて、そのものに理解するよう委ねるとしても。

動物たちを人間存在のようにみなすまでもなく、倫理がすべての生けるものにまで拡張されることは明らかです。われわれは動物を無益に苦しめたくない、等々。しかし、そのことの原型は人間的倫理なのです。たとえば菜食主義は、苦痛という観念の動物への転移に由来します。動物は苦しみます。われわれが人間として、苦しむとはいかなることかを知っているからこそ、われわれはこの義務を持つことができるのです[33]。

もう一つの応答にさらに耳を澄まそう、こう宣言する応答に。「蛇に顔があるかどうかは分かりません。その問いにはお答えすることができません。より特殊な分析が必要です」。この応答は同時に、見事でもあり、眩暈がするほどあやうく、身を晒しているが、しかしまた、相当に慎重でもある。それはおのれを与える、まず、非-応答として。もっと言えば、非-応答の自白である。非-応答の宣言である。「この問いにはお答えすることができません」と彼は言う。こう言ってよければ、自分には応答能力がないとすることで、レヴィナスはそれゆえ、答えられないと答えているのだ。彼は答える、答えたいのはやまやまだが、おそらく答えるべきなのだろうが、答えられないと。その能力はないと。

デカルトの動物が応答能力なしとされているように、応答一般に対して能力一般がないということではないが、ここでは、その問いに応答する、その責任を負う能力がないというのである、動物についての、動物の顔についてのその問いに。《*I can't answer that question*》と、ジョン・レウェリンの翻訳であるが、彼は言う。だが、非‐応答の形をしたこの応答は人間的である。まったく人間的でありあまりに人間的である。レヴィナスは暗に仄めかしているらしい、動物ならどれでも、このように、問いに対する、要するに応答についての問いに対する、同じ無能力を自白するわけではないだろうと。というのも、顔を持つということは、「私はここに」において、他者の前で、他者のために答えることができること、他者の代わりに自己に責任を負うことができることなのだから。そして、答えられないと答えることによってレヴィナスは「私はここに」と言っているのであり、応答しているのだが、顔とは何かを知るという問い、すなわち、応答する＝責任を負うとはどういうことかを知るという問いに答えられないと自白することによって、顔についてのおのれの言説全体に、もはや責任を負えないと自白することによって応答しているのである。というのも、顔と呼ばれる権利がどこではじまるのか知らないと宣言すること、それは顔とは何か、この語はどういう意味か、この語の使い方を何が規制するのかを、本当のところ知らないと告白することだからだ。そしてそれゆえ、応答する＝責任を負う〔répondre〕とはどのようなことか、語ってきたわけではないと告白することなのだ。となると、他者の「顔」の言説および倫理の正当性の全体を、他者の他者性に関する、私の隣人とか私の兄弟等々としての他者に関する、一切の命題の正当性および意味までも、問い直すことになるのではないか？

控えめな自白の形のこれらの宣言（「あなた（あるいはひと）がいつ「顔」と呼ばれる権利を持つのか（*at what moment you have the right to be called «face»*）は申し上げられません」、あるいは「その問いにはお答えすることができません」という宣言――その問いとは、動物が、ここでは蛇が、顔を持つかどうかを知るという問いである）の深刻さおよび諸々の帰結、それらを測定すること、真実にはそれらに限界を、どんなものであれ見出すことは難しい。しかし同時にまた、より特殊な（ゆえに来たるべき、将来洗練されるべき）分析への期待、さらにはその約束、いずれにせよその必要性への単なる参照でも、そのような分析が、少なくとも私の仮設では、レヴィナスの言説の秩序と秩序立ての全体を問い直しかねないだけに、将来にそのチャンスのすべてを委ねる、同時に責任を負った、果敢な、慎ましいやり方なのだ。そしてもちろん、「より特殊な分析」へと開かれた破れ目にこそ、いまここでわれわれはいるのであり、そして真実には、はるか以前からそこに入り込んでいたのである。

とはいえ、何かがなお、レヴィナスのなかで閉ざされているように思われる、一方の手でかろうじて彼が開くこの将来に対し、他方の手で否と言う何かが。というのも、この将来は彼にとって、そして彼がかくも卓越した仕方で代表する伝統にとって、恐るべきものだからだ。この言われた否、この否と言うことは、私見では、彼の作品の随所に見出されるものであり、動物が顔を持つという仮設に関しても、あるいは逆に、人間は本当の顔であるような顔を、レヴィナスがこの概念をそれに従わせる要請の厳密な純粋性において確実に持つわけではないという仮設に関してもそうなのだ。そして随所に響くこの否を、われわれは非‐応答の形をしたこの応答のなかに聞き取ることができる、レヴィナスが自分の非知の宣言の支えとして、動物のある例を選ぶときに。それは蛇という、偶然ならざる例である（*I don't know if a snake has a face*）。だが、寓意的かつ神話的な、そしてまず、われわれがすでに語った聖書的かつ詩的な巨大な負荷（「獣で私はある、だが鋭利な獣である／卑賤とはいえその毒は／賢者の毒人参など及びもつかぬ！」）が、誘惑ないし悪のこの形象に、顔を付与することを、およそありえなくしているのである。たぶんそれが、レヴィナスのレトリックがわれわれに説得したいことなのだろう、とはいえ逆に、獣的な悪の形象のうちにこそ、さらにいっそう避け難い顔の観念を見たくなることもありうるのだが。悪があるところに顔がある。顔なきままにとどまるものは、善および悪に対する純粋な無関心である。蛇を選ぶことで、レヴィナスは特に回避しているのだ、もっと困る例のもとに立ち止まることを。さらに彼がよりいっそう回避しているのは、例えば猫、犬、馬、猿、オランウータン、チンパンジーなど、まなざしと顔を拒絶するのがもっと難しいたくさんの他の動物たちの問いに応答することなのだ。これらの動物たちには、それゆえ、「殺すなかれ」を拒絶することも難しいはずなのだが、それをレヴィナスは、顔に、人間にとっての人間の顔に、あるいは、人間的な顔の裸性を制定する神の律法に、もっぱら割り当てる。

「殺すなかれ」、レヴィナスはそれを、十戒の第六から第一の位置に昇格させる、そして頻繁に想起する、これは他者の顔から到来する第一の戒律であり、真実には顔の顕現と一体であるということを。だが、この「殺すなかれ」が、レヴィナスがしばしば「殺害を犯すなかれ」と翻訳するものが、何を禁じているのかよく理解しなくてはならない。それは殺害を、つまり殺人を禁じてはいるけれども、致死一般は禁じていない。生の尊重に、生一般の原理的尊重〈〈トーラート・ハイーム〉〔*torat haïm* ヘブライ語で「生命に関する掟」の意〕〉に応答するものでもない。それは動物を殺すことを禁止しない「殺すなかれ」なのである。それが禁止するのは顔の殺害だけであり、そもそも殺害には顔の殺害しかない。動物を死に至らしめること、動物の供犠、動物を死ぬまで搾取することは、真実には、すなわち、他者なる私の隣人の、私の兄弟の、人間あるいは他者なる人間の顔の殺害しかないこの論理においては、殺害ではない。そうしたことは「殺すなかれ」によって禁止されない。それは動物が、結局のところ、殺害の犠牲でありえない以上死なないからなのだ。そしてこの観点からは、レヴィナスはまた、深くハイデッガー的でもあり続けている。デカルトと同様に、またカントと同様に、そしてハイデッガーと同様に、自己の定義、あるいは「私はここに」の定義において、生としての、生きていることとしての実存を、彼は二義的なものにする——デカルトの「私は考える、ゆえに私はある」と同様に、しかしまた、ハイデッガーの現存在とも同様に。それはまず〈可能＝不可能的な〉〈死へ向かう存在〉として自己に現れるとはいえ、まず生けるものとして自己を肯定するわけではない。逆説的にもそれは、一つの死すべきものであり、さらには死につつあるものでありながら、その〈そこにあること＝現存在〉を、その「私はある」を、本質的には生とともには、如何ともなしえない。そしてハイデッガーが『存在と時間』で、主体性を問いに付すことから、そしてなぜ彼は現存在を形容するのに「人間」および「生」という名を避けなくてはならないか説明することからはじめているとしても、分析論はまさしく「私はある」からはじまるのである。その存在論的検討は、デカルトが立ち止まったとされるところから再開されるのではあるが、この「私はある」は、デカルトにとってと同様ハイデッガーにとっても、まず「私は生きている」なり「私は息をする」ではない。これらあらゆる難点の核心にはつねに、生の思考の思考されざるものがある（私によるフッサールの脱構築的読解〔『声と現象』〕は、ここから、生の問い、「生きている現在」の問い、その生きている現在における自我《エゴ》の自伝の問いからはじまったのである、そして真実には、それに後続することになったすべてのことも）。

　動物が死なないのは、いずれにせよ「殺す」ことなく、殺害することなく、殺人を犯すことなく、「殺すなかれ」がそのものを見つめる〔そのものにかかわるle regarde〕ことなく、あるいはそのものに関して私を見つめることなくそのものを死に至らしめることができるのは、そのものが聖潔を、分離を、そしてそれゆえ顔としての人格の倫理を定義するすべてのこと（身代わり、彼性、〈客であること〉あるいは〈人質であること〉、訪れ、平和、善性、父性――そして、何より前に、倫理ないし形而上学を、「殺すなかれ」と、「殺人を犯すなかれ」と、責任＝応答可能性と連携するもの）とあくまで無縁だからだ。私が特に「私はここに」と応答するものの、他者のために＝代わりに身代わりにおいて応答可能であるものとして自己提示するものの責任＝応答可能性を強調するのは、レヴィナスが彼の「第一哲学」の第一の着想源として、たえずそこに立ち返るからだ。しかしまた、他の二つの理由からでもある。第一には、責任＝応答可能性の「私はここに」にはあの自己＝提示が、自己目的的な、自己指示的な、自伝的なあの運動が、法の前に身を晒す運動が含意されているからであり、そして第二には、「私はここに」には、責任＝応答可能性として、「応答すること」の、他者の呼びかけあるいは命令への応答において自己に責任を負うことの可能性が含意されているからである。ところが、われわれがその跡を追っている伝統に即して、レヴィナスによれば動物には、「私はここに」および応答の、ゆえに責任＝応答可能性の、どんな可能性も、真実にはどんな力能も、欠落しているらしいのだ。動物は誰でもない〔personne〕、とりわけ人格〔une personne〕ではない、人格というこの語を、レヴィナスはつねに手つかずのまま保存した。だからこそ動物は死なないのだ。だからこそ動物の非応答は、（レヴィナスの非常に重要なもう一つの概念である）あの非応答とは比較されえないのだ、この非応答によって彼が定義するのが死であるにもかかわらず。ここで死とは、他者なる人間の顔の死であることが暗に了解されている。彼によれば死とはまず、存在から無への移行、消滅ではなく、彼がしばしば言うように、他者がもはや応答しない瞬間のことである。ところがこの顔の非応答、顔の死体としての死体の非応答は、動物的な非応答、そして応答不可能性とはどんな類縁性もないらしい。ここではすべてが、非応答ということのこの二つの把握のあいだに、それらの当惑させる類比の核心に賭けられているように思われる（われわれが耳を傾けている、あるいはこれから傾けていこうとしている、デカルトからラカンまでの思想家たちのうちの誰も、どんな応答にとっても、どんな応答のイデア性にとっても本質的な反覆可能性が、非応答を、自動的反応を、機械的反応を、もっとも生きいきした、もっとも「本来的な」、もっとも責任能力の高い応答のうちにも導入しうるという、導入せずにいられないという問いには、まったく、かすかに触れることさえしない）。顔の死体は、動物と同様それがもはや応答しないとき、再び動物的になることはない。死んだ顔のあの「それは応答しない」が意味するのは、以前なら「応答したはずである」が「もはや応答しない」ということだが、それに対して動物の

「それは応答しない」が意味するのは、「けっして応答しなかった」、「けっして応答しないだろう」、「けっして応答しなかったことになるだろう」、「そうしたくともできなかっただろう」ということなのだ。動物にはそれゆえ、同時に欠落していることになる、応答する権能と権利が、ゆえに責任が（ゆえに権利が、等々）欠落していることに。それはその通りだが、それにはまた非応答も、秘密ないし死のなかで人間の顔には付与される非応答の権利も欠落しているのである。それと同様に、そしてやはりたちまち中断される同じ誘惑の論理に即して、動物が、他なる動物が、動物としての他なるものが、人間たちのあいだで、兄弟ないし隣人のように見つめあうものたちの顔のあいだで、第三者の位置を、そしてそれゆえ正義への最初の呼びかけの位置を占めることが想像されても不思議ではないだろう。ところがそうはならない。レヴィナスが、単に「同類[34]」ではない、正義の問いを出来せしめる他者の他者について問うとき、この非同類はあくまで人間であり兄弟なのであって、他なる他者では、人間とは他なる他者、おのれをなお人間と呼ぶ、そしてこの名にしか応答しない「他なる人間」とは他なる他者ではない。

　この否認、〈アニモ〉のこの排除ないし回避が、ことレヴィナスの場合、例えばデカルトやカントといった、「私は考える」の他の思想家たち以上にわれわれを驚かすのはなぜだろうか？　生の原理（〈トーラート・ハイーム〉）が、どこまでも、ユダヤ教の不可触の大原則だからである（とはいえ、この原理がユダヤ教における動物供犠を妨げたことはたえてないのだが。巨大な問いではあるが、ここでは脇に置いておかなくてはならない)。

レヴィナスは、皮肉まじりに、信じられないというような表情を示す、われわれが今たどり着いたボビーについてのテクストで、「菜食の規則」に言及するとき。そのとき彼は嘆声を上げる(感嘆符付きで!)。「……創世記の語るところを信ずるなら、それはわれら万人の父祖たるアダムの規則であったのだ!」そして確かに創世記の二つの物語は、この点についてははなはだ明確である。堕罪以前には、裸性の到来以前には、神はアダムに、狩猟者としてではなく採集者として身を養うよう明確に命じている。地表にはえるものと樹木になるものを食すべしと。アベルが牧畜者の犠牲を捧げて神のお気に入りになるのはのちのこと、堕罪以後のことである、哀れなカインはそのときにも、定住する農耕者のままだったのだが。結局のところカインのほうが、十戒に先立つ神の原初の戒律により忠実だったのだ、そして歴史というものの全体は、すなわち歴史性を創設する過誤と罪性の全体は、神がアベルの動物の捧げもののほうを好んだことと、そしておそらくは、その後に続く後悔と、カインの放浪する子孫たちに約束された保護とつながりがあるのだろう。しかしレヴィナスにおいて、定住的に根を持つことと場所の神聖化に対する抗議のように響くものはすべて、彼を牧畜者の側に、アベルの側、正しい側に立たせることだろう、そしてそのアベルは、動物を支配し飼育するもの、その次には動物を、神に犠牲として捧げるものでもあるのである。

また別の観点からは、その独創性自体において、ある根の深い人間中心主義および人間主義にとどまるものに、驚かされることもありえよう。というのも、他者の思想、私を見つめる無限に他なるものの思想は、それとは逆に、動物の問いと求めを特権化すべきだろうからだ。それを人間の問いより前に持ってくるということではなく、人間の、兄弟の、隣人の問いを、動物的な問いと求めの可能性から出発して思考すべきなのではないかということだ。それは一つの呼びかけであり、聞こえることも黙していることもありうるが、それは呼びかける、われわれのなかで、われわれの外で、もっとも遠くから、われわれの前および後で、避け難くわれわれに先行しかつ後続して。それは実に避け難いものなので、この呼びかけが聞こえないふりを決めこもうとする言説のなかに、あまたの否認の症候、傷、傷痕《スティグマ》の痕跡を残す。望んでか望まずにか、知ってか知らずにか、デカルト、カントおよびレヴィナスがある仕方で語っているのは、語ろうとしているのは、〈アニモ〉のことだけなのだ。それはそうなのだが、彼らはつねに、否認か排除によってそうするのである。〈アニモ〉は彼らによって否認され、排除され、犠牲にされ、侮辱される、それもまず、彼らの間近で、彼ら自身のなかで。「私はある」の、そして「私はあるところのもの、私が追うところのもの、私が追われ、また先立たれるところのものである」の、無限の眩暈の縁において。彼らの「私はある」は、つねに、「私は動物のうしろにいる／を追う」、たとえ私がそれを知らずとも」ということなのだ。そしてこの排除の否認は等しく強力なのである、彼らがそれについて語らないときも、彼らが人間に付与するものすべてを〈アニモ〉に否認するためにそれについて語るときも。

この否認の目印あるいは事例のいくつかを見定めるため、ボビーについての名高いテクストの一つの読みを粗描しよう。このテクストはあまたの読者の注意を、とりわけ私の友人であるジョン・レウェリンとアラン・ダヴィド[35]の正当な注意を引きつけてきた。「ある犬の名、あるいは自然権」という表題のもと、短く、内容豊かな、遊び心の感じられる、感動的なこのテクストは、ブラム・ファン・ヴェルデに捧げられた「語が使えないもの」（推測するに、画家の形象への、それゆえ *zōgraphia* への、別の類の動物であり、その言語に語が欠落している犬への賛辞ということだろう）という題名の論集に、一九七五年に発表された。[36] この数頁は、それらが著作の残余と不協和音を醸すかに、ある種の一回限り《ハパックス》の言及をなすかに見えるだけに、いっそう魅惑的に思われたのだった、なぜならそこで問題とされるのは、レヴィナスが言うところの「カント派の」犬なのであり、「ナチス・ドイツ最後のカント派」でさえあるもののことなのだから。この自伝的テクストが想起しているのは、レヴィナスにとって、戦争の時代、捕虜生活の時代がどのようなものだったかということである。戦争捕虜収容所では、収容所一四九二（なんという数字、なんという日付！　とレヴィナスは記す[37]）では、この鐘愛された犬が、人間を人間として見つめる唯一のものだったのである（「彼にとっては——それには異論の余地はなかった

――われわれは人間であった」)。

真剣であろうとするなら、そして責任を負おうとするなら、レヴィナスの倫理を動物たちと和解させることを夢見てこの犬を偶像化しはじめそうな、魅了されたすべての読者の陶酔に冷や水を浴びせることになりかねないとしても、このボビー讃歌の射程をただちに限定しなくてはならないだろう。少なくとも三つの仕方で。まず、このほろりとさせる文(「彼にとっては――それには異論の余地はなかった――われわれは人間であった」)は、異論の余地なきものへのあの証言的権利については何も言っていないのに、この権利は、それを問い質すことが適切であるべきところで平然と請求されている。第二に、この文はとりわけ、「人間」という語のもとに何を入れるべきかについては何も言っていないのに、そこでは「彼にとっては〔……〕われわれは人間であった」と言われている。狩られ、打たれ、屠られる獣たちにとっても、われわれはまた、残念ながら人間なのであり、この人間たちを、それらの獣たちは、不幸にしてあまりに性急に人間として同定してしまう。レヴィナスはそれとは別のことを、すなわち、犬のボビーにとってわれわれは人間的人格であった、尊敬に、「殺すなかれ」にあたいする顔であったと言おうとしているのだから、このカント派の犬に認められた主要な美点がわれわれを、このわれわれを、人間として、道徳的人格として認めることだというのは、さらにいっそう途方もないことなのだ。第三に、もう一つの限界、さらに深刻なそれは、この同じ文のなかで、レヴィナスが急いで付言することに起因する。それは彼がこれほど寛大に、しかも寛大さを意識していることが透けて見えるような仕方でそれに与えたばかりのものを、このカント派の犬からすべて取り上げるためなのだ。「ナチス・ドイツ最後のカント派である彼は、彼の欲動の格律を普遍化するために必要な脳を持たなかったが、エジプトの犬たちの後裔ではあったのだ」。エジプトへのこの暗示については語るべきことが多々あるだろう。レヴィナスはエジプトをギリシャに、オデュッセウスの叙事詩に、イタケに対立させる。イタケでは犬がオデュッセウスを認めたのだが、それは祖国を望み見る回帰と郷愁の場所でそうしたのであり、それに対してカント派の犬が「友の咆哮」を上げたのは砂漠でだった。「ここはどこでもなかった。」とはいえ、格律を普遍化するために必要な脳がないカント派がカント派たりえないことをどうして看過できようか、まして問題の格律が「欲動」の格律ともなれば、カントのほうが吠えてしまうだろう。ゆえにボビーはカント派でだけはありえない。寓意的ないし寓話的なこのカント派は、せいぜいのところ、障害のある新カント派、理性の欠落したカント派、普遍化可能な格律なきカント派なのである。

そのうえ最後に、純粋実践理性のある種の無意識についてわれわれが先に瞥見したこと、アドルノによれば潜勢的には「ファシスト的」であるカントの観念論が動物的生に対して布告する残酷で容赦なき戦争という尺度に照らすならば、ボビーについて彼はカント派であると述べることはプレゼントにはならない。この犬を、最良の場合でも平和の番犬に、最悪の場合には動物にとっての狼にもしかねないのである。この素晴らしいボビー讃歌に、私は執拗に肉迫するつもりはない、そもそもそれは肉の放棄に向けて開かれているのだ。もっとも、最初からこの考察全体の着想源となっている出エジプト記の章句（二二章三〇節）が菜食主義の憲章でないことだけは確かである。「あなたたちは、私の前で聖なるものであらねばならない。野外でかみ殺された肉を食べてはならない。それは犬に投げ与えるべきである」と述べるこの章句は、肉の入っていない食物を規定しているのではなく、それに先立つすべての章句と同様、獣の扱いを、飼育を、供犠を、交換を、儀礼的規則に従わせることを命じている。最後の規則、「犬の名……」の冒頭に置かれた規則の直前にあるがレヴィナスが引いていない規則は以下のように言う。「あなたの初子を私に捧げねばならない。あなたの牛と羊についても同じようにせよ。七日のあいだ、その母とともに置き、八日目に私に捧げねばならない。」

この「犬の名……」の注釈は際限なく、そして必要なすべての忍耐をもって行われるべきだろう。ここでそうすることはできないので、一つの句読法〔ponctuation〕を際立たせる〔ponctuer〕ことでよしとしよう。私は『アデュー――エマニュエル・レヴィナスに』で、レヴィナスにおける感嘆符のレトリックに、いつか、系統的に関心を寄せる必要性を指摘させていただいた。[38] ここでは小振りな八頁のうちに、少なくとも十一の感嘆符が見つかった。そのすべてが、私には、否認を共示しているように思われる。それにそもそもそのうちの二つは、「違う！ 違う！〔Mais non! Mais non!〕」の後に続くのだが、真実には「その通り！ その通り！〔Mais si! Mais si!〕」という真理に署名しているのである、他者を認める犬、ということは他者に応答する犬、おのれの名に応答し、そのようにしておのれの名に責任を負うことでそうする犬に関する真理に。

「漂泊《オデュッセイア》からの帰郷の際の変装の下にオデュッセウスを認めた犬は、われわれの犬の親族だったのだろうか？ 違う！ 違う！ あそこはイタケであり祖国だった。ここはどこでもなかった。ナチス・ドイツ最後のカント派である彼は、彼の欲動の格律を普遍化するために必要な脳を持たなかったが、エジプトの犬たちの後裔ではあったのだ。」

二つの他の感嘆符、そして私としては否認符と呼びたいもの、あるいはルソーであれば皮肉符と言ったであろうもの、すなわち、信じられないという気持ちを寓意的に表すこれらの記号が知らせるのは、私の見るところ、このテクストが、レヴィナスが言うこと、言おうとすることとは別のこと、正反対でさえあることをしているということである。さもなければ、彼の〈言うことDire〉が、彼が〈言ったことDit〉に矛盾している〈反対して語っているcontredire〉ことに、そして動物の問いの全体は、この矛盾のうちに賭けられていることになるだろう。[39] 聖書の章句と同じように、レヴィナスはある単独的な犬、ボビーという固有名に応答するこのもののことを語ろうとする。このもの、ボビーのことを、寓意なしに、寓話なしに、そして神学なしに。ところが生じるのはそれとは反対のことなのだ、聖書においても、ボビーの物語においても。この物語では、この犬は、カント派の犬なるものの形象《フィギュール》＝文彩にすぎない、なぜなら彼には、カント的道徳が要求するはずの肝心のものが欠乏しているのだから。この道徳には理性的存在の、おのれの行為の格律を普遍化する力能がある存在の尊厳（*Würde*）が組み込まれているのだから。聖書のテクストについてレヴィナスがどう言おうと、そのテクストと同様レヴィナスのテクストも、同時に隠喩的、寓意的かつ神学的であり、人間＝神学的であり、ゆえに擬人的なのであって、レヴィナスがそれと反対のことを感嘆の声を上げて呼号し主張する〔clame, prétend〕とき、〔英語で言えば一語で〕claimするまさにそのときに、「休戦なしに」そうであり続けているのである。というのも、二頁前で、「狩猟の遊戯！」の昇華への、「創世記の語るところを信ずるなら、それはわれら万人の父祖たるアダムの規則であった！」菜食主義の規則への、そして「〝聖なる人間〟！　たるわれわれの口が日々要求している屠畜を制限す」べき禁止への言及に区切りを刻むさらに三つの感嘆符の後で、レヴィナスはこんな感嘆の声を上げていたのだから。

だが、神学の休戦を！　私が特別に関心を寄せるのは、章句の終わりの犬のことだ。

私はボビーのことを考える。

ところがどうだろう、さらにずっとのち、彼は休戦なしに、「～の休戦を」という倦むことなき表現のもと、同じ否認を繰り返すのである。

だが、寓意の休戦を！ われわれはあまりに多くの寓話を読んできたので、犬の名前をいつも転義で理解する。だが、ラ・フォンテーヌより古くから、古代初期より口頭で伝承されてきた崇敬すべき解釈学――タルムード博士たちの解釈学の文言によれば、譬え話に揉みくちゃにされたあの聖書のテクストも、ここでは隠喩を退けているらしい。出エジプト記二十二章三十節では、犬は犬であるらしい。原義のままの犬[40]！

十一個目の感嘆符は、テクストのちょうど真中に、感嘆符たちのなかで一番遅れて〔十一時に à la onzième heure〕やってきて、信じられないといった語調を添える。それは確かにどこまでも信じ難いものの前でのことだ。そしてそれゆえ純粋に寓意的、あるいは比喩的なままであるものの。すなわち動物に、レヴィナスが理解する意味での超越、倫理への、真の開放があるというのだ。こうして動物に、別の場所ではレヴィナスが、それとしての女性にすら拒むもの、超越が認められるというわけだ。この聖書の犬が「人間性の比喩形象！」にすぎないことをいわば白状したあとで、レヴィナスは「人間の友」というカント的表現を用いるのだが、それは超越をなしうるこの犬のことを指している。それは「イスラエルが奴隷の家を出て行く」とき、「初子たちの死」の際に、麻痺に襲われたエジプトの犬たちのことである。あなた方がこれから耳にするのは、犬が、ハイデッガーが断固として言うであろうようになお欠乏と欠落〔剝奪 privation〕のうちにある犬が、「なし〔sans〕」であるもの、ロゴスも倫理もなお欠如しているもの、「倫理もなくロゴスもない」とレヴィナスがこれから言うところのものが、その沈黙自体において、証かすものとして、人間の人間性を証かすものとしてのみ、召喚されるということなのだ。それはそこにいる、無言で証かすこのものは、ただ人間の尊厳（*Würde*）を認証するためにのみ。

国家の奴隷たちに仕えていた奴隷たちは、それ以後、もっとも高き〈声〉に、もっとも自由なる道に従うことになるだろう。人間性の比喩形象！　人間の自由とは、おのれの隷属を思い出し、そしていまなお隷属させられているすべてのものたちと連帯している解放奴隷の自由のことだからだ。ある奴隷たちの群れが、人間のこの高貴なる神秘を寿ぐことになるだろう、そして「一匹の犬も吠えないだろう」。人格の尊厳を、その至高の確立のとき――それも、倫理もなくロゴスもなしに――犬は認証することになる。人間の友――それだ。動物における超越！　そして、われわれがそこから出発したとても鮮明な章句は、ある新たな意味によって闡明《せんめい》される。それがわれわれに思い出させるのは、つねに開かれている負債のことなのだ。

しかし、われわれが引用する微妙な注釈はレトリックに迷いこんではいないだろうか？　それ以上のことである。

われわれは、ナチス・ドイツにおける、ユダヤ教徒の戦争捕虜のための、森のなかの捕虜作業班に入れられた七十名だった。［……］われわれは準‐人間でしかなかった、猿の群れでしか……。

人間の尊厳を証かすものとなったこの寓意的な犬、われわれはこのことを自分に隠さないようにしよう、それが他者性なき他者であること、ロゴスなき、倫理なき、おのれの格律を普遍化する力能なき他者であることを。このものがわれわれについて証かすのはわれわれのためでしかなく、われわれの兄弟ないしわれわれの隣人であるにはあまりに他なるもの、その顔の裸がわれわれに「殺すなかれ」と命ずるまったき他者であるには十分に他ならざるものなのだ。換言すれば、これら感嘆する否認の無意識を通してわれわれに読み取れることは、伝統的主体を、それを他者の「客」ないし「人質」にすることで転倒するだけでは、動物と単数形で呼ばれ続けるもの（「動物における超越！」、「動物の信」等々）に、人間性の欠落以外のものを認めるのに十分ではないということである。動物はレヴィナスにとって、デカルト的タイプの伝統全体にとって結局そうなるところのもの、すなわち話さない機械、意味にアクセスできない、（あなた方がこれから耳にするように）「所記なき能記」を模倣するのが関の山の機械、「猿じみた話し方」をする猿のようなもの、まさしくナチが、ユダヤ人の捕虜たちをそれに落とし込めようとしたところのものにとどまる。というのも、人種差別主義は生物学的な概念ではないということ、反ユダヤ主義は「いっさいの収容の原型」だということを強調したあと、レヴィナスは「社会的抑圧」について、「それは反ユダヤ主義のモデルを模倣しているだけである」と述べるからだ。そして彼はこう書くが、それは猿への伝統的な参照から断絶しているようには思われない。

それ〔社会的抑圧〕は一つの階級＝区分《クラス》に監禁し、表現を剝奪し、「所記なき能記」に、そしてそうである以上、暴力と闘争に運命づける。引用符の鉄格子の背後から広がる〔s'étende〕〔むしろ聞こえる〔s'entende〕だろう、ここには誤植があるようだ〕ようなおのれの人間性のメッセージを、猿じみた話し方とは別の仕方で、どうしたら発することができるだろう？

それゆえ一つの倫理にとって、主体をその〈主体であること〉に、客あるいは人質であること、他者に従属している、まったき他者ないしどんな他者にも従属していることに呼び戻すだけでは十分ではないのだ。言語なき、そして応答なき動物というデカルト的伝統と断絶するためにはそれで十分ではない。われわれがこれから論じるように、主体の概念を放棄せずに何らかの「主体の転倒」を行うと主張するような無意識の論理あるいは倫理においてさえ、それで十分ではないのである。

1 *Cf. La voix et le phénomène*, Paris, PUF, 1967〔『声と現象』参照〕。

2 Dans *Voiles, op. cit.*〔『ヴェール』、前掲〕。

3 この一文〔Je rêve, donc, au fond d'un terrier introuvable et à venir.〕は、「私は、それゆえ、夢見ているのだ、見出しえない、来たるべき巣穴の底で」と読むこともできる。〔訳注〕

4 Michel Haar, «Du symbolisme animal en général, et notamment du serpent», dans *Alter*, 3, 1995, sur «L'animal».〔ミシェル・アアル「動物的象徴作用一般について、そしてとりわけ蛇の象徴作用について」、『アルテール』三号、「「動物」について」所収〕。

5 ポール・ヴァレリー、『魅惑』〔Paul Valéry, *Charmes*〕、『全集』第一巻、一三八―一四五頁〔*Œuvres*, t. I, Paris, Gallimard, coll. «Bibliothèque de la Pléiade», 1957, p. 138-145〕所収。

6 Guillaume Apollinaire, *Alcools*, dans *Poèmes*, Paris, Gallimard, «Le Livre de poche», 1956, p. 39-55.〔ギョーム・アポリネール『アルコール』、『詩集』所収、三九―五五頁〕。

7 Alexandre Leupin, *Barbarolexis — Medieval Writing and Sexuality*, Cambridge, Harvard University Press, 1989, p. 149.〔アレクサンドル・ルーピン『バーバロレクシス――中世のエクリチュールとセ

クシュアリティ』、一四九頁〕。（«Yes indeed I was captured more through my sight than the tiger is captivated before a mirror, for however enraged she may be when her young are stolen from her, if she happens upon a mirror she is forced to fix her eyes upon it. And she takes so much pleasure in looking at the great beauty of her beautiful form that she forgets to pursue the ones who have stolen her young from her, and she stays there as if caught in a trap.»）〔そうなのだ、実際私は自分の見かけに捕われてしまったのだ、子供を奪われ憤怒にかられながらも、鏡に遭遇して目が釘付けになってしまった雌の虎以上に。そしてこの牝虎は、彼女の美しい姿の偉大な美しさに見入るのがあまりに楽しかったので、自分から子を奪ったものたちを追いかけるのも忘れて、罠にかかったようにそこに居続けるのである〕。

8 *Meditationes de prima philosophia. Méditations métaphysiques*, tr. fr. Duc de Luynes, Paris, Vrin, 1966, p. 27.〔デカルト『省察』、二七頁〕。

9 Adrien Baillet, *Vie de M. Descartes*, Paris, 1691.〔アドリヤン・バイエ『デカルト氏の生涯』〕。『省察』（前掲、XI頁）〔*Meditationes de prima philosophia. Méditations métaphysiques*, *op. cit.*, p. XI〕の「歴史的沿革〔Introduction historique〕」におけるジュヌヴィエーヴ・ロディス＝レヴィス〔Geneviève Rodis-Lewis〕による引用。

10 Martin Heidegger, *Lettre sur l'humanisme*, tr. fr. Roger Munier, Paris, Aubier, 1957, édition bilingue, p. 49.〔マルティン・ハイデッガー『人間主義に関する書簡』、四九頁〕。

11 Stéphane Mallarmé, *Igitur*, dans *Œuvres complètes*, Paris, Gallimard, coll. «Bibliothèque de la Pléiade», 1945, p. 423-443.〔ステファヌ・マラルメ『イジチュール』、『全集』所収、四二三―四四三頁〕。

12 *Discours de la méthode*, Cinquième Partie, dans *Descartes, Œuvres et Lettres*, Paris, Gallimard, coll. «Bibliothèque de la Pléiade», 1952, p. 165-166.〔『方法序説』第五部、『デカルト　作品と書簡』所収、

一六五—一六六頁〕。

13 *Ibid.*, Lettre au Père Vatier, 22 février 1638, p. 991.〔ヴァティエ神父宛の手紙、同書、九九一頁〕。

14 *Ibid.*, Lettre à ***, mars 1638, p. 1004-1005.〔不詳氏宛の手紙、一六三八年三月、同書、一〇〇四—一〇〇五頁〕。

15 *Ibid.*, p. 1004-1005.〔同書、一〇〇四—一〇〇五頁〕。

16 Porphyre, *De l'abstinence*, Paris, Les Belles Lettres, 1977.

17 Lettre à ***, mars 1638, dans *Descartes, Œuvres et Lettres*, *op. cit.*, p. 1003.〔不詳氏宛の手紙、『デカルト 作品と書簡』、前掲、一〇〇三頁〕。

18 Florence Burgat, *Animal, mon prochain*, Paris, Odile Jacob, 1997, p. 56-59.〔フロランス・ビュルガ『動物、わが近きもの』、五六—五九頁〕。

19 ここではそのことをテクストに当たりつつ証明する時間はないけれども、少なくとも当面のあいだ、私の言葉を信用していただきたい。

20 Saint Augustin, *Confessions*, Livre IV, § XIV, 22, 23.〔聖アウグスティヌス『告白』第四巻、一四章、二二、二三節〕。

21 Emmanuel Kant, *Anthropologie du point de vue pragmatique*, tr. fr. Michel Foucault, Paris, Vrin, 1970, p. 17-18.〔イマヌエル・カント『実用的見地からみた人間学』、一七—一八頁〕。続く引用はこの箇所からのものである。

22 *Anthropologie du point de vue pragmatique*, *op. cit.*, p. 165.〔『実用的見地からみた人間学』、前掲、一六五頁〕。

23 *Ibid.*, p. 167-168.〔同書、一六七—一六八頁〕。

24 *Ibid.*, p. 168.〔同書、一六八頁〕。

25 *Ibid.*, p. 166, n. 15.〔同書、一六六頁、注一五〕。
26 *Cf.* F. Burga, *Animal, mon prochain, op. cit.*, p. 61.〔F・ビュルガ『動物、わが近きもの』、前掲、六一頁参照〕。
27 E. Kant, *Fondements de la métaphysique des mœurs*, tr. fr. Victor Delbos, Paris, Vrin, 1960, «Deuxième section», p. 160-162.〔イマヌエル・カント『人倫の形而上学の基礎』、「第二部」、一六〇―一六二頁〕。
28 Theodor W. Adorno, *Beethoven, Philosophie der Musik. Fragmente und Texte*, Rolf Tiedemann (éd.), Francfort-sur-le-Main, Suhrkamp, 1993, p. 123-124 (fragment 202).〔テオドール・W・アドルノ『ベートーヴェン　音楽の哲学――断章とテクスト』、一二三―一二四頁（断章二〇二）〕。
29 「「正しく食べなくてはならない」あるいは主体の計算」、ジャン＝リュック・ナンシーとの対話〔« "Il faut bien manger" ou le calcul du sujet», entretien avec Jean-Luc Nancy〕。*Cahiers Confrontation*, 20, hiver 1989〔『カイエ・コンフロンタシオン』〕に初出、*Points de suspension*, Paris, Galilée, 1992〔『中断符』〕に再録。
30 Plutarque, *Trois traités pour les animaux*, précédé de «La raison du plus fort», par Elisabeth de Fontenay, Paris, POL, 1992, p. 71.
31 *Adieu — à Emmanuel Lévinas*, Paris, Galilée, 1997.〔『アデュー――エマニュエル・レヴィナスに』〕で長々と論じた主題。とりわけ第二部および第三部（les parties II et III, p. 87-129）を参照。
32 J. Llewelyn, *The Middle Voice of Ecological Conscience: A Chiasmic Reading of Responsibility in the Neighbourhood of Levinas, Heidegger and Others*, New York, St. Marin's Press, 1991.〔J・レウェリン『エコロジー的意識の中道態――レヴィナス、ハイデッガーおよび他の人々との隣り合わせにおいて交差配置的に応答可能性を読む』〕。

33 «The Paradox of Morality: an Interview with Emmanuel Lévinas», dans R. Bernasconi et D. Wood (éd.), *The Provocation of Levinas: Rethinking the Other*, Londres, Routledge, 1988, p. 168-180〔「道徳性の逆説――エマニュエル・レヴィナスとのインタビュー」、R・バーナスコニ＆D・ウッド編『レヴィナスの挑発・他者再考』所収、一六八―一八〇頁〕。J・レウェリンによって『エコロジー的意識の中道態……』（前掲、六四頁）〔*The Middle Voice...*, *op. cit.*, p. 64〕に引用（デリダの翻訳と強調）。

34 *Cf.* «Paix et proximité», dans *Emmanuel Lévinas*, Cahiers de la nuit surveillée, 1984, p. 345.〔「平和と近さ」、『エマニュエル・レヴィナス』所収〕参照。*Adieu — à Emmanuel Lévinas*, *op. cit.*, p. 65 *sq.*〔『アデュー――エマニュエル・レヴィナスに』、前掲、六五頁以下〕で引用・論評されている。

35 *Cf.* Alain David, «Cynesthèse: auto-portrait au chien», dans M.-L. Mallet (dir.), *L'animal autobiographique*, *op. cit.*, p. 303-318.〔アラン・ダヴィド「キュネステーズ――犬のいる自画像」、M＝L・マレ（編）『動物的自伝』、前掲所収、三〇三―三一八頁〕参照。

36 Montpellier, Fata Morgana, 1975. このテクストは *Difficile liberté*, Paris, Albin Michel, 1976, p. 213-216.〔『困難な自由』（増補改訂された第三版）〕に再録された。

37 「……奇妙な一致――一四九二という番号は、カトリック王フェルナンド五世治下でスペインのユダヤ教徒が追放された年の数字と同じである」（*Difficile liberté*, *op. cit.*, p. 215）〔『困難な自由』、前掲、二一五頁〕。

38 *Cf. Adieu — à Emmanuel Lévinas*, *op. cit.*, p. 125.〔『アデュー――エマニュエル・レヴィナスに』、前掲、一二五頁参照〕。

39 *Cf. Ibid.*, p. 62.〔同書、六二頁参照〕。「……〈言うこと〉による〈言うこと〉の恐るべき抗弁〔contradiction〕、〈反－言〔Contra-Diction〕〉そのもの」。同じく二〇三頁も参照。

40 *Cf. Ibid.*, p. 71 *sq.*〔同書、七一頁以下参照〕。

Ⅲ　ではもし動物が応答したら？

ジャック・ラカンに

一つの倫理には、レヴィナスがしようとしたような仕方で、主体にそれが〈主体であること〉を、〈客あるいは人質であること〉を、すなわち他者に、〈まったき他者〔Tout-Autre〕〉に、あるいはどんな他者にも〈従属していること〉を、思い出させれば十分なのだろうか？

私はそうは思わない。言語活動なき、応答なき動物＝機械というデカルト的伝統と断絶するためには、それで十分ではない。[1] それで十分ではない、主体という概念を放棄せずになんらかの「主体の転倒」を行うと主張するような、無意識の論理ないし倫理においてさえ。

「主体の転倒」というこのラカン的表題とともに、それゆえわれわれは、一つの倫理的否認からまた別の倫理的否認へと移行することになる。このコンテクストで私は、さきほど開かれたところの道筋＝行跡〔pistes〕を追ってそうすることを選択する、すなわち、他者、証言、そしてレヴィナスが「猿じみた」ものに結びつけた「所記なき能記」といった道筋＝行跡を。「フロイト的無意識における主体の転倒と欲望の弁証法」[2]（一九六〇）には単数定冠詞付きの「動物〔l'animal〕」、あるいは単数不定冠詞付きの「動物〔un animal〕」が名指されるくだりがある——単数形で、それ以外の詳細なしに。このくだりにはおそらく、人間、無意識、そして〈アニモ〉のあいだの関係に関して、フロイトからの前進の一歩と後退の一歩が同時に印されている。この注目すべき頁がまず与えるのは、事態は変わろうとしている、とりわけ動物と、動物一般と呼ばれるものに割り当てられてきたコミュニケーションと情報の概念に関して変わろうとしているという印象、そして期待である。これまで考えられてきたところでは、このものに可能なのはただコード化されたメッセージのみであり、あくまで信号的な、厳密に拘束的な意味作用のみであるとされてきた。つまり、そのプログラム化のなかに固定された意味作用のみということだ。ラカンは「現代の情報理論」の平板さを攻撃しはじめる。なるほどそのとき彼が語っているのは人間的主体であって動物ではないけれども、別の論調を予告するような、さらにはそれに期待を抱かせるような、こんなことを書いているのである。

能記の純粋な主体に先行する場としての〈他者〔l'Autre〕〉はそこで主人的な立場を取っている、ヘーゲルとともに、また彼に反対して言うならば、絶対的主人としてそこに存在しにやってくる前にさえ。というのも、現代の情報理論の平板さのなかで除外されていることとは、コードについてはそれがすでに〈他者〉のコードでなければ、語ることさえできないということだからだ。ところがメッセージにおいて問題となるのはまったく別のことなのだ、なぜなら主体とはメッセージでおのれを構成するものだからであり、それがために主体は、おのれが発するメッセージさえも〈他者〉から受け取るのである。[3]

「主体の転倒……」のこの頁に、われわれはある迂回ののちに立ち返るだろう。この頁は定立する（私ははっきり定立すると言う、それは命題形式のもとで発信しているからであり、あるいは何の証拠ももたらさずに前提するからだ）、動物というものは偽装することを偽装すること、そしておのれの痕跡を抹消することの無能によって特徴づけられるのであり、その点においてそれは「主体」たりえない、すなわち「能記の主体」たりえないのだと。

いまから私が粗描する迂回によって、われわれはラカンのこれ以前のテクストのいくつかを経由し直すことになるだろう、これらのテクストは理論的変容と、遺産の、その諸前提の、そしてその教義の数々の停滞的確認を、同時に予告していたように私には思えるのである。

伝統的問題設定の決定的転位が起きるのではないかという期待をなお抱きえた理由としては、例えば早くも一九三六年の「鏡の段階」で、ある鏡像的な機能が動物の性的成熟において果たす役割が考慮されていたことがある。このような着想は、当時としては非常に稀だった。そのことは事実だった、たとえ大幅な限定として、ラカンによれば、鏡をこのように経由することで、動物は想像界の網のなかで金輪際金縛りになり、このようにして象徴界への、すなわち法への、そして人間の固有なものをなすとされるすべてへの、どんなアクセスも剥奪されるとしても。動物はけっして、人間のように、「言語活動の餌食」にはならないだろう。のちに「治療の指導」に読まれるように、「言語活動の餌食であるのは動物の所為として、人間の欲望は〈他者〉の欲望であるということを定立しなくてはならない」[4]。餌食というこの形象は、動物学的なものから人間学的なものを分離しようと彼がこれほど腐心しているまさにそのときの、ラカンにおける「動物的」強迫を、症候的に、また繰り返し特徴づけるものだ。人間は動物である、しかしそれは話す、そしてそれは補食性の獣というより言葉の餌食であるような獣なのである。欲望も、そしてそれゆえ無意識も、人間のものしかない、断じて動物のものはない、人間的無意識の効果による以外には。あたかも動物は、家内動物ないし飼い慣らされた動物の場合、なんらかの感染的転移か無言の内面化によって（もっともこれにしても、さらに説明を要するはずのことなのだが）、人間の無意識をおのれのうちに翻訳するかのように。無意識的欲動をラカンは、彼が動物をそこに監禁する本能および「遺伝的なもの」から区別しようと腐心する。それゆえ「無意識の位置」では、こんな風に言えるとすれば、そしてこの表現の論理が滑稽でないとすれば、動物はおのれの無意識を、固有的におのれの無意識を、持つことができないと主張する。この論理が滑稽だとすれば、しかしそれはまずおそらくラカン自身においてそうだということになるだろう、なぜなら彼はこう書いているからだ。

予備学の段階では生徒に対し、なんらかの言語活動の効果、それも人間的言語活動の効果がなかったとしたら、動物の無意識を想像するだろうかとたずねてみることで、言表行為の効果というものを例証することができる。[5]

この文の一語一語が批判的検討にあたいしよう。その命題は明快だ。人間的秩序の効果による以外に、感染、自己固有化、家畜化〔家内動物化 domestication〕による以外に、動物は無意識も、言語活動も、他者も持たないということだ。

鏡像による動物の性的成熟が考慮されたことはたしかに注目すべき前進だろう、たとえそれが〈アニモ〉を鏡のなかに捕獲するとしても、そして雌の鳩やサバクトビバッタを想像界に幽閉するとしても。ラカンが参照するゲシュタルトの諸効果は、「心的因果性」の言葉遣いを嫌う「生物学的実験」によって証明されたものではあるけれども、それでも「雌の鳩の卵巣の成熟」は「同類を見ること」を前提すると認めたことをもって彼はこの理論の功績とする。ここで同類とは性別を問わないもう一羽の鳩ということである。そして同じことが起こるには単なる鏡の反射像で事足りるほど、このことは真実なのだ。またサバクトビバッタが独居から群居に移行するのにも類似の視像で事足りる。ラカンは「独居」形態から「群居」形態への移行と言っており「社会」形態とは言わないのだが、私にはそれが意味深長なことに思われる、あたかも群居的なものと社会的なもののあいだの差異は動物から人間への差異であるかのようなのだ。群居的〔grégaire〕、さらには群生性〔*grégarisme*〕というこのモチーフおよび語は、十年ほどのち、「心的因果性について」[6]（一九四六）に、動物性に関して、再び大々的に現れる。そのうえこのテクストの末尾でラカンは、デカルトを乗り越え不可能とみなしているのである。鳩における鏡像的効果の分析は、ここではより展開されているけれども、向かう方向は同じである。当時最新のものであったハリソンの仕事（一九三九）によれば、雌の鳩の排卵は相似の同類を思わせる形をただ見るだけで起こる。要するに反射像を見るだけで、現実の雄が不在でも、ということだ。それはまさに鏡像的まなざしであり、像であり、それも視像なのであって、臭いや叫びによる同一化ではない。たとえガラス板で番《つが》い形成の遊戯行動が物理的に禁じられているとしても、対が二羽とも雌だとしても排卵は起こる。対が、こう言ってよければ異性愛の場合には、排卵は十二日後に起こる。二羽とも雌の場合には、遅れは二カ月に及ぶこともある。そうしたことにも、一つ鏡があれば事足りうる。[7]

この解釈の重要性は、一つには結局のところデカルトと同様、そして私が定期的にそちらへ戻っていく、ここまで検証してきたあの聖書＝プロメテウス的な伝統に即して、情報あるいはコミュニケーションの次元における動物的決定論の固定性を、動物のある種の根源的完成と関係づけていることにある。逆に言えば、「人間的認識」が「動物のそれ以上に欲望の諸力の領野から自律的」[8]であるのは、また、「人間的秩序が自然から区別される」[9]のは、逆説的にも人間が未完成であり、ある根源的欠乏を抱えているからなのであって、人間が言葉と技術を受け取ったのは、要するに、人間に何かが欠如しているところにほかならないからなのだ。ここで問題となるのはラカンが彼の「鏡の段階」の中心に置くもの、すなわち「人間における、紛うことなき、種に特有な出産の未熟性という与件」[10]である。この未熟性と結ばれた欠乏とは、「錐体路系の解剖学的未完性という客観的観念」に、発生学者が「胎児化」と呼ぶものに相当するらしく、ラカンはこの「胎児化」に、ある種の「器官内的な鏡」[11]との結びつきがあることに言及している。内部の自己目的的な鏡像性は、小さな人間の欠乏、未熟性、未完性と結びついているのである。

さきほどやや性急に、限定された、だが異論の余地なき前進と呼んだものを、われわれは、相変わらず「主体の転倒……」の閾上で、最大限の慎重さをもって登録しなくてはならない。というのも、動物は、想像界に繋がれていて、象徴界に、無意識に、そして言語活動に（そしてそれゆえ、われわれの議論の糸を見失わないために言うならば、自己指示的な自伝に）アクセスできないだけではないからだ。「ローマ講演」[12]（一九五三）における動物の記号学的力能の記述はどこまでも、もっとも独断的なまでに伝統的な仕方で規定されていたからであり、デカルト的な特殊創造論的固定説に固定されていたからである。それは刺激に対する反応だけしか許さない、問いに対する応答は許さない、あるコードを前提する。私は「記号学的システム」と言って言語活動とは言わないが、それというのもラカンもやはり動物に拒むのは言語活動だからであり、動物に認められるのは彼が「コード」と呼ぶもの、「コード化の固定性」あるいは「信号体系」だけだからである。言い方は違えども名指されているものは、動物に関する認知論的問題構成において、形而上学に対立するように見えながら、その実往々にしてそのもっとも使い古された自明の理を反復しつつ、「配線済みの応答」とか「配線済みの行動」などと呼ばれているものと同じである[13]。

　蜜蜂という古いトポスの現代版を自分の責任で引き受け直すとき、ラカンの口調は非常に明確で断固としているが、こう言えるとすれば、どうも内心穏やかではないからこそなおさらそうなのではないかと思われる。この新しい、だがとても古い、いかにも古い蜜蜂に関する言説の権威の下に、ある漠とした不安を私は感じる。ラカンは彼が平然と「動物界」と呼ぶものに関してこの言説に依拠すると主張するのだが、それは言語活動を記号とみる〔langage-signe〕通念を、「人間的諸言語」と対立させて批判するためである。蜜蜂が一見「メッセージ」に「応答」しているように見えるとき、蜜蜂は応答しているのではない、反応しているのだ。それらはあるプログラムの固定性に従っているだけであり、それに対して人間的主体は他者に応答するのであり他者の問いに応答するのだ。字句までそっくりデカルト的な言説である。これから見るように、ラカンはさらに先では、反応を応答にことさらに対立させる、動物界を人間界に対立させるように、そして自然を約定に対立させるように。

これからわれわれは、言語活動を記号とみる通念の不十分性を、動物界でそれをもっともよく例証する現れそのものによって示そう。このような現れが最近正真正銘の発見の対象となっていなかったら、この目的のためにそれを発明しなくてはならないところであった。

いまでは誰もが認めるように、蜜の採集から帰巣した蜜蜂は、近くの、あるいは遠くの蜜源の方角を、二種類のダンスによって仲間たちに伝達する。二番目のダンスのほうがより注目にあたいする、というのも、尻振りダンス〔*wagging dance*〕という名を与えられることになったこのダンスが8の字のカーブを描く平面と、一定の時間内にそこで蜜蜂が実現する行程の回数によって、一方では太陽の角度との関連で特定の方角が（偏光への感受性がある蜜蜂は、そのおかげで、いつも自分がどの角度にいるかを測定することができる）、他方では数キロに及ぶ蜜源のある場所までの距離が正確に示されるからである。そして他の蜜蜂たちは、このようにして示された場所へただちに向かうことによってこのメッセージに応答する。

カール・フォン・フリッシュ〔Karl von Frisch 一八八六―一九八二。オーストリアの生理学者・動物行動学者。『ミツバチの生活から』など〕は、十年ほどの忍耐強い観察によってこのメッセージ・コードのコード解読に成功した、というのもそれはまさしくコード、あるいは信号システムだからであり、それが類に特有の性格のものであるということだけで、約定によるものと形容することは禁じられているのである。

とはいえ、これは言語活動なのだろうか？　それはまさしく、その記号からそれが意味する現実へ、固定した〔私の強調〕相関性があることによって言語活動から区別されると言うことができる。というのも、言語活動において記号はそれら相互の関係からその価値を得るのであり、意味素が語彙に分割されることにおいても、また形態素がその位置や屈折を通じて用いられることにおいても、ここで作動しているコードの固定性〔これも私の強調〕とは対照的なのだ。そして、人間的言語の多様性は、この照明のもとで、その十全な価値を獲得することになるのである。

そのうえ、ここで記述されたモードのメッセージが仲間《ソシウス》の活動を規定するとしても、それはこの仲間によってはけっして再伝達されない。このことが意味するのは、このメッセージがあくまでも行動の中継というその機能に固定されている〔やはり私の強調〕

ということであり、いかなる主体も機能からメッセージを、コミュニケーションそのものの象徴として分離することはない。[14]

この論理に暫定的に同意するにしても（そもそもこの論理に私はなんら異論があるわけではない、ただまったく別様に、そして動物／人間という単純な対立の彼方に記入し直したいのである）、ラカンがはっきりそうしているように、記号が差異によって作用するのは人間的言語活動だけであり、動物的コードはそうではないとすることは難しい。「言語活動において」ということは人間的秩序においてというのと同じことと理解していいだろうが、そこでは記号は、その「現実への固定した相関性」からだけでなく、「それら相互の関係からその価値を得る」云々という、彼が記号に付与する事柄は、動物的にしろ、人間的にしろ、どんなコードにも、認められうるし認められなくてはならない。

動物＝機械における応答の不在に関する、反応と応答の截然たる区別に関する、もっともデカルト的なくだりが、蜜蜂についての、この動物を「発話と言語活動の領野」に導き入れることのできないその情報システムについてのこの言説に続く箇所に見出されることは、なんら偶然ではない。問題となるのはまさしく、主体の、それが情報の限界を越えて発話に到達するときの、人間的主体としての構成なのである。

というのも、発話における言語活動の機能は、知らせることではなく想起させることだからだ。

発話において私が求めるのは他者の応答である。私を主体として構成するのは私の問いである。私を他者に再認させるために私は過去のことを発言する、ただ未来のことのみを目指して。他者を見出すために私はある名でそれを呼ぶ、私に応答するために、他者はその名を引き受けるか、さもなければ拒絶しなくてはならない。

［……］さていま私が他者と対面して問い質すなら、いかなるサイバネティックスの装置も、想像しうる限り豊かなものであれ、応答であるところのものを反応にすることはできない。刺激＝応答系の第二項としての応答の定義は隠喩にすぎず、それを支えているのは動物に仮託された主観性であるが、この主観性は続いて物理的図式のなかで省略されていき、隠喩は主観性をそこに還元してしまう。これこそわれわれが、帽子に兎を入れておいて後から帽子から兎を取り出すに等しい所為と呼んだことである。だが、反応は応答ではない。

電気のボタンを押すと点灯するとしても、そこにあるのは私の欲望にとっての応答でしかない。[15]

もう一回言うが、ここでの問題は、われわれが反応と呼ぶものと、われわれが通常応答と呼ぶもののあいだの、どんな差異も抹消することではない。コンピュータのキーを押したときに起きることと、対話者に質問をしたときに起きることを混同することではない。ましてラカンが単数定冠詞付きで「動物」と呼ぶものに、彼、ラカンが「主観性」と、あるいは「無意識」と、例えば前記のように言われた動物を分析状況に置くことを可能ならしめるような「無意識」と呼ぶところのものを帰することでもない（あれこれの動物と、あれこれのコンテクストにおいてなら、類比的なシナリオはかならずしも排除されないとしても――そして、もしわれわれに時間が与えられるなら、この類比を洗練するために、いくつかの仮設を想像してみることもできよう）。私の留保がかかわるのは、ただ、すでに「われわれ人間たち」において、応答から反応を分かつ境界線の、純粋さ、厳密さ、分割不可能性なのだ。そして、従って、この境界線上で維持されている責任＝応答可能性という概念の、純粋さ、厳密さ、そしてとりわけ分割不可能性なのだ。以上のように定式化される私の全般的な不安は、少なくとも三つの仕方で深刻なものとなる。

（一）無意識の論理を正しく考慮すべきとき、この論理は、どんな責任も前提する自由の意識に、どんな直接的保証を置くことも禁ずるはずである。

（二）とりわけこの無意識の論理が、それも個別ラカンにおいてある反復の論理に基づくとき、私見では、どんな応答にも、それがいかに根源的に、自由に、内発的かつ非‐反応的に見えようとも、ある反覆性の運命が、それゆえなんらかの反応の自動性が、つねに書き込まれることになるはずである。

(三) 発話に物質性が、言語活動に物体が、それも特殊ラカンにおいて認められるとき。次の頁でラカンはこのことを想起している。「というのも発話とは言語活動の贈与なのであり、そして言語活動は非物質的ではないからだ。それは微細な物体ではあるけれども物体なのである」。そしてしかし、その間に、彼はいっさいの「責任」を、それも手はじめにいっさいの精神分析的責任を、それゆえいっさいの精神分析的倫理を、私にはきわめて問題含みに思える反応と応答の区別のうえに打ち立てていたのである。この区別のうえに彼は、そして私がとくに示したいと思ったのはこのことなのだが、彼の主体の概念さえも打ち立てていたのである。

　となると、現れるのは私自身の応答の決定的機能なのであり、それは主体によって彼(女)の言説に対する同意もしくは拒絶として受け取られると言われるようなことには尽きない。そうではなく、その主体を主体として承認するか、さもなければ廃棄するということなのだ。分析家の責任=応答可能性とは、分析家が発話によって介入するときには毎回、そのようなものなのである[16]。

この争点はなぜここで、いっそう深刻に見えるのだろうか？　私がしているように反応と応答のあいだの線の純粋さと分割不可能性を、そしてとりわけそれを、この線を、人間一般と動物一般のあいだに引く可能性を問題化すると、不安を覚えて反論する人がかならず出てくるにちがいない。そうすると、いっさいの責任、いっさいの倫理、いっさいの決断等々を、疑わせる危険を冒すことになるからだ。そのことに私は、まさに応答することが問題である以上、次のように応答することにしよう、図式的、原理的に、三点にまとめて。

1．一方において、責任を、決断を疑うこと、それ自体が〈倫理的であること〉を疑うこと、それこそは倫理、決断および責任の、解約不可能な本質たりうるように、そしておそらくはいつまでもそうであり続けなくてはならないもののように私には思われる。堅固かつ理論的などんな知も、どんな確実性も、そしてどんな保証も、否認することを欲する当のものを、すなわち応答のなかの反応性を、それこそ確証するに十分だろう。私ははっきり「否認する」と言う、そしてそれが動物についてのこれらすべての言説の核心に、私がつねに否認を据える理由なのである。

2．他方において、反応と応答のあいだの差異を、対立的ではない差異、無限に差異化された差異、質の、強度の差異を抹消するのではなく、逆にそれを、経験および生の世界の差異化された全領野において考慮することが問題なのである。しかもこの差異化された多様な差異を、大雑把で均質化するような仕方で、一方における人間的主体と、他方における動物一般の非主体とのあいだで分配することなくそうすることが。というのも動物は、それとはまた別の意味で、たまたま人間的主体に従属する非主体になることがあるということなのだから。

3. 最後に、決断、応答、出来事のもう一つの「論理」——別の場所で私が展開することを試みてもいるこの論理は、ラカン自身が「主体の転倒……」で「〈他者〉のコード」としてのコードについて言っていることと、私にはさほど両立不可能とは思われない——を練り上げることが問題になるだろう。問題は、それから「主体が、おのれが発するメッセージさえも受け取る」ところのこの〈他者〉である。この公理は責任＝応答可能性と反応のあいだの単純な区別を複雑化することになるはずであり、それにはそのことの帰結の全体がともなうはずである。それゆえ、反応から応答へのこの差延を、そしてそれゆえ、倫理的、法的ないし政治的責任のこの歴史性を、生の、生けるものたちのもう一つの思考に、生けるものたちの、それらの自権性への、それらの *autos* への、それら自身の反応的な自己運動および自動性への、死への、技術への、あるいは機械的なものへの、もう一つの関係に書き込み直すことが問題になるだろう。

この迂回ののちに、われわれがようやく、より後期の、「フロイト的無意識における主体の転倒と欲望の弁証法」と題されたテクストにたどり着くならば、われわれがそこで追うことになるのは、確かに同じ論理であり、同じ対立の数々ではある——とりわけ想像界と象徴界の、動物に可能な鏡像的捕獲と、動物が達しない能記の象徴的秩序の対立である。想像界と象徴界のあいだのこの継目に、自伝の、なるほど自伝一般の、しかしまた理論家の自伝の、あるいは制度の自伝のそれでもある問いの全体が賭けられている。この歴史のなかで当該の理論家が、当該の継目についての彼の言説を、ここでは自伝的分析としてのラカンの言説を、節合し、そしてそれに署名する（時間の関係でここではできないけれども、当時の本質的に人間学的な企図の全体を、その諸々のイデオロギー的争点とともに、戦後数年というそれ固有の展望のうちに置き直してみなければならないだろう。主張されていたのは実証的ないっさいの人類学の、あるいは形而上学＝人間主義的ないっさいの人間中心主義の彼方におもむくことであり、そしてとりわけ、きわめて正当にも、生物学主義、行動主義的物理学主義、発生論等々の彼方におもむくことだった。ハイデッガーにとっても、ラカンにとっても、そして他の多くの人々にとっても、そのとき問題となったのは何よりもまず、新たな基礎的人間学を確保することであり、「人間とは何か？」という問いに厳密に応答すること〔répondre *à*〕、責任を負うこと〔répondre *de*〕だった）。「主体の転倒……」において、分析の洗練は他の概念的区別の数々にも及ぶ。それらは私には、先に分析した諸区別に劣らず問題含みに見えるし、そもそもそれらと切り離せない。

一見それは一つの括弧（「括弧のなかで観察しよう……」）であるが、私の目には決定的に重要な括弧なのだ。というのもそれが、証言という次元一般に、すなわち、われわれにとってこの場で大切な問題設定を支えるものの次元に及ぶからだ。誰が、何について、また誰について証言するのか？ 誰が証明するのか、誰が見つめるのか、誰が観察するのか、誰を、そして何を？ 何か、知とは、確実性とは、そして真理とは？ ラカンは言う。

次のことを括弧のなかで観察しよう、この〈他者〉は〈発話〉の場として区別されたけれども、それに劣らず〈真理〉の証人としても、否応なくおのれを認めさせるものだということを。それが構成する次元がなければ〈発話〉の欺瞞は偽装から区別されないことになるだろうが、戦闘的抗争や性的誇示における偽装というものは、とはいえ欺瞞とははっきり異なるものなのだ。[17]

動物の形象は、それゆえ、偽装と欺瞞のあいだのこの差異のなかに出現したところだ。ラカンによれば動物に確かに可能であるもの、すなわち戦略的偽装（戦争の、捕食の、誘惑の、追尾、追跡あるいは迫害）と、それには不可能なもの、そして証言できないもの、すなわち能記と〈真理〉の秩序における〈発話〉の欺瞞とのあいだのきっぱりとした区別。言葉の欺瞞とは、われわれがこれから見ていくように、もちろん嘘のことである（そして動物は、常識によれば、ラカンによれば、他の多くの人々によれば、本来嘘がつけない、たとえ周知のように、偽装することには長けているとしても）。だが、より正確に言えば、欺瞞とは、他者を惑わすために、真実とは別のことを他者に信じさせるために真実を言うという代補的な可能性を、真実を約束することで含むかぎりでの嘘なのである（フロイトが語りラカンがしばしば引用するユダヤの物語はよく知られている。「なぜきみはXに行くなどとぼくに言うのか、ほんとうはXに行くくせに、Yに行くのだとぼくに思わせようとして？」）。この嘘、この欺瞞、この裏のある〔第二段階の au second degré〕偽装が、ラカンによれば動物には不可能とされるのであり、それに対して「能記の主体」は、人間的秩序において、その力能を持つとされる。より適切に言えば、この力能の力によって主体として到来するもの、おのれを設立するもの、おのれ自身に到達するものとされる。それは第二段階の反省的な力能であり、偽装すると偽装することによって欺くのだということを、意識している力能なのである。ラカンは、そしてそれがこの分析の意義の一つなのだが、確かに今回は、いずれにせよ哲学における誰よりも、そしてそれ以前の著作中の彼自身よりも多くのものを、彼が相変わらず単数定冠詞付きで「動物〔一般〕」と、単数不定冠詞付きで「〔任意の〕動物」と呼ぶものの偽装する能力に与えている。ここで彼はそれに、〔densité「濃度」「密度」という語のeをaに代えて〕動物の「舞踏性 dansité」という異名を与えている。舞踏性とは、舞踏で、擬似餌で、狩猟ないし誘惑の舞踏術《コレグラフィ》で偽装する能力のことであり、交尾の前に姿を現す誇示《パラード》でもあれば戦争をするときに身を守る防御《パラード》でもある。それゆえ、われわれがこの場でその行跡を追っている、あらゆる形態における「私は追う」、あるいは「私は追われている」のことなのである。しかし、このような仕方で彼が動物に何を帰するにせよ、あるいは何を付与するにせよ、ラカンはそれを想像界に、あるいは象徴界以前に抑制する〔maintient〕(「鏡の段階」の時代の、鳩とサバクトビバッタの例についてわれわれが指摘したように)。彼は「動物」を想像界の鏡像性に捕われたままにしておく〔tient〕。彼はむしろ、動物はみずからこの捕囚状態におのれを保つ〔se tient〕と主張する〔tient〕のであり、動物のこととなると「想像的捕獲」について語る。とりわけ彼は、「動物」を、偽装の第一段階(偽装の偽装なき偽装)に抑制する〔maintient〕、あるいはここでは同じことだが、痕跡の第一段階に。痕跡を残す、行跡をたどる〔pister〕、行跡を見つける〔dé-pister〕力能はあるけれども、行跡をなくして追跡をかわす〔dé-pister le dé-pistage〕力能、おのれの痕跡を抹消する力能はないというわけだ。

一つの「しかし」が、事実、この一節を二つに折り曲げることになる(「しかし、動物は偽装することを偽装しない。」)。一つのバランスシートが、動物に付与すべきものの勘定(偽装と痕跡、痕跡の記入)を、動物に否認すべきもの(欺瞞、嘘、偽装の偽装および痕跡の抹消)から分け隔てる。しかし、この「しかし」による節合のために、挙示されたあらゆる特徴のあいだで、目立たない影のなかで、外からは見えなくなっているものが、おそらくあるようなのだ。それはおそらく、生への、「生命にかかわるもの〔le vital〕」への参照である。動物に付与されるものはすべて、「生命にかかわる状況」という名目でそれに認められているのであり、それに対し動物というものは、こんな結論を引き出したくなるのだが、狩る側であれ狩られる側であれ、死への本来的な関係は持ちえないということらしい。それは可死性の証言ができないということであり、この可死性こそが〈真理〉の、あるいはその〈発話〉の核心で、等しく本質的なのだ。動物とはただ生きているだけの生けるものであり、こう言えるとすれば、「不死の」生けるものなのだ。ハイデッガーが言うように動物は死なないのであり、[18] ラカンは、これから見ていくように、「欺くこと」の、「おのれを欺く＝誤ること〔se tromper〕」の可能性をロゴスに結びつけるものに関して、いつにもましてハイデッガーに接近する。それにくわえて動物は、この理由から、喪も、墓も、死体も知らないとされる――死体は「能記」であるとラカンは言う。

次のことを括弧のなかで観察しよう、この〈他者〉は〈発話〉の場として区別されたけれども、それに劣らず〈真理〉の証人としても、否応なくおのれを認めさせるものだということを。それが構成する次元がなければ〈発話〉の欺瞞は偽装から区別されないことになるだろうが、戦闘的抗争や性的誇示における偽装というものは、とはいえ欺瞞とははっきり異なるものなのだ。偽装は想像的捕獲のなかで展開され、接近と拒絶のゲームに統合されている。このゲームは根源的な舞踏を構成し、接近と拒絶という生命にかかわる二つの状況は、この舞踏のうちにその拍子の区切りを、そしてそれに秩序づけられたパートナーたちを見出す。それをわれわれはあえて舞踏性〔dansité〕という書き方で表すことにしよう。けだし動物は追い詰められたときそれができることを示すのであり、ある方角に走り出すように見せかけて追跡をかわす[19]ことがあるのである。その及ぶ範囲たるや、獲物にあっては、盛儀的な狩猟の内実をなすものに名誉をほどこすという高貴さを示唆するほどだ。「これはもちろん擬人的かつ比喩的な示唆であって「帽子のなかの兎」である。というのも、これに続く「しかし」によってはっきりすることは、名誉と高貴さは贈与された〈発話〉および象徴界とつながっていて、動物にはまさしく不可能なことだからだ。動物はその言葉を与えない、そして動物におのれの言葉を与えるものはいない、擬人的な投影や転移の場合以外には。動物に嘘をつくこともない、とりわけ動物にあるものを見せて、それを隠すことを装うことによって嘘をつくことは。これこそ自明の理そのものではないだろうか？　さらに見ていこう。この言説の組成の全体、いずれにせよそれこそが、われわれがここで問い質している当のものなのだ。」しかし動物は偽装することを偽装しない。本物の、すなわち正しい道筋《ピスト》＝行跡を与える痕跡でありながら、それを偽物と思わせて欺くために、動物が痕跡を作ることはない。動物はおのれの痕跡を抹消することもない、そうならばそれはすでに、そのものにとって、おのれを能記の主体にすることだろう。[20]

能記の主体であること、ここで動物ができないとみなされていること、それはどういうことなのか？　それは何を意味するのか？　まず道すがら次のことに注意しておこう、動物は深く無垢であるという、（アダム＝プロメテウス的な）古い主題をそれは確認する。「能記」の能力がない動物は、嘘と欺瞞の、偽装された偽装の能力がない動物は、ここで、これまた同様に伝統的な仕方で、みずからそれを知らざる残酷さという主題とも組み合わされている。それゆえ、悪に無縁な、善と悪の分別以前の生けるものの、残酷なる無垢というわけだ。[21]

しかし、能記の主体であるということは、また、そしてさらに、主体の従属主体性〔subjectité〕において対をなす、分離不可能な二つのことを意味する。能記の主体は能記に従属している。ラカンはたえず「主体に対する能記の」「支配[22]〔dominance〕」を、「主体にとってそれを構成するものである象徴秩序[23]」と同様に強調する。「主体」は能記に対する制御〔支配 maîtrise〕を持たない。それが法という人間的秩序に入ることは、あの受動的有限性を前提する、あの不具を、動物が被っていないあの欠乏を。動物は悪、嘘、欺瞞を知らない。動物に欠乏しているのはまさしく、人間がその効力によって能記の主体、能記に従属する主体であるところの欠乏なのだ。しかし、能記の主体であるということはまた、従属させる主体であるということでもある。主人的な〔maître〕主体、能動的な、能記を決定する主体、いずれにせよ偽装することを偽装することが可能なほど、そしてそれゆえ、痕跡を無化するその力能を定立できるほど主人的な主体であるということだ。この制御＝支配＝主人性《メトリーズ》が、〈アニモ〉に対する人間の優位性なのだ、たとえそれが、欠乏、欠如、あるいは過誤という特権、失調という特権から出発して確保されるものだとしても。この失調が連れ戻される先は、類に特有な出産の未熟性でもあれば、去勢コンプレックスでもある——この後者をラカンは、まもなく私が引用するあるテクストで、原罪の、あるいはアダムによる過誤の、学知的な（いずれにせよ非神話的な）、そしてフロイト的な異型として示す。

　ここでこそ、想像界から象徴界への移行は、動物的秩序から人間的秩序への移行として規定される。ここでこそ、伝統的な主体の哲学は、〈他者〉の場所からの能記の秩序としての主体性を、人間と動物の関係ともども、つかみそこねたとされる。少なくともこれがラカンの主張であり、そのとき彼は、人間中心主義の論理を巧みに再導入し、動物＝機械一般に関するテーゼとしてのデカルト的コギトの特殊創造論的固定説を断固として強化する。

　こうしたことのすべては、哲学者たちによっては、それが彼らの職業であるにもかかわらず、混乱した仕方でしか分節されてこなかった。だが、〈発話〉が偽装から能記の秩序への移行とともにはじまること、そして能記がある別の場所を要請することは明らかである――〈他者〉の場所とはその〈他者〉が証人であるということであり、証人であるということは対話者たちの誰とも〈異他的〉であるということである――、そしてそれは、この証人たる〈他者〉が支える〈発話〉が嘘をつくことができるため、すなわち、〈真理〉としておのれを措定することができるためなのだ。

かくして〈真理〉はそれが関与する〈実在〉とは別の場所からその保証を引き出す、すなわち〈発話〉から。〈真理〉が、それをあるフィクションの構造のなかで設立するあの刻印を受け取るのは、〈発話〉からなのだから。[24]

ある「フィクションの構造」へのこの言及は、『盗まれた手紙』をめぐる議論にわれわれを送り返すものだろう。[25] この議論をこの時点で再開することはしないまま、「フィクション」という語の反省的な尖鋭さに、ここでは注意しておこう。この語が向かう概念は、もはや比喩形象や単なる偽装のそればかりでなく、反省的かつ深淵状の、偽装された偽装のそれなのだ。〈発話〉への、〈真理〉の秩序への、象徴的秩序への、要するに人間的秩序への到達は、偽装を偽装する力能によってなされる。

〈試行中の読解の原理を再度明確にする前に、少なくとも一つの仮設に触れておきたい。ラカンはしばしば〈他者〉の〈他者〉はいないと繰り返すのだが、[26] レヴィナスにとっては反対に、また別の観点から、正義の問いは第三者が、そして「単に同類ではない」ような他者の他者が請求されることから生まれるのだが、[27] 他者と第三者に関するこの二つの言説の、否認された、だが共通の含意は、少なくともある動物の審級を位置づけることなのではないだろうか。動物的な他者の、動物としての他者の、生きていて可死的だが他者であるものの、いずれにせよ同類ならざるものの、兄弟ならざるもの（神的なものか動物的なもの、ここで両者は切り離しえない）の、要するに人間ならざるもの〔l'an-humain〕の審級を。そこでは動物と神が神獣同型的なあらゆる可能性にしたがって連合を組むのであり、これらの可能性こそが本来、神話、宗教、偶像崇拝を構成するのであって、偶像崇拝と断絶すると称する諸々の一神教の供犠実践でさえもそうなのだ。そもそもラカンは «anhumain» という語を恐れない。「主体の転倒……」の後記で彼は、コロックの参加者が彼の発言を「非人間的」という付加形容詞で評したことに触れて、自分にはまったく堪《こた》えなかったと記している。）

「能記はある別な場所を要請する――〈他者〉の場所とはその〈他者〉が証人であるということであり、証人であるということは対話者たちの誰とも〈異他的〉であるということである」と定立するとき、ラカンは何をしているのか？ 対話者たちの、すなわち鏡像的ないし想像的二者関係のこの彼岸は、それが視像と、そして同類と断絶するためには、少なくともあるラディカルな他者性の場所に位置していなくてはならないのではないか、自己像のどんな同一視とも、同類的などんな生けるものとも、そしてそれゆえどんな兄弟性[28]、あるいはどんな人間的親近性とも、どんな人間性とも、そこでは断絶しなくてはならないほどの？　この〈他者〉の場所は人間ならざるものでなくてはならないのではないか？確かにそのような事情であるとすれば、人間ならざるものが、少なくともなんらかの、一語で表せば神獣性〔divinanimalité〕の形象が、人間を通してかすかに感じられるものであれ、準‐超越論的な参照項であることに、排除された〔exclu〕基礎に、それが基礎づけるもの、すなわち象徴秩序の、人間的秩序の、法の、正義の、排除され、棄却され、否認され、調教され、供犠に付された基礎であることになるだろう。レヴィナスにおいて、またラカンにおいて、この必然性はひそかに作用しているのではないか？　そもそもこの両者は頻繁に交差し合う、ありとあらゆる違いにもかかわらず。これが動物に対して支配の言説を、あるいは超越の言説を唱えることが、しかも同時に神の名において、〈父〉の名の名において、あるいは〈法〉の名においてそうすることが、かくも困難である理由の一つである。〈父〉、〈法〉、そして〈動物〉等々、そこには結局のところ、同じもの〔la chose〕を認めなくてはならないのではないか？　あるいはむしろ、同じ〈もの〉〔la même Chose〕の、切り離しえない諸々の形象を？　そこに〈母〉を結びつけてもいいかもしれないが、たぶん何も変わらないだろう。ニーチェとカフカはおそらくそのことを、少なくともわれわれが分析を試みている伝統のなかの、哲学者たちや理論家たちよりもよく理解していたのだ。

もちろんもう一回確認すれば、私が第一に気にかけていることはこの言説の論理に、そして『エクリ』(一九六六)の時期のラカンにとってこの言説が含意したものの論理に、正面から異を唱えることではない。それに続くテクストや(既刊か未刊の、閲覧可能ないしは不可能な)セミネールで、この論理の骨組みが明示的に再検討されたかどうかという問いは、さしあたり未決にしておかなければならない。とりわけ、動物についてのこの言説の公理論そのものをなす想像界と象徴界の対立的区別を、ラカンが、斥けはしないまでも次第になおざりにしていったように見える場合には。いつものように私は、ある言説のもっとも強力な体系的組成を、その過程の比較的規定しやすい時期に、それがおのれを結集した形のもとで考察することを試みる。『エクリ』には三十年にわたるさまざまなテクストがただ一巻に結集されていて、しかも強力に自己に統合〔=製本 relié à soi〕されているので、この点でわれわれに信頼にあたいするつかみどころ〔=組み手 prise〕と道筋=行跡《ピスト》を提供してくれる。『エクリ』に続く既刊ないし閲覧可能なテクストのなかで、とりわけ追うことを試みるべきは、例えば、興味深いが私見では切断は見られないように思われる仕方で、動物的擬態の分析へと導く行程だろう。それらの分析は、相変わらず、それこそ視覚という観点から〔du point de vue de la vue〕、視像の観点からなされている。たとえ私を見ていない鰯缶によってであれ、「おのれが見つめられているのを見る」という観点から(「第一に、私にプティ=ジャンが缶はお前を見ていないと言うことに意味があるのは、ある意味では、それでもやはり缶が私を見つめているからなのだ。それは私を見つめている、光点の水準で。そこにあるすべてが私を見つめている、そしてこれはなんら隠喩ではない。[29]」)。

それゆえ、この立論に異を唱えるのではなく、その節合のいくつかの、論理的な、そしてそれゆえ合理的に確認可能な脆弱さが、この概念構成全体の全般的な改鋳を、われわれに促すはずだということを強調したいのである。

第一に困難に思われることは、偽装と偽装の偽装のあいだに、一つの限界を、すなわち分割不可能な閾を、同定ないし規定することだ。それに、私はそうは思わないけれどもこの限界が概念的に入手可能だと仮定したとしても、偽装を偽装することは動物一般に不可能であると、どんな知の名において、あるいはどんな証言(そして知は証言ではない)の名において平然と明言できるのか、それは知るべく残ることだろう。ここでラカンは、動物行動学的などんな知(その洗練の度合いはますます大きく目覚ましいものになっているが、それは〈アニモ〉の行動の洗練の度合いに見合っている)も、どんな経験、観察、信ずるにあたいする個人的確証も引照していない。偽装の偽装を動物に拒絶する断定の地位は、単なる独断の形をしている。けれども、この人間主義的ないし人間中心的独断論にはたぶん隠れた動機があるのであって、それは偽装と偽装の偽装を、偽装に対する適性と偽装の偽装に対する適性を識別することは実に困難だ、さらには不可能だという、漠としたものではあろうが疑いえない感懐なのである。例えば、もっとも初歩的な性的誇示においてさえ、偽装と偽装の偽装のあいだにどのような識別が可能だろうか？　ここで基準が提出できないのであれば、そこから引き出しうる結論は、どんな偽装の偽装も（ラカンなら動物的な、あるいは想像的なと言うだろう）単なる偽装にとどまるということであり、あるいは反対に、そしてまったく同様に、どんな偽装も、どんな単純なものでも、おのれを反復すること、そして決定不可能な仕方で、その可能性において、（ラカンによれば人間的ないし象徴的な）偽装の偽装としておのれを措定するということである。まもなく詳論するように、症候学（そしてもちろん精神分析）は、どんな偽装についても偽装の偽装である可能性ありと、またどんな偽装の偽装についても単なる偽装である可能性ありと、つねに結論づけることができるし、また結論づけなくてはならない。となれば、嘘と偽装のあいだの区別はそのことによってあやうくなる、（ラカン的な意味での）〈発話〉ないし〈真理〉と、彼がそれらから区別すると主張するすべてのあいだの区別もまた。偽装というものは他者を考慮することを前提する。ゆえにそれは、同時に、偽装の偽装を前提することになる――他者からの代補的な策略〔coup〕を、ゲーム戦略のなかでほんの一つ偽装するだけで。最初の偽装からしてこの代補性は作用している。そもそもラカンは、動物が他者を考慮することを否定できない。「精神病のあらゆる可能な治療に対する前提的な問いについて」（一九五七―一九五八）という論文のある指摘はこの方向に向かっており、私はできればそれと以下の事柄との諸関連の編目を、十分辛抱強く探ってみたかった。この指摘は、同時に、動物の想像的捕獲についてのラカン的言説（かくして動物には、要するに他者が欠落していることになる）とは矛盾ではなくとも緊張した関係にあり、それとしての他者への関係を人間において特徴づける、だが動物にあってもすでに予告はされている病理現象、病苦〔mal〕、欠如ないし欠乏についての言説とは調和的な関係にある。

シャルコの口から出た、フロイトがとても好んだあの言い回しを取り上げ直すなら、〈他者〉はAというその場所に、「それでもやはり存在する」のである。というのも、そこから〈他者〉を取り除いて見給え、人間はもはやナルシスの位置でおのれを支えることさえできなくなってしまうのだ。ゴム紐の効果によるかのように、受動的な心魂〔*anima*〕は能動的な心魂〔*animus*〕に、そして能動的な心魂は動物〔animal〕に戻ってしまう。動物はS〔主体〕とa〔対象〕のあいだで、その環界〔*Umwelt*〕と、感性的にわれわれより緊密な「外的諸関係」を支えている。とはいえ、動物に〈他者〉への関係がまったくないと言うことはできない。ただこの関係は、神経症が散発的に粗描される以外の仕方では、われわれには現れてこないのだ。[30]

換言すれば、動物は病気である限りにおいてのみ人間に似ているのであり、〈他者〉との関係に入るということだ（より弱い仕方で。そしてその理由は動物の環境への適合がより「緊密」だからであり、すなわちわれわれが先に述べたように、より「固定した」、より「配線の整った」ものだからだ）。神経症的欠乏が動物を人間に近づける、未熟でいまだ十分規定されていない動物の欠乏としての人間に。動物的秩序と人間的秩序のあいだに、また動物心理学と人間心理学のあいだに連続性があるとすれば、その連続性は悪《マル》＝病苦、過誤および欠乏の線に沿ったものだろう。そもそもラカンは、二つの（動物と人間の）心理学のあいだの非連続性に固執することをみずからに禁じている、少なくとも心理学としては。

ここで少なくとも願いたいのは、この余談によって、若干の人々にわれわれが与えてしまったかもしれない誤解が一掃されることである。この人々は動物心理学と人間心理学のあいだの非連続性の教義をわれわれに帰しているけれども、これはわれわれの考えとはほど遠い。[31]

これはどういう意味だろうか？　人間的なものと動物的なもののあいだのラディカルな非連続性、絶対的かつ分割不可能な非連続性、とはいえラカンはそれを確認し深化しているのだが、この非連続性はもはや、それとしての心理学的なものには、受動的な心魂《アニマ》および心的なもの〔psyché〕には属さず、まさしくある別の秩序の出現に属しているということだ。

一方で、類似した(同一のとは私は言わない)概念的決定不可能性が、ラカンにとってかくも決定的な、痕跡をつけること〔tracer〕と痕跡を抹消すること〔effacer ses traces〕の対立を乱しにやってくる。動物は痕跡をつけることはできる、痕跡を書き込むこと、あるいは残すことはできる、しかし、とラカンは付け加える、それは「おのれの痕跡を抹消することはない、そうならばそれはすでに、そのものにとって、おのれを能記の主体にすることだろう」と。だがここでもまた、この区別を信頼すると仮定したとしても、ラカンは、彼が言うような単数定冠詞付きの「動物」が、動物一般が、その痕跡を抹消しないという断定を、証言によっても、動物行動学的な知によっても正当化していない。私がかつて別のところで示そうとしたように(だからこそ私は、はるか以前に、痕跡の概念を能記のそれに置き換えていたのだが)、痕跡の構造は痕跡をつけることが、(つねに現在＝不在的な)痕跡を抹消することに、それを刻印することと同等に帰着するということを前提しているのだが、そのことを措いても、あらゆる種類の動物的実践、ときには儀礼的なそれらの実践は、例えば墓および喪において、痕跡の経験を痕跡の抹消の経験に結び合わせている。そもそも偽装というものは、そして一つの単純な偽装でさえも、ある感性的痕跡を、読み取れないように、あるいは知覚できないようにすることに存する。ある痕跡を別の痕跡で置き換えること、両者の弁別的差異をもっとも初歩的な書き込み方でマーキングすること、それはラカンが動物に認めていることだが、それに刻印と同等に抹消が含まれていることをどうして否定できようか？　偽装と偽装の偽装のあいだに境界を割り当てること、偽装された偽装のただなかに分割不可能な一つの線を通すことも、痕跡の刻印と抹消のあいだでそうすることに劣らず困難なのである。

だが、さらに先に進もう。そして、時間があれば一般化してみたかった、あるタイプの問いを立てることにしよう。問題は動物にあれこれの力能（言葉、理性、死の経験、喪、文化、制度、技術、衣服、嘘、偽装の偽装、痕跡の抹消、贈与、笑うこと、泣くこと、尊敬等々——このリストは必然的に無限定だが、われわれがそのなかで生きているもっとも強力な哲学的伝統は、これらすべてを「動物」に拒絶してきた）を拒絶する権利があるかどうかを問うことばかりではない。人間とおのれを呼ぶものが、まったき厳密さにおいて、それが動物に拒絶するものを人間に帰する権利を、すなわちおのれに帰する権利を持っているのかどうか、そしてこのものがそれらのものについて、純粋、厳密かつ分割不可能な概念を、それとして、果たして持っているのかどうかを問うことでもある。例えば、「動物」にはおのれの痕跡を抹消することができないと——それを認めるわけではないが〔*concesso non dato*〕——仮定した場合でも、どんな権利によってこの力能を、人間に、「能記の主体」に認めることができるのだろうか？　それも、とりわけ、精神分析の観点から？　確かに人間は誰しも、臆見《ドクサ》的現象性の空間で、おのれの痕跡を抹消するという意識を持つことはできる。しかし、いったい誰に、この所作の実効性を、判断することができるだろう？　意識において抹消されたどんな痕跡もその抹消の痕跡を残しうるということ、（個人的ないし社会的な、歴史的、政治的等々の）症候が、その回帰を、つねに保証しうるということ、それを思い出させる必要があるだろうか？　とりわけ精神分析家に、そのことを思い出させる必要があるだろうか？　そして、痕跡を抹消する力能へのどんな参照も、意識的な、さらには想像的な自我の言語を、いまだに語っているのだということを？（われわれの主題である自伝の問いの側に、ここで殺到してくるあらゆる潜勢的帰結の数々が予感されるところだ。）

　こう言ったからといって痕跡が抹消不可能だということにはならないだろう（この点についての自分の考えは別のところで長々と説明した）。反対なのだ。つねにおのれを抹消すること、つねにおのれを抹消しうることが痕跡の本領なのだ。だが、それがおのれを抹消するということ、つねにおのれを、それもその書き込みの最初の瞬間から、抑圧を通して、またその彼方で抹消しうるということは、神にせよ、人間にせよ、あるいは動物にせよ、誰であれそのことの主人的な主体であり、それを抹消する力能を意のままに行使しうるということを意味しない。反対なのだ。この点に関して人間は、先に単数定冠詞付きで「動物」と言われたもの以上に、おのれの痕跡を抹消する力能を持っているわけではない。

おのれの痕跡を根こそぎ抹消する力能、すなわちまた、根こそぎ破壊し、否定し、死に至らしめる力能、さらにはおのれを死に至らしめる力能を持っているわけではない。

しかし、なんとしてもこのことから、あるものの痕跡、あるいは他のものたちの痕跡が、抹消不可能だという結論を導いてはならない――そして、死あるいは破壊が不可能であるという結論を。痕跡は（おのれを）抹消する、それは万物と同様だが、それを抹消することが、とりわけその抹消を「判断する」ことが、いわんやおのれを抹消するものを遂行的に抹消する、本性上保証された力能によってそうすることが、誰の力能にも属さないということが痕跡の構造の本領なのだ。この区別は微妙で脆弱に見えるかもしれないが、この微妙な脆弱さが、われわれがその道筋＝行跡《ピスト》を追いつつある堅固な対立のすべてに影響を及ぼす。それらの対立の筆頭に、動物的秩序に対する人間的秩序、生けるものに対する法等々の優位性を、人間中心的に設立し直す作業のすべてを最終的に支える象徴界と想像界の対立がある。この精妙な形をしたファロス＝ロゴス中心主義は、そこにおいて、フロイトが語るあの狼狽《パニック》を、それ特有の仕方で証言しているように思われる。人類が被った第一のトラウマである（地球が太陽の周りを回るという）コペルニクス的なそれに対するものでもなく、第三のトラウマである（無意識に対する意識の脱中心化という）フロイト的なそれに対するものでもなく、なお第二のトラウマであるダーウィン的なそれに対する、傷心の反応を。

ラカンのテクストから暫定的に遠ざかる前に、一つの課題を位置づけ、一つの事柄を想起しておきたい。

この課題は、われわれがここでデカルト的コギトの徴のもとに書き込んだすべてのことから出発して、ラカンのデカルトへの参照を精緻に分析することを促すだろう。ヘーゲルへの参照についても同様でありしばしばそれとつながっているが、デカルトへの、デカルト的な「私は考える」への訴えは、恒常的、決定的であり、複雑で、差異を含んでいた。豊かな論点がはらまれたある全体のなかの、多方面に展開する可能性を秘めたある過程における最初の目印は、われわれの問題設定から否応なく認められることになるだろう。それは、動物の偽装されない偽装と、おのれの痕跡を抹消することができる人間の偽装された偽装のあいだの差異についての一節に、ただちに続く頁に見出されるだろう。そこでラカンは、称賛と批判を振り分けている。

一方において、本質的な事柄を「デカルト的コギトは誤認していない」、すなわち、存在の意識は、〈私はある〔*sum*〕〉は、存在に内在しているのではなく超越しているということ、そしてそれゆえ、鏡像的ないし想像的捕獲の彼方にあるということを。それは、動物的コギトは同一化を誘引する視像に捕われたままだということの確認に帰着する。この状況を形式化するなら、動物は自我に到達しても〈私は〉〔*je*〕は欠如したままだが、〈私は〉それ自体はある欠如からのみ能記に到達すると言えるだろう。つまり、〈動物的〉自我には欠如が欠如しているのだ。例えばラカンはこう書いている。

自我は、したがって、支配の、威勢の張り合いの、構成された競合関係の関数なのである［これらの特徴は動物に拒絶されない］。その想像的性質から被る捕獲において、自我はおのれの二重性を隠蔽する、すなわち、異論の余地なき存在（フェヌロン流の省察に披瀝されている素朴な確信）をそれがそこで確保するところの意識は、けっして存在に内在しているのではなく、はっきりと超越しているのである。なぜならこの意識は、自我理想の〈一本の線（trait unaire）〉によっておのれを支えているからだ（そのことをデカルト的コギトは誤認していない）。このことによって、超越論的自我それ自体も相対化されることになる、自我の諸々の同一化がそこではじまる誤認のうちに、それは巻き込まれているのだから。[32]

しかし他方において、〈エゴ・コギト〉はそれゆえ、その中心的主体の立場から立ち退かされることになる。支配＝主人性を、中心的力能を、それは喪失する、能記に従属する主体に、それはなる。

かくして想像的過程は、鏡像的視像から「能記による主体化途上の自我の構成」へとおもむくことになる。このことは、自我が主体になるのには能記、〈発話〉、〈真理〉等々を経由していくということ、すなわち、直接的透明性を、自己と同一の自己意識としての意識を喪失することによってであるということを確認するように思われる。それは一つの逆説に行き着くけれども、それが逆説に見えるのは外見上のことにすぎない。主体は転倒され、おのれの欠乏に連れ戻されることによって、その力能の卓越において確証されるのである。すなわち、動物性は意識的自我の側にあるのに対し、人間的主体の人間性は無意識の側に、能記の法の、〈発話〉の、偽装された偽装等々の側にある。

意識が主体にとって本質的なものに昇進したのはデカルト的コギトの歴史的後遺症であるが、われわれにとっては現働態の〈私は〉の透明性が欺瞞的な強調を受けた結果、この〈私は〉を規定する能記の不透明性が割を食うことになったという意味を持つ。〈意識〔*Bewusstsein*〕〉とは〈自己〔*Selbst*〕〉の混乱をこのずれゆきによって覆い隠す役に立つものなのであり、そのずれゆきこそがまさしく『精神現象学』において、ヘーゲルの厳密さによって、その誤謬の理由を証明することになるのである。[33]

透明性が強調を受けることとは、このように、「欺瞞的〔trompeuse〕」だと言われている。それが意味するのは単に誤謬という意味での「誤ること〔se tromper〕」ではなく、欺瞞、嘘、信憑としての自己に対する嘘、自我の透明性を、あるいは自己に対する自己の透明性を「信じさせる」という意味での「おのれを欺くこと〔se tromper〕」なのだ。それこそが、デカルト的コギトの伝統的解釈の危険ということになるだろう。もしかするとデカルト自身の自己解釈の、彼の知的自伝の危険でもあったかどうか、それは知る由もないが。以上のことからラカンは、コギトを昇進させるとともに、そのコギトそのものの核心に、嘘、欺瞞、欺瞞的透明性ありという診断を下すのである。

「ヘーゲルの厳密さ」と彼は言う。そうなると、ラカンが提出する〈主〉と〈奴〉の闘争の解釈を追わなくてはならなくなるだろう、そこではこの闘争が、「同類と同類の均衡を分解する」とされている。「〈主〉と〈奴〉の疎外する弁証法」の同じモチーフは、「治療＝型の異型について」（一九五五）にも現れる。動物的鏡像性は、その擬似餌や錯乱とも ど も、「人間的主体を長く構造化する」ことになるが、それは出産の未熟性という理由による。「この事実のうちに自然的調和のあの裂開が把握される。それはヘーゲルが豊かな恵みをもたらす病気、生の幸福なる過誤として要請するものであり、そこで人間は、おのれの本質からおのれを区別して、おのれの実存を発見する」[34]。ラカンによるヘーゲルの再解釈をわれわれがさらに再解釈してそのなかに動物の問いを再記入するとすれば、その場所は、想像界が、「鏡像的捕獲」が、そして「ヘーゲルが知らなかった〔……〕危険」、「類に特有な出産の未熟性」が再導入されるその地点だろう。ここでもやはり生が問題になる、ラカンははっきりそう言っている。そして主体の、人間的秩序への、動物的想像界の彼方への移行は、まさしく生と死の問いなのである。

それ〔従属 servitude〕を確立する闘争は純粋な威信のそれであるとはっきり言われており〔その点でこの闘争は、ラカンによれば、動物的ではない〕、その争点として問われるのは生命であって、これは類に特有な出産の未熟性という、ヘーゲルが知らなかったあの危険に首尾よく呼応している。この危険をわれわれは、鏡像的捕獲の力動的な弾機《ばね》としたのである。[35]

「未熟性」という執拗かつ決定的な概念を、これほどの力をこめて形容する「類に特有な〔générique〕」という語を、どのように理解すればよいのだろうか、出産の未熟性が絶対的な出来事であり、それなくしては、ラカンが自分でそう言っているように、この言説の全体が、想像界と象徴界のあいだの区別の妥当性をはじめとして、その「弾機」を失うのだとすれば？　「類に特有なもの」とは動物的類としての「人類」の特徴のことなのか、それとも類〔genre〕を、まさしく類に特有なもの《ジェネリック》、遺伝的なもの《ジェネティック》を逃れる限りでの人間的なものの特徴のことなのか――まさしく、退化〔dégénérescence〕というよりむしろある種の脱‐類化〔発生不全 dé-génération〕という意味での欠乏〔défaut〕によって？　ある脱‐類化の欠乏そのものが、象徴的な「発生＝世代〔génération〕」を、世代〔les générations〕

のあいだの関係を、〈父の名〉の法を、〈発話〉を、〈真理〉を、〈欺瞞〉を、偽装された偽装を、痕跡を抹消する力能等々を、生み出すということなのか？

この問いは、一つの課題のように、未決のままにしておこう、とはいえそれが、根源的欠乏というあの伝統的論理に由来するまさにその場所で。この問いから私は立ち返る、最終的な想起のように予告していた事柄に。すなわち、欠乏をめぐって形成されたこのような展望〔＝遠近法 perspective〕の全体を、根源的な過誤の、原罪の物語に結集するものに。この物語はエディプスのなかにその神話的な後継ぎを見出し、それからその非‐神話的な後継ぎを、学知的な後継ぎを、フロイトによって定式化されたような「去勢コンプレックス」のなかに見出す。欠如と欠乏を私が強調するこのくだりに、たどってきた行程のすべての段階を、われわれは再び見出すだろう、創世記、蛇、〈私〉と「私は何か／何を追うのか？〔que suis-je?〕」あるいは「私は誰か／誰を追うのか？〔qui suis-je?〕」（である *être* と追う *suivre*）の問い、ヴァレリーの『ある蛇の粗描』からの引用（「〈非在〉の純粋のただなかでこの宇宙は一つの欠陥である」）等々を。

おのれは自分の〈私は考える《コギト》〉に尽きると考えるがために、これが主体には欠如している、すなわち、考えることのできないあるものが。それにしても、固有名詞の海のなかにはいわば欠乏している〔*en défaut*〕かに見えるあの〈ある〔être〕〉は、いったいどこに由来するのだろうか？

われわれはそのことを、〈私〉としてのあの主体にたずねることはできない。それを知るためのすべてが、主体には欠如している〔*manque*〕。なぜならこの主体は、われわれが述べたように、〈私〉が死んでいても、それを知ることはないだろうから。ゆえに、私が生きているということも、知らないのだから。それではどのように、〈私〉は私に、そのことを証明すればよいのだろうか？

というのも、私はぎりぎりのところ〈他者〉に対しては、それが存在していることを証明できるからだ。もちろん、何世紀もかけてそれを殺してしまった神の存在証明によってではなく、それを愛することによって。これがキリスト教の宣教がもたらした解決である。

それにしてもこれはあまりにあやうい解決であり、われわれはわれわれの問題、すなわち〈私〉とは何か？ という問題に関しては、迂回路にもせよそこに基礎づけようなどとは思いもかけない。

〈私〉は、「〈非在〔Non-Être〕〉の純粋のただなかでこの宇宙は一つの欠陥〔*défaut*〕である」という叫喚が響く、あの場所にある。

そしてそれにも理由がないわけではない、というのも、この場所は、おのれを保守することで、〈存在〔Être〕〉そのものを憔悴させるからだ。この場所は〈享楽〉と呼ばれる、そしてまさにその欠乏〔*défaut*〕が、宇宙を空しくするというわけなのだ。
私がそれを担わなくてはならないのだろうか？――たぶんそうだろう。ということは、その欠如が〈他者〉を定めないものにするこの享楽は、私の享楽なのだろうか？　経験が証明するところでは、普通それは私には禁じられている。そしてそれは、愚かな人々が信じかねないように、社会の編成が悪いせいばかりではない。そうではなく、言わせてもらえば、もし〈他者〉が存在するとしたら、〈他者〉の過誤〔*faute*〕のせいということになるはずなのだ。その〈他者〉が存在しない以上、私はその過誤を、〈私〉の上に引き受けるしかない、すなわち、フロイトをはじめ、経験がわれわれをみなそこへ導いていくもの、つまり原罪を信じるしか。というのも、たとえフロイトが、明白な意図とともに遺憾な気持ちも感じられる告白を、そのことについてわれわれに残さなかったとしても、われわれが彼の筆に負っている、歴史上の末子であるあの神話が、呪われた林檎以上の役に立たないことに変わりはないだろうからだ。違うところと言えば、神話としては長所にならないけれども、この神話が、より簡潔でもあり、愚昧化の度合いが顕著に劣るということだけだ。

　しかし、神話ではないもの、そしてフロイトが、とはいえエディプス後ただちに定式化したもの、それが去勢コンプレックスなのである。[36]

1　講演のこれより前のある局面で、それもデカルトの読み直しを行う過程で、私はここで応答の問いと呼ぼうと思うものを長々と展開していた。そして、人間的ないし人間主義的近代の言説と実践を――動物に関して――支配するこの「デカルト主義」の覇権的永続性を定義していた。プログラム化された機械に、動物と同様にできないとされるのは記号を発することではない、「応答すること」だと『方法序説』（第五部）は言う。動物たちと同様に、「猿の器官と外形」を持つような機械にしても、「われわれが自分の考えを他のものたちに言明するためにするように、言葉を使うことも、他の記号を組み合わせて使うこともできないだろう。というのも、機械が言葉を発するように、しかもその器官になんらかの変化を引き起こすような身体活動に関して、いくつかの言葉を発するように作られていることは十分に考えられる。例えば、どこかに触れると何が言いたいのかとたずねるとか、別の場所に触れると痛いと叫ぶとか、それに類したことは考えられる。しかし、自分の前で言われたすべてのことの意味に応答する［私の強調］ため、もっとも愚鈍な人間たちでもすることができるように、さまざまに言葉を配列することは考えられない」。

2　Jacques Lacan, «Subversion du sujet et dialectique du désir dans l'inconscient freudien», dans *Ecrits*, Paris, Le Seuil, 1966, p. 807.〔ジャック・ラカン「フロイト的無意識における主体の転倒と欲望の弁証法」、『エクリ』所収、パリ、スイユ、一九六六年、八〇七頁〕。

3　*Ibid., loc. cit.*〔同書、同頁〕。

4　*Id.*, «La direction de la cure...», dans *ibid.*, p. 628.〔同著者、「治療の指導」、同書所収、六二八頁〕。

5　*Id.*, «Position de l'inconscient», dans *ibid.*, p. 834.〔同著者、「無意識の位置」、同書所収、八三四頁〕。

6　*Id.*, «Propos sur la causalité psychique», dans *ibid.*, notamment p. 190–191.〔同著者、「心的因果性について」、同書所収、とりわけ一九〇―一九一頁〕。

7　*Ibid.*, p. 189–190. Cf. aussi p. 342, 345–346, 452.〔同書、一八九―一九〇頁。また、三四二、三四五

―三四六、四五二頁も参照〕。

8　*Id.*, «Le stade du miroir», dans *ibid.*, p. 96.〔同著者「鏡の段階」、同書所収、九六頁〕。

9　*Id.*, «Variantes de la cure-type», dans *ibid.*, p. 354.〔同著者「治療＝型の異型について」、同書所収、三五四頁〕「というのも、発話が主体の存在を構成するのは象徴的受託によるだけでなく、人間的秩序がそこで自然と区別される婚姻の法則によっても、発話は出産以前から、主体の地位だけでなく、その生物学的存在のこの世界への到来までも規定するということが熟考されるべきだからだ」。

10　*Id.*, «Le stade du miroir», dans *ibid.*, p. 96.〔同著者「鏡の段階」、同書所収、九六頁〕（ラカンの強調）。

11　*Id.*, «Le stade du miroir», dans *ibid.*, p. 97.〔同著者「鏡の段階」、同書所収、九七頁〕。

12　*Id.*, «Fonction et champs de la parole et du langage en psychanalyse», dans *ibid.*, p. 237 *sq.*〔同著者「精神分析における発話と言語活動の機能と領野」、同書所収、二三七頁以下〕。

13　Cf. Joël Proust, *Comment l'esprit vient aux bêtes. Essai sur la représentation*, Paris, Gallimard, 1997, p. 150.〔ジョエル・プルースト『精神はいかに獣たちに到来するか　表象に関する試論』、パリ、ガリマール、一九九七年、一五〇頁参照〕。この著者は手を尽くして、動物の場合には「応答」という言葉自体が、プログラム化された反応以外の何ものも意味しないようにしている。それにはどんな責任＝応答可能性も、あるいは、こう言えるとすればどんな「志向的」応答性も欠落しているとされる。「志向的」というこの言葉は、微笑を誘う現象学的粗雑さとは言わないまでも、不用意な、安心しきった使い方がされている。「雌を探すようプログラム化されており、追跡中の対象を捕捉するため追跡の軌跡をあるアルゴリズムに従って自動的に適用する」昆虫とされるハナアブについて、ジョエル・プルーストはルース・ミリカン〔Ruth Millikan　一九三三―。アメリカの哲学者。『意味と目的の世界』など〕を引用し、このように注釈している。「このタイプの応答において興味深いことは、それが刺激のいくつかの明確な特徴（ここではその大きさと速度）によって頑なに引き起こされることである。この昆虫は他の特徴には応答することができない、期待される機能と相容れない特徴を示すような標的を排除することもできない。雌を追っていないことに「気づいて」コースを放棄することができない。この昆虫は自分の知覚の修正を評価するいかなる手段も持っていないように見える。それゆえ、本来的な意味での志向的能力をこの昆虫に帰することは寛大に過ぎるように思われる。それは記号に応答するが、これらの記号は独立した対象の特徴ではない。それらは近位的刺激の特徴なのである。ミリカンが述べているように、この昆虫は「近位的規則」に従っている。しかしながら、配線済みのこの応答の目的は、雌のハナアブの、すなわち世界内に存在している対象の、受精を引き起こすことなのだ（……）」（*Ibid.*, p. 228-229.〔同書、二二八―二二九頁〕）。他にもまして注意深い読解が求められると思われる語を私は強調した。われわれが求める批判的ないし脱構築的読解は、動物ないし特定の昆虫に、それに否定された諸力能を返還すること（たとえときにそれが可能に思われるにしても）であるよりは、同じタイプの分析が、人間に関しても、例えばその性と生殖にかかわる行動の「配線」等々に関しても、同等の妥当性を主張できないかどうかを問おうとするものだろう、等々。

14　J. Lacan, «Fonction et champs de la parole...», *Ecrits, op. cit.*, p. 297-298.〔J・ラカン「精神分析における発話と言語活動の機能と領野」、『エクリ』所収、前掲、二九七―二九八頁〕。

15　*Ibid.*, p. 299-300.〔同書、二九九―三〇〇頁〕（私の強調。ただし、「私の欲望」はラカンの強調）。

16　*Ibid.*, p. 300.〔同書、三〇〇頁〕（ラカンの強調）。

17　*Id.*, «Subversion du sujet...», dans *ibid.*, p. 807.〔同著者「フロイト的無意識における主体の転倒と欲望の弁証法」、同著所収、八〇七頁〕。

18　ここでは *Apories*, Paris, Galilée, 1996〔『アポリア』、パリ、ガリレ、一九九六年〕の、とりわけ七〇頁および一三二頁周辺をご参照願いたい。

19　ラカンはここで «dépister» という語を独自な意味で使っているが、この用法を彼は、「«Le séminaire sur *La Lettre volée*» 〔『盗まれた手紙』についてのセミネール〕」（dans *Ecrits*, *op. cit.*, p. 22〔『エクリ』所収、前掲、二二頁〕）のある重要な注で説明している。追い詰めること、嗅ぎつけること、行跡を追うことではなく、こう言えるとすればそれとは反対に、おのれの痕跡を抹消することによって行跡《ピスト》を分からなくすること、*dé-pister* ということなのだ。この注でラカンは、「原始的か否かは別として、若干の語が持つ二律背反的な意味」についてのフロイトの有名なテクストと、バンヴェニストがそれに加えた「学問的に完璧な修正」、そして «dépister» という語の第二の意味の初出を一八七五年とするブロックとヴァルトブルクのある情報を同時に引照している。若干の語の二律背反的な意味の問いは「そっくりそのまま残っている」とそのときラカンは明言する、「能記という審級をその厳密さにおいて引き出すべく」と。そして確かにと、私は競り上げたくなるのだが、とりわけここでそうであるように、われわれが能記の論理の諸公理を、一方では動物的秩序（鏡像的捕獲）と人間的秩序（象徴界と能記への到達）のあいだに区別を立てること、他方では実際に決定不可能性を働かせて解釈を行うこと、この二重の関係において検証する場合には特にそうであると。*pister* と *dé-pister* のあいだの、あるいはむしろ *dépister*（追跡すること、あるいは行跡をたどること）と *dé-pister*（行跡を抹消すること、そして意図的に追手を迷わせること）のあいだの、確保されていると想定される差異に、ラカンによるところの人間と動物のあいだの区別の全体が結集され、そこから保証を得ているのだ。この区別が揺らぐだけで、公理論の全体が、その原理そのものにおいて損傷を被ることになる。これからわれわれが詳らかにしなくてはならないのはそのことである。

20　J. Lacan, «Subversion du sujet...», dans *Ecrits*, *op. cit.*, p. 807.〔J・ラカン「フロイト的無意識における主体の転倒と欲望の弁証法」、『エクリ』所収、前掲、八〇七頁〕（もちろん私の強調）。別の場所で私は、とりわけトゲウオに関して、また「雌との交接の舞踏」に関して、同じ論理に従う（「性的本能

〔の機械的な伝導装置 embrayage は〕〔……〕ある想像的な関係の上で確固としたものとなる〕あるテクストを研究するだろう。そのテクストは死の問いを扱っている。個体は種の「型〔type〕」として、les chevaux〔馬たち〕ではなく le cheval〔馬というもの〕として、可死的な存在であるだけでなく、〈すでに死んでいる存在〔*l'être déjà mort*〕〉でもあるとされる。Cf. *Les Ecrits techniques de Freud, Paris,* Le Seuil, 1975, p. 140-141.〔『フロイトの技法論』、パリ、スイユ、一九七五年、一四〇―一四一頁参照〕。

21 「本能が実際人間の異論の余地なき動物性を意味するとしても、この動物性が理性的存在に受肉することでより従順になるなどという理由はまったく見当たらない。人間は人間に対して狼である〔*homo homini lupus*〕という警句のかたちはその意味を欺くものである。そしてバルタサル・グラシアンは彼の『クリティコン』の一章で一つの寓話を作為しているが、そこでは人間性探求《モラリスト》の伝統なるものが何を意味するかが示されている。おのれの同類に対する人間の獰猛さは動物たちがなしうるあらゆることを超えており、自然全体にこの獰猛さが投げかける脅威には肉食獣自身怖気をふるって後ずさる。しかし、この残酷さそのものに人間性が含意されている。それが狙うのは同類なのであり、別の種の存在のなかに狙う場合でさえそうなのである。」(J. Lacan «Introduction théorique aux fonctions de la psychanalyse en criminologie», dans *Ecrits, op. cit.,* p. 147.〔J・ラカン「犯罪学における精神分析の機能にむける理論的序説」、『エクリ』所収、前掲、一四七頁〕)。

22 Par exemple dans «Le séminaire sur *La Lettre volée*», dans *ibid.,* p. 61.〔例えば「『盗まれた手紙』のセミネール」、同書所収、六一頁において〕。

23 「……主体にとって構成的なのは象徴的秩序であるということ、ある能記の行程から主体が受ける重大な規定を、一つの物語においてあなた方に証明することによって。」(*Ibid.,* p. 12〔同書、一二頁〕)。

24 J. Lacan, «Subversion du sujet...», dans *Ecrits, op. cit.,* p. 807-808.〔J・ラカン「フロイト的無意識

における主体の転倒と欲望の弁証法」、『エクリ』所収、前掲、八〇七―八〇八頁〕。

25 Cf. «Le facteur de la vérité», *La carte postale. De Socrate à Freud et au-delà*, Paris, Flammarion, 1979.〔「真理の配達人」、『絵葉書――ソクラテスからフロイトへ、そしてその彼方』パリ、フラマリオン、一九七九年、参照〕。

26 Cf. par exemple, «Subversion du sujet...», dans *Ecrits*, *op. cit.*, p. 818.〔例えば「フロイト的無意識における主体の転倒と欲望の弁証法」、『エクリ』所収、前掲、八一八頁参照〕。

27 «Paix et proximité», dans *Emmanuel Lévinas*, *op. cit.*, p. 345; cité et commenté dans *Adieu — à Emmanuel Lévinas*, *op. cit.*〔「平和と近さ」、『エマニュエル・レヴィナス』所収、前掲、三四五頁。『アデュー――エマニュエル・レヴィナスに』（前掲）で引用され、論評されている〕

28 「兄弟性」という価値、その伝統と権威を（*Politiques de l'amitié*, *op. cit.*〔『友愛のポリティックス』（前掲）〕において）私が脱構築しようとしたその価値に関しては、一つの研究によって、ラカンにおけるこの価値に対する信認を、それも『トーテムとタブー』の論理に即して父殺しの兄弟たちに向けられた疑惑をはるかに超えたそれを、見定めなくてはならないだろう。というのも、多くの箇所でラカンは、ある別の兄弟性〔une *autre fraternité*〕を夢見ているからだ、例えば «L'agressivité en psychanalyse»〔「精神分析における攻撃性」〕の結語において。「……この無の存在に対して、われわれの日々の作業は、その意味の道をふたたび開くことなのだ、それを尺度とするならわれわれがつねにあまりに不平等な、ある密かな兄弟性への道を。」（*Ecrits*, *op. cit.*, p. 124〔『エクリ』、前掲、一二四頁〕）。

29 *Les Quatre Concepts fondamentaux de la psychanalyse*, Paris, Le Seuil, 1973, p. 89. Cf. surtout p. 70-71.〔『精神分析の四基本概念』、パリ、スイユ、一九七三年、八九頁。とりわけ七〇―七一頁参照〕。

30 J. Lacan, «D'une question préliminaire à tout traitement possible de la psychose», dans *Ecrits*, *op.*

cit., p. 551.〔J・ラカン「精神病のあらゆる可能な治療に対する前提的な問いについて」、『エクリ』所収、前掲、五五一頁〕。

31 *Id.*, «Situation de la psychanalyse et formation du psychanalyste en 1956», dans *ibid.*, p. 484.〔同著者「一九五六年における精神分析の状況と精神分析家の養成」、同書所収、四八四頁〕。

32 *Id.*, «Subversion du sujet...», dans *ibid.*, p. 809.〔同著者「フロイト的無意識における主体の転倒と欲望の弁証法」、同書所収、八〇九頁〕。

33 *Ibid.*, p. 809-810.〔同書、八〇九―八一〇頁〕。

34 *Id.*, «Variantes de la cure-type», dans *ibid.*, p. 345.〔同著者「治療＝型の異型について」、同書所収、三四五頁〕。

35 *Id.*, «Subversion du sujet...», dans *ibid.*, p. 810.〔同著者「フロイト的無意識における主体の転倒と欲望の弁証法」、同書所収、八一〇頁〕。

36 *Ibid.*, p. 819-820.〔同書、八一九―八二〇頁〕。

Ⅳ₁

どうしてこんなことをする羽目になってしまったのでしょう……どこからあなた方にはこんな元気が出てくるのでしょう（笑）……私の話をまだ聞こうだなんて！　私が最後の言葉を確保したがっているなどとはなんとしてもお考えにならないでください。この男は「最低にして最後の〔le dernier〕ユダヤ人」、あるいは「最低にして最後の終末論者」〔自著「割礼告白」への参照〕でありたがっているばかりでなく、本当に「最後に語るもの」、最後に語ることによって下の下〔le dernier des derniers〕であるようなものでもありたがっているなどとは。そうではないのですが、先日私は私にとって、おそらくもっとも重要な局面で話を中断してしまったので、あなた方にそのことについてもう少しだけお話をしておくのが筋なのではないかと考えたのです。私が言いたかったのは要するにどんなことなのか、私がおもむきたかったのはどんな場所なのかということに関して。とはいえ、この作業を真っ当にやろうと思えば、一方で私にとっては、とても長いテクストを書かなければならなかったでしょうが書けなかったということがあり、それについては他日を期すほかありません。そして他方では、あなた方をさらにあまりに長くお引き止めしなくてはならなくなったことでしょう。それで断念したわけです。私の手元にはいくつかの覚え書きしかありませんので、これから聞いていただくことは、もし私に時間があったなら、そして私たちが一緒にその時間を持てたなら、私がすることを試みただろうもののシルエットにすぎません。

ラカンにおける「偽装の偽装」の問い、欺瞞の問い、言語活動に関する、発話に関する、偽装、欺瞞および嘘のあいだの差異の問いに関心を寄せたところで、できれば私は、ハイデッガーのあるくだりに議論をつなげていったのではないかと思います。そのくだりは、私がこれからお話しする本のほとんど終わりのあたりにあります。その本とは、ハイデッガーが『存在と時間』の後に、一九二九—一九三〇年に行ったセミネールで、*Les Concepts fondamentaux de la métaphysique — Monde-finitude-solitude*〔『形而上学の根本諸概念——世界—有限性—孤独』〕という表題のもとに翻訳されています。[2] 動物についての長い展開（それにはまもなく立ち返ります）の終わりのあたりで、ハイデッガーは彼の眼に本質的なものと映る事柄に取りかかります。すなわち、動物に欠如しているものは何かと言えば、それは「それとして」であり、«*als Struktur*»〔〈として〉‐構造〕だということです——これは私たちの問題設定全体の本質的な特徴をなすものです。それが実は、先にレヴィナスとラカンを論じた際の議論の道筋を、すでに定めていたことにもなるでしょう。この両者が他者の問いを立てるとき動物に欠如しているとされるもの、それは「それとして」なのであり、「それとしての他者」なのです。

動物はそれゆえ存在者とかかわりを持ってはいるけれども、それとしての存在者とは持っていない。そしてハイデッガーの功績はこの事柄の在処を限局し、この事柄を深く思索し、まさに「それとして」、主題的に扱ったことにあり、その分析は比類なく詳細かつ厳密であるように思われます。欺瞞の問いが突然出てくるのは、その世界への開かれにおいて、動物はそれとしての世界には、「それとして」には到達できないということが定立された後、ハイデッガーが、この「それとして」は言語活動に、ロゴスに依存するものではないということを強調しようとするときです。というのも、動物はロゴスを持たないと言われるとき、その意味するところは、何よりまず、動物はロゴスを基礎づける「それとして」を持たないということだからです。彼が分析するのは、したがって、彼が〈挙示的なもの〔l'apophantique〕〉と呼ぶもの、「挙示的構造」と、挙示的なロゴス、すなわち、「それとして」が言語活動へと生成を遂げることのあいだのこの関係なのです。だからそのとき、七二節のb――議論をつなげるとしたらここにつなげたことでしょう――で、彼はロゴスと欺瞞のこの問いに取りかかるのです。

ロゴス〔λόγος〕の本質には、とりわけ、欺瞞的でありうるということも属しており、このようなロゴスが挙示的なのである。欺瞞とは、或ることを誤魔化し誑かす、或るものをそれであるのでない或るものと申し立てたり、これこれしかじかであるのでない或るものをこれこれしかじかであると申し立てたりして欺くことである。この欺瞞、ロゴスの本質に属するこの欺瞞的であること、或るものをそれであるのではない或るものとして詐称するということ、この誤魔化し誑かしは、したがって、それへと向けて欺きがなされているその或るものとの関係においては、覆蔵することである。ロゴスの可能性には覆蔵しうるということが属しているが、そのようなロゴスが挙示的なのである。

そのとき彼は、疑問文の形で、ロゴスが「それとして」に対して持つ関係を、みずからの可能性の条件に対して持つ関係であるとします。

「として」‐構造とは単にロゴスの一特性にすぎないものなのだろうか、それともこれは、結局は何か根源的なものであって、そもそもロゴスなるものがそれであるところのものでありうるための可能性の条件なのだろうか？[3]

そしてさらに後のほうで――もちろん私はたくさん飛ばしていきます、飛び跳ねながら歩いていきます、いくつもの事柄を持続的に追っていく時間は私たちにはありません――、この「として」‐構造は、動物には拒まれるものとされるのです。

動物は、その振る舞いを追い回し衝き動かすことのすべてにおいて、動物がこの振る舞いにおいてそれへと関連させられているその相手のものによってとりさらわれている。だから動物がそれへと関連しているその相手のものは、動物には決して、そのようなものとしてそれの〈何であるか〉において与えられていることはなく〔この長大な論考の全頁に回帰してくる命題〕、決して、それがそうであるところのもの、およびそれがあるようなもの、として与えられていることはない、つまり存在者として与えられることはない。動物の振る舞いは決して或るものを或るものとして会得して受け取ることにはならない。或るものを或るものとして会得して受け取るというこの可能性をわれわれは世界現象の一つの特徴的性格と見なすのであるから、そうするとこの「として」‐構造は世界構造の本質規定の一つだということになる。以上で、「として」が世界問題の可能的な着手点の一つとして与えられたことになる。

「として」‐構造は、動物には拒まれたのですから、人間に取っておかれることになります。

形式的にはわれわれは「として」‐構造を立言命題へと還元した。立言命題は人間的発話の一標準形式である。[4]

こうしたわけで、このセミネールの読解を開始するために私が議論をつなげたとしたらここだったでしょう。ラカンの読解のなかで、私たちの問題設定におけるある論点に、まさしく到達していたのですから。しかし、そうなると、長い後戻りを省略するわけにはいかなくなります。それを今から試みることにしましょう。

もちろん、ご存じのように、一九二九—三〇年のこのセミネールで、石、動物、人間に関する、とりわけ《*weltarm*》な、すなわち「世界に貧しい」動物に関する中核的な命題のなかで私にとって重要な事柄については、すでにひさしい以前から、私はある仕方で関心を寄せてきました。私がここで言いたいことは、結局のところ、「人間のいくつもの目的＝終焉」で、「ゲシュレヒト」および「ハイデッガーの手」で、実際にそのテクスト、それらの命題に言及した『精神について』で、「ハイデッガーの耳」で、『アポリア』で、私がすでに言ってきたことです。『アポリア』で、まさにここで、あなた方の何人かはここにいらしたのですが、私たちが取り組んだ問いは、動物は「死なない」ということ、「果てる」のだということ、終わりはあるけれども本来的な意味で死ぬのではないということでした——そしてそれがハイデッガーの眼には動物と人間の規定的な差異なのです。

動物が死なないのはそれが話さないかぎりでのことであるのか、あるいはそうではないのかという問いは、ハイデッガーは未決のままに残しています。これらすべての問いには、ですから、私はある仕方で取り組んできましたので、ここで立ち返ろうとは思いません。

そこで、私がこのセミネールのまた別の読み方を提案したいと思ったのは、私たちがいまいるコンテクストで、動物に関する先行する言説との対比において、それにいくつかの長所があるからであり、そのことは強調しなくてはなりません。一方では、一定の動物行動学的知見が考慮されているという長所があります。その考慮の仕方がどんなものかということはまた別の問題です（ここで動物行動学的知見は、考慮されていながら本当には考慮されていないのですが、どんな点でそうなのか、時間があれば示してみたいところです）。しかしまあ、フォン・ユクスキュル〔Jakob von Uexküll 一八六四―一九四四。ドイツの生物学者。『動物の環境と内的世界』など〕、ドリーシュ〔Hans Driesch 一八六七―一九四一。ドイツの生物学者・哲学者。『生気論の歴史と理論』など〕、ボイテンディク〔Frederik Buytendijk 一八八七―一九七四。オランダの生物学者。『人間と動物』など〕などへの参照が豊富にありますし、要するに真摯な作業なのです！ 他方では、ハイデッガーはここで、機械論／目的論の二者択一を越えようとしています。彼ははっきりそう述べています。人間主義的なものであろうとなかろうと、哲学において動物に関する言説をこれまで特徴づけてきたあらゆる教義的対立の外に、あるいはその手前に、彼は決然と身を置くのです。それから——この点はこれまで以上に、これまでよりも重点を置いて強調したいと思いますが——このセミネールは一九二九—三〇年のものであり、それにともなう両義性のすべてをともないつつも、その政治的含意が真剣に受け取られるべきハイデッガーのある恒常的な所作に属すものです。すなわち、いっさいの生物学主義に対して距離を取ることの必要です。それはレヴィナスとラカンにも等しく共通する所作です。彼らの執拗な強調、彼らの人間主義は一つの所作でもあって、それが形而上学的人間主義に対抗して展開されているときでさえ、彼らがそのなかで語っている文化を脅かしかねないあらゆる言説、あらゆる生物学主義に対して倫理＝政治的な立場を取っているのです。最後に、このテクストにはまた別の意義があって、それはそれが「セミネール」であるということです——それはある長いセミネールのあらゆる刻印をとどめています（そしてセミネールとはどういうものかを忘れてはなりません。そこには偶発的な要素も混入すれば即興や手はじめの掘り返しもあり、いくつかの言表の固定のされ方にはあまり正当化できない場合もあります）——しかもそれは、『存在と時間』の後に続くセミネールなのです。ところで（このことは『アポリア』で記したと思いますが）、『存在と時間』という本のなかでは、動物は事実上問題になっていません。二つの箇所だけをのぞいて。一つはまさに死が問題になるところで、「死に向かう存在」についての言説の全体から動物は排除されます。動物は「死ぬ」のではなく、動物は「死に向かう」現存在ではありません。もう一つの箇所は、この場で数日前に引用した非常に短い指摘です。そこで彼は、動物が時間を持つかどうかという問い（動物の時間化の問い）は、「一つの問題にとどまる」と述べています。つまり、未決ということです（そして彼は、ある意味で、このセミネールで敢然とこの問題に取り組んだのです）。

しかし、このセミネールを拙速に扱わないようにしたいと私が望んだ主要な理由は、「世界に貧しい」動物に関するあらゆる命題は、動物のそれではない、はるかにより大きな問題設定のなかに捕われているということです。ですから、動物の問いがそこに否応なく出てくる空間を、再構成しなくてはならないでしょう。この空間ははるかにより一般的な問いの数々からなる空間であって、それらを見失わないようにしなければなりません、たとえそれらが途上で一見どこかにいってしまったように見えるとしても。それは、表題が示すように、世界、有限性、孤独といった問いです。ですから、動物に直接かかわる部分のいくつか（というのも、非常に遠くまで行く時間はないでしょうから）に論及する前に、そこに「テーゼ」が書き込まれることになる世界というこの問題設定の一般的構成のなかに、いくつかの目印をつけておきたいと思います。「テーゼ」と言う理由は、ハイデッガーの言葉自体によれば、それは一つの「テーゼ」だからです。以前に言ったことがあるように、ハイデッガーが「テーゼ」を提出することは滅多にありません。ところが彼は、「動物は *weltarm* である」というこの命題を、一つの「テーゼ」として提出していきます。

彼は三つのテーゼを提出していきさえするのです。「石は世界がない（*weltlos*）」、「動物は世界に貧しい（*weltarm*）」、「人間は世界形成的である（*weltbilden*）〔configurateur de monde 翻訳が困難な語です〕」。

それでは、動物が扱われる章に先立つ部分の目印をいくつか。

初端から、哲学の、哲学自体からの規定以外の何ものでもないものが問題にされます。そしてハイデッガーはそれを、彼の言うところでは、ノヴァーリスの一語を導きの糸として行うのです。これらすべてにおいて、要するに彼が関心を寄せているのは *Grundstimmung* すなわち根本気分であり、*Heimweh* すなわち郷愁であると。動物の問いが出現することになるのは、つまり根本気分についての省察のなかなのです——これは些細なことではありません。

«*Das Heimweh als die Grundstimmung des Philosophierens und die Fragen nach Welt, Endlichkeit, Vereinzelung.*» これがこの節の表題です。「哲学することの根本気分としての郷愁と、世界、有限性、〈独りになること〔esseulement〕〉への問い」[5]（〈独りになること〉というのは *Vereinzelung* の最良の翻訳でしょうか？　単独化〔singularisation〕？〈独りになること〉？　孤独〔solitude〕？　非常に複雑です。）またしてももう一回、明らかに問題は、「人間とは何か？」という問いに答えることなのです。そして、「人間とは何か？」という問いに答えるためには、「世界とは何か？」という問いに答えなければならないでしょう。この節のはじめから、ハイデッガーが早くもこう問う所以です。

しかし、人間はその本質の根本において哲学するのだが、そうすると一体、人間とは何であるか？ そして、この哲学するということは何であるか？ 哲学する場合のわれわれとは何であるか？ どこへ向かおうとわれわれは欲しているのか？ われわれは偶然いつか宇宙へと転がりこんできたのか？ ノヴァーリスはかつてある断片で「哲学とは本来郷愁であり（*ist eigentlich Heimweh*）、どこにいてもわが家に居るように居たいと願う一衝動（*ein Trieb,* une pulsion）である」と言っている。

この〈わが家〉の問いが、のちに立ち戻ってくることをわれわれは見るでしょう、とりわけ――そこまでたどり着く時間があればですが――この問いが次のように種別化されていくときに。「動物とともに」〈わが家〉にいることとは何か？ 「動物とともに住まうこと」とは何か？ 動物と「同-居すること」とは何か？ それは *Mitgehen*〔ともに行くこと〕と *Mitexistieren*〔ともに実存すること〕の問いです。動物は家でわれわれとともに *mitgehen* できる、例えば猫は、自己愛的動物だとよく言われるけれども、われわれと同じ場に住まうことができる、「われわれとともに行くこと」、「われわれとともに歩くこと」ができる、家のなかに「われわれとともに」あること、「われわれとともに」住まうことができる、しかしそれは、家のなかに、「われわれとともに実存してはいない」。*Heimweh* の、故郷を想う心痛〔mal du pays〕のこの物語でこのセミネールが開始されることはどうでもよいことではありません。ノヴァーリスの引用からほどなく、嘘がやって来ることも。彼はノヴァーリスを、ある詩人を引用したところであり、そしてこう付言します。

ところがアリストテレスが『形而上学』のなかで、歌ビトタチハ多様ノ嘘ヲツク〈πολλὰ ψεύδονται ἀοιδοί〉[6]「多くのことを詩人たちは嘘つきででっちあげる」と言っているではないか?

ところが、私がやや不自然な抜き出し方をしたこの同じ一節に、私たちは何が現れるのを、通り過ぎるのを見るのでしょうか? 動物です。

ノヴァーリスはかつて或る断片で「哲学とは本来郷愁であり、どこにいてもわが家に居るように居たいと願う一衝動である」と言っている。まことに奇妙な定義である(*Eine merkwürdige Definition*)、もちろんロマン派的な(*romantisch natürlich*)。郷愁(*Heimweh*——故郷を想う心痛)——そんなものがそもそも今日まだあるのだろうか

（*gibt es dergleichen heute überhaupt noch*）？　そんなものは、日常生活においてさえ、不可解な語になってしまっているのではないだろうか（*ein unverständliches Wort geworden, selbst im alltäglichen Leben*）？　というのも、今日の都会人と文明の猿の嬉しがり屋とはとうの昔に郷愁など厄介払いしてしまったのではないか（*Denn hat nicht der heutige städtische Mensch und Affe der Zivilisation das Heimweh längst abgeschafft*）？

言い換えると――そして「猿」というのは、レヴィナスにおける「猿じみたもの」と同様の罵倒です――、故郷の意味まで喪失してしまった都会人、郷愁を厄介払いした、郷愁を喪失した（「郷愁はかつてそれがそうであったものではもはやない」といったところでしょうか……）都会人、現代性の都会人は文明の「猿」なのです。郷愁のことが語られると、それは笑うのです。

ですから、このセミネールの冒頭全体は、郷愁、憂愁《メランコリー》に、郷愁としての哲学、形而上学にかかわっています。動物へのアプローチに先立つ、こう呼べるとすればこの長い序文のなかから、私はデカルトに関するくだりのいくつかを、あなた方がご存じの諸理由で選び出したことでしょう。私にとって重要なことは、ハイデッガーの言説がなおデカルト的であるということを、もちろん挑発的な仕方になりますが、示すことになったでしょう。

『存在と時間』における彼の第一の標的は明らかにデカルトであり、ここでもやはりそうであり、それもデカルトの機械論だけでなくコギトのデカルトでもあるのですが。これがどういうことかお分かりいただくために、「デカルトと近代哲学における批判的態度の両義性」と題された一節をご参照いただきます。そこでデカルトに差し向けられる非難は、彼がその批判的所作自体において、外見を信用したということなのです。

哲学を絶対的学の地位にまで高めようとする強力で公然たる傾向が現れるとともに、すなわちデカルトにおいて、同時に、哲学の独特の両義性なるものが特にその実効を現している、ということはけっして偶然ではない。デカルトは哲学を一つの絶対的認識にしようとする根本傾向を持っていた。ところがまさにこのデカルトにおいてわれわれはある奇妙なことを見る。ここでは哲学することは懐疑からはじまっている。そして、あたかもすべてが問いに付されているかのように見える。しかしそれはそう見えるだけなのだ（*Aber es sieht nur so aus*）。現存在、〈私〉（エゴ）は決して問いに付されはしない（*Das Dasein, das Ich* (*das ego*) *wird gar nicht in Frage gestellt*）。批判的態度なるもののこの仮象とこの両義性とは近代哲学の全体を貫いて至近の現在にまで広がっている。[7]

すでに『存在と時間』で、彼はこのことを主張していました、結局デカルトは、〈私はある《エゴ・スム》〉における〈ある〉が何を意味するのかという存在論的問いを立てることに失敗したのだということを示すことによって。デカルトは存在論的問いを立てなかった、そして彼の〈私はある〉は、結局のところ独断論にとどまるということです。[8]

ですからこの目印は、単に目印としてですが、忘れられてはなりません、ハイデッガーがここで、新たな問いのほうに、世界と動物についての新たな問いかけのほうに進んでいくまさにそのとき、形而上学の全体を、とりわけ主体性の、デカルト的主体性の形而上学等々を脱構築すると主張するまさにそのとき、その彼の所作は、それでもなお、こと動物に関しては、根深くデカルト的だということを、私ができればしたかったように示そうとするのであれば。

以上の布石を敷いたうえで、私はさらに、この予備考察のなかの、「第一部」の第一章に飛びます。ハイデッガーはそこで、「呼び覚まし」と意識の問いを立てます。挙示的なものの、「それとして」の基準が、どんな深さで現れてくるのかを示すために、この問いはのちに不可欠になるでしょう。というのも、ハイデッガーにとっての問題は、「それとして」（*als Struktur*）を、意識や表象の構造に、単純に結びつけることではないからです。問題となるのは、より根源的なある深さなのです。

呼び覚まし（*Weckung*）とはたまたまそこにある或る存在者を確認することではなく（*kein Feststellen eines Vorhandenen*）〔『存在と時間』における三つの存在様態の区別を思い出してください。*Vorhanden*〔手前的〕であるのは物のように直前にあるもののこと、*Zuhanden*〔手元的〕であるのは道具、道具が直前にあること、そして最後に*Dasein* 現存在〕、眠っているものを目覚めてあるようにならしめること[9]（*sondern ein Wachwerdenlassen des Schlafenden*）である。

〈呼び覚まし〉の問いは〈眠り〉の問いを誘発しますが、この問いは動物の問いと切り離せません。〈呼び覚まし〉とは、ですから、「眠っているものを目覚めてあるようにならしめること」であり、もちろんハイデッガーは、覚醒と睡眠の区別を意識と無意識の区別に還元しようとする人々を攻撃しているのです。彼が覚醒と呼ぶものは意識ではなく、彼が睡眠と呼ぶものは無意識ではありません。以下のくだり。

（……）われわれが一つの気分（*Stimmung*）を呼び覚ますとき、そのことには、その気分がすでにあったのだということと、いやはりそれはあったのではないのだということとの両方が含まれている、ということには変わりはない。ネガティブにわれわれは見た、〈現にある〉と〈現にある——のではない〉との区別は、〈意識を持つ〉と〈意識されていない〉との区別とは合致しないということを。しかし、われわれはこのことから、さらにそれ以上のことを取り出す。すなわち、気分とは人間に属する或るものであり、気分とは、よく人が言うように、「人間のなかに」あるのだとすれば、あるいは人間が気分を持つのだとすれば、そしてこれは意識と無意識の区別の助けをもってしては明らかにされえないのだとすれば、そうだとすれば、われわれはそもそも、われわれが人間というものを、それが意識を持っていること、それが理性を付与された動物、つまり理性的動物 *animal rationale* であること、あるいは、一つの身体に結びつけられている単なる諸体験を具備するだけの〈私〉であること、これらのことによって物質的な物から区別されている或るものであると見なすかぎり、気分という或るものにはとても近づけないことになるだろう、ということを。[10]

ですから、ハイデッガーの意図するところは、人間の本質を、意識によるのとは別の仕方で、ある特定の動物に付与されるような理性によるのとは別の仕方で定義することであり（こうした言表は『人間主義についての書簡』に再び見出されます）、まして〈私〉によって、「一つの身体に結びつけられている単なる諸体験を具備するだけの〈私〉」によって定義することではないのです。「人間とはまず生ける存在であり、しかる後にさらに理性を持つとするこの人間把握が、気分の本質についてのまったくの誤認へと導いてしまった」と、彼は付言します。というのも、彼が定義したいものは *Grundstimmung* だからです。気分とは何か？　郷愁とは、憂愁とは、情動的気分とは何か？　人間を意識として、無意識として、理性を具えた動物などとして定義するかぎり、情動的気分とは何かは分からない。かくして――

気分を呼び覚ますことと、気分というこの奇妙なものに近づこうとする試みとは、結局人間についてのわれわれの把握を完全に切り替えよという要求と（*mit der Forderung einer völligen Umstellung unserer Auffassung vom Menschen*）一致する。

そしてもちろん、フロイトと同じく、私たちがここまで取り上げてきたすべての人々と同じく、動物の睡眠とともに何が起きるかという問いを、ハイデッガーは回避しません。そこで彼はやや後で、次のように書くのです（長く立ち止まるべきところですが）。

われわれは、石が眠るとか目覚めるとかとは言わない。では植物についてはどうか？　こうなるとすでにわれわれは不確かである。植物が眠るかどうかはきわめて疑わしい。すなわち、植物が目覚めるかどうかが疑わしいからである。動物については、動物が眠ることをわれわれは知っている。しかし、それでも、動物のこの眠りが人間の眠りと同じであるかどうか（*ob dieser Schlaf der selbe ist wie der Schlaf des Menschen*）、そして眠りとは一般にいったい何なのか（*und was denn der Schlaf überhaupt ist*）という問いは、依然として残る。

彼は睡眠あるいは覚醒の問いを、意識の、無意識の形而上学全体から独立して立てようとするのです。意識等々の論理に依存しないような覚醒／睡眠の対立から出発しようとするのです。

この問題は［ここで彼は、このセミネールのはるか後のほうで取り組む事柄を予告しています。そこで私たちは何百頁も飛ばすことになります］、石、植物、動物、人間（*Stein, Pflanze, Tier, Mensch*）という、存在者のそれぞれ違った様式の存在の構造の問いと奥深く連関している。

ですから、このセミネールの開始早々、睡眠と覚醒の問いから出発して、彼は、いまやわれわれがたどり着こうとしている存在者のあの類型学を予告するのです。できれば――とはいえその時間はないでしょう――、先だって私がその布石を敷こうとした従属と拘束の問題設定が見られますので、睡眠に関してハイデッガーが、アリストテレス（そしてアリストテレスはこのセミネールの、一部始終の重要な参照先なのです）について述べることを、詳細に調べてみたいところですが。

アリストテレスは目覚めることと眠ることについて独特の性格を持つ一つの論文（『睡眠ト覚醒トニツイテ』〈Περί ὕπνου καὶ ἐγρηγόρσεως〉）を書いているが、彼が睡眠とは一種の不活動〈ἀκινησία〉であると言うとき、彼はある奇妙なものを見てとったのである。彼は睡眠を意識あるいは無意識と関連させない。むしろ彼は言う、睡眠とは一種の束縛〈δεσμός〉、「従属の束縛」〔Gebundenheit, フランス語訳は lien d'assujettissement〕である、と。束縛といっても感覚知覚〈αἴσθησις〉のある独特の束縛であって〔束縛の問いはたえず回帰してきます、緊縛構造〔stricture〕の、緊縛による従属の問いもまた。そして動物は——こう言うとだいぶ先取りすることになりますが——、結局動物は、人間に比べて、よりきつい拘束の編目に、ハイデッガーがのちに言うような「管」に、より狭い管に捕われているのであり、これは一つの束縛の問題構成なのです〕単に知覚の束縛ではなく、自分がそれでないような他の存在者を受け容れることができないという観点における存在の被束縛性である〔ですから、動物は過剰に束縛されているのです〕。眠りのこの性格づけは一つのイメージ以上のものであり、一つの大きな展望を開くものであって、この展望の形而上学的な意図含蓄が従来感銘をもって把握されているとは決して言えない。われわれは原則的な形而上学的な諸理由からして、眠りの問題に立ち入ることを断念し、それとは別の道を経て、一つの気分を呼び覚ますとは何を言うのかということを明らかにしようと試みなければならない。

そしてもちろんこの道に、「それとは別の道」に彼は入っていくのです、気分の問い、退屈の問い、等々へ。

ここから私は一足飛びに、ハイデッガーがそれとしての動物の問いに近づいていくセミネールの第二部に移ります。すでにお話ししたように、この動物の問いは――非常に奇妙な足取りで。というのも、この問いは導きの糸であるはずなのに、結局空間の全体に侵入してしまうのですから――、世界の問いを種別化しにくるものです。そして世界の問いは、それ自体、三つの問いからなる全体に属しています――このセミネールでは何もかもが三つずつ進みます……。「われわれの今日の現存在の深い退屈という根本気分が問うべく課する問いとしての、世界と単独化と有限性への問い。これら三つの問いの根としての時間の本質[11]」。

言い換えれば、三つの問い、世界、単独化、有限性は、それらの共通の根、すなわち時間の問いで結ばれているようなのです。建築術的観点から見て、これは非常に重要なことです。なぜなら、ハイデッガーが『存在と時間』で、動物では事情はどうなっているのか、「動物はどうなのか?」と問うたのは時間に関してだからです。「……それは時間化するのか?——他の場所で扱われるべき問い。[12]」この所作によく注意する必要があります、それは一見ハイデッガーの教育的配慮のように見えますが、実際にはそれ以上のものであって、毎回三つずつ事を進めては、そのつどこう言っているのです。共通の根から、あるいは中間のテーゼから取りかかろうと。ここでは三つの問いの共通の根は時間の本質であり、だからこそ「世界とは何か? 等々」の問いは、「瞬間とは何か?」という問いからはじまるのです。「全体における存在者がおのれを拒むということのうちに、現存在を真に可能ならしめるものが、すなわち瞬間(*Augenblick*)が、同時に予告されている」。「瞬き《またた》」、「瞬きの瞬間」。瞬間とは何か? 「世界とは何か? 有限性とは何か? 〈独りになること〉とは何か?」という問いは、そのとき、「瞬間とは何か?」という問いから出発して展開されるのです。三つにして一つ、一つにして三つの、また別の例を取り上げてみましょう。

この三つの問いはこの講義の冒頭では㈠世界とは何か? ㈡有限性とは何か? ㈢〈独りになること〉とは何か? という順序で提出された。ところがこの章でこれらの問いを展開するにあたっては、有限性がどうしても第三番目の問いとして最後に来てしまうという形になった。しかしどういう意味で第三番目なのか？ 他の二つの問いを統一する根源的な根として第三番目なのである。[13]

またしてももう一回！ さきほどは三つの問いの共通の根としての時間でしたが、今度は有限性です。真中だった、二番目だった後で三番目に、「他の二つの問いを統一する根源的な根」として来るのは有限性なのです。ですから、このセミネールの全体を統括するのは、時間化の問いだけでなく有限性の問いでもあるのです。『存在と時間』とまったく同じです。存在の問いの超越論的地平としての時間なのです。ハイデッガーは、ですから、『存在と時間』ですでに切り開いた道の上で、ある足取りを反復しているのです。とはいえ、もちろん、この有限性を、有限性というこの問いを、「人間とは何か？」という問いを担うもう一つの三つの問いの根源として強調しなくてはならないのは、想起しておかなければなりませんが、人間と動物が共有するものが有限性だからであり、ある種の有限性だからです。人間と動物はどちらも死すべきものです。石は「有限」ではありません。石は有限ではあるけれども石の「有限性」というものはありません。石の有限性が語られることは決してないでしょう。それに対して、動物の有限性は、人間の有限性と同様、語りうるものです。しかしハイデッガーが、彼の後を追って私たちが反復することになる所作で押し通そうとする限界は、人間と動物のあいだの限界であり、人間だけが、ここで問題になっている有限性という意味で「有限」であるような限界なのです。この意味では、動物は有限ではありません。この言表を受け入れることが――そうではないでしょうか？――難しいとしても！……動物には有限性はないというのは、動物には言葉がないというのと、動物は「本来的に」、本当の意味で死ぬのではない等々というのと同じことです。この有限性の問いが、このセミネールの全体を貫いています。

あいかわらず、私たちにとってもっとも重要な動物に関するテクストに近づく手前に、世界についてもう一つの段階があり、それでようやく、動物についてのあの言説を構造化している「三つのテーゼ」の出現の間近に出ます（結局のところ、こうして論の進め方が見えてくるのです。これはセミネールですから、異なる段階があるのだということが分かります。週を追ってこのセミネールを書き継ぎながら、ハイデッガーが毎週教室に戻っていくところが眼に浮かびます。こうしたわけで、このテクストは、同時に、非常に精彩に富み、これまでにない、そしてややバロック風の必然性が感じられるとともに、構成上やや奇妙なところもあるように見えます。もし時間があったなら、このテクストの地位、方法、そして非常に特異なその足取りに、それにふさわしい注意を払いたかったところですが。このテクストは、したがって、本当は段階を一つずつ踏んで追っていくべきものなのです）。ですから、第二部の第二章にあたる四二節で、この本の本当の真中で、問われるのは世界の問いそのものなのです。「世界への問いとともに、形而上学的に問うことがはじまる」[14]。これがこの章の表題で、すぐに四二節の表題が続きます。「三つの主導的なテーゼを比較考察する道［*Der Weg der vergleichenden Betrachtung*. ハイデッガーが「比較」という言葉を使ったのは、私が知る限りこれ一回きりです、これから比較の手続きに取りかかると彼が予告したのは］——「石は世界がない（*weltlos*）」、「動物は世界に貧しい（*weltarm*）」、「人間は世界形成的である（*weltbildend*）」」[15]。この三つのテーゼは世界についてのテーゼなのです。石について、動物について、人間についてのテーゼではなく、世界についてのテーゼです。問題は、こうしたことが言えるからには、世界とは何であるのかを知ることです。この道のりで私の眼にもっとも興味深く映ること、しかも同時にもっとも目につきにくいことは、ハイデッガーが、いわば、こんな風に言う局面です。最終的に、世界とは何であるかは分からない！ 結局のところ、これはとても不分明な概念だ！ 武装したテーゼからなる軍隊のように彼が前進するまさにそのとき、意気沮喪が生じ、要するに彼はこう言うのです。まったくもって、世界というこの概念は不分明だ。彼は、結局のところ、「世界」とは何を意味するのかを知らないのです……。ハイデッガーに本当に、いうなれば、もっとも問題的なもの、もっともアポリア的なものに取り組んだ人として信を寄せて読もうとするならば、こんな風に言えるでしょう。結局のところこれらすべては、一見積極的な、自信に満ちた、人間、動物および石についてのこれらのテーゼのすべては、この演劇的戦略において、教育的演劇の大がかりな戦略において、ハイデッガーが次のように述べる局面を取り囲むことをもって、いわばその唯一の目的としているのだと。結局のところ、世界とは何か、それは分からない、それは非常に不分明な、ますます不分明になってゆく観念だ。しかし、このような言表がハイデッガーのような人においてどれほど深刻なものかを感得するためには、これ以前に『根拠の本質について』[16]で、しかしまた特に、世界についての、世界内存在についての本である『存在と時間』で、彼が世界の問いへの根底的に斬新なアプローチを提出していたことを思い出さなければなりません。ですから彼は、このセミネールで、あらためて世界の問いを立てたわけです。「われわれは先の三つの問いのなかの第一の問い、世界とは何であるか？　からはじめる（*Wir beginnen mit der ersten der drei Fragen: Was ist Welt?*）」。そして彼は三つの（また三つ……）可能性を区別します、この問いに取り組むための三つの「道」を。そのうちの二つは先行する著作で彼がすでにたどった道であり、一つは新しく、彼がこれからたどる道です。最初の道、「これを明らかにするためのもっとも近い」道は「歴史記述」の道です。つまりまず、「世界という語の歴史」です。しかし、「語の歴史は外堀をなしているにすぎない」。ですからもっと遠くに、「この語に籠められている概念の形成の歴史」まで行かなければなりません。彼は言います、それは『根拠の本質について』でたどろうとした道であると。ギリシャ的コスモスによってはじまるこの道の上では、キリスト教的な世界概念がとりわけ重要です。

世界問題のなかでもっともよく知られたものは、世界と神との区別のうちに見られる。世界とは、神的でなく、神的なものの外に存在するものの全体である［ですから被造物、創造されたものの全体です］。次にまた、この存在者の全体は、キリスト教的な意味では、創造されざるものに対する創造されたものである。［……］その場合、人間も、このように理解された世界の一部である。しかし人間は単に世界のうちに現れ出てきていて世界をともに構成して世界の一部になっているだけでなく、人間は世界に対して対立して立ってもいる。この対立して立っていることは、世界を持つことである［そして彼は、持つを強調しています。*Dieses Gegenüberstehen ist ein* Haben *der Welt.* 人間は世界を持つのに対し動物は世界を持たないと、あるいはむしろ、世界を持つことなく持つ、あるいは持ちつつも持たないと言われることになるので、事態は非常に錯綜していきます］。すなわち、人間がそのなかで動くその場所として、人間が取り組む相手、つまり人間が支配すると同時に奉仕もする相手、そして人間がすっかり引き渡されてしまっている引き渡され先として、世界を持つということである。だから、㈠人間は世界の一部である、㈡このような世界の一部として人間は世界の主人であると同時に下僕でもある（*zugleich Herr und Knecht der Welt*）、ということになる。[17]

しかし、彼はこの第一の道を初歩的な粗描のように放棄します。第二の道は「史学的な道」を放擲して『存在と時間』でたどられた道であり、「世界現象の特徴づけ」の道です。

世界概念の了解へのこのような史学的な道とは区別して（*Im Unterschied zu diesem historischen Weg*）、私は『存在と時間』において、われわれが差し当たり大抵の場合日常的にわれわれの世界のうちで動いている動き方を解釈することを通して世界現象の最初の特徴づけを試みた。〔……〕われわれにとってまったく近いこのこと、誰もが分かりきったこととして毎日行っているこのこと、これが根本的にはすでに遠いこと、分からないことなのである。[18]

ですから彼は、自分が二、三年前にしたことを想起しているわけです。『存在と時間』におけるこの世界の扱い方、「世界内存在（*In-der-Welt-sein*）」の分析に反することは何も言われませんが、ここで彼が関心を寄せるのは「第三の道」なのです。ですから、動物についての諸テーゼを真剣に受け取ろうとするなら、ハイデッガーがこれらのテーゼを世界についての新たな問題設定の内部で提出していること、この問題設定は彼が『根拠の本質について』で試みたものでも『存在と時間』のそれでもないこと、第三の道（また三です、毎回三なのです……）を彼が欲していることを知らなくてはなりません。「いまはわれわれはむしろ第三の道——すなわち一種の比較考察（*vergleichenden Betrachtung*）の道を選ぶ。」

このくだりはやや詳細に読んでみましょう、動物たちがやってきますから。

人間は単に世界の一部であるだけでなく、人間は、世界を「持つ」という仕方において世界の主人であり下僕である、と前に述べた。人間は世界を持つ。では人間以外の存在者、人間と同じようにやはり世界の一部であるもの、動物、植物および物質的な物（例えば石）［これは物質的な物の唯一の例です］においてはどうなっているのか？　これらの物は、人間つまり世界の一部（*Stücke*）であるだけでなく世界を持ってもいる人間とは違って、単に世界の一部であるだけなのか？　それとも、動物もやはり世界を持っているのか？　もしそうなら、それは、どんなふうにか？　人間と同じ仕方でか、それとも別の仕方でか（*In derselben Weise wie der Mensch, oder anders*）？　［そして、いっさいがこの「別の仕方」になだれこんでいきます。］この別であることをどう捕らえればよいのか？　（*Wie ist diese Andersheit zu fassen?*）［ここに問いが現れます……「他者性」の問いが］石の場合にはどうなっているのか？　ここには、いまだ粗雑にではあるが、いくつかの差異が見られる。この差異をわれわれは次の三つのテーゼ［あいかわらず三つ……］によって確定的に表現する。㈠石（物質的な物）は世界がない。㈡動物は世界に貧しい。㈢人間は世界形成的である。[19]

続けて詳細に読んでいくこともできますが、ここで私にとって重要なのはハイデッガーの戦略です。それは非常に特異なものです。これら問いの、項等々の三幅対の内部で、三つのテーゼを比較考察において定立してから、この三重の比較の問いに入る最良の仕方は真中から入ることだと言うのです。それで中間のテーゼが、「真中のテーゼ(*der Mittleren These*)」[20]が選ばれることになるのです。

難しいのは次の点です。問題は動物性の本質に到達することであり、彼は事柄をまさしくこのように名指しているのですが、この本質は、生けるものの生きているという本性が前もって解明されている限りにおいてのみ規定可能なのです。「動物の動物性の本質(*das* Wesen der Tierheit *des Tieres*)[……]動物の動物性をわれわれが規定しうるのは[……]、生けるものの生きているという本性(*die* Lebendigkeit des Lebenden)をなしているのは何であるかがはっきり分かっている場合だけである[21]……。」ところが、「生けるものの生きているという本性」となると、これは動物が人間と共有するものです。それゆえ、動物性の本質一般は——その行程の途次で、ハイデッガーは動物たちの例をたくさん挙げてはいるのですが——、それらのあいだの差異(例えば蜥蜴とチンパンジーの差異)にもかかわらず、すべての動物たちが、「動物性の一般的本質」に帰属するということが、決して問い返されない場合にのみ語りうるものになるでしょう。彼の問いは、「人間の人間性の本質」(*das Wesen der Menschheit des Menschen*)に対立する「動物の動物性の本質」(*das Wesen der Tierheit des Tieres*)なのです。なぜでしょうか?「生きていないものと異なる生けるものの生きているという本性」とは「死ぬ可能性」だからです。動物は、一見それが死ぬことができるように見えるからこそ、死ぬことのできない石と区別されるのです。「石は生きていないがゆえに、石が死んでいるということはありえない」。こうなると——そうする時間が私たちにはないのですが——このくだりを、別の場所で、私がまさにここで、また『アポリア』で引用した諸テクストで彼が述べていることと関連づけなくてはならないでしょう。そこではハイデッガーは文字通りこう述べているのですから。「動物は死なない」、それは生きることを終えるのであり「果てる」のだと。ここでは彼は、動物は死ぬと言っています。

動物の動物性をわれわれが規定しうるのは、死ぬ可能性さえも持っていない(*das nicht einmal die Möglichkeit hat zu sterben*)生きていない物と区別される(*im Unterschied zum Leblosen*)生けるものの生きているという本性をなしているのは何であるかがはっきり分かっている場合だけである。石は生きていないがゆえに、石が死んでいるということはありえない(*Ein Stein kann nicht tot sein, weil er nicht lebt*)。

言い換えれば、ここで彼が含意しているのは、「動物は死ぬ」ということです。ここから出発して彼は、生けるものの本質から出発して動物の本質の問いを立てるのです。しかし、そうなると、この文を、彼が別の場所で、あれほど力をこめて言っていること、すなわち、動物に固有なことはそれが「死なない」ということだということと、どう折り合いをつけたらよいのでしょうか? 動物は生きることを終える（*verenden*）、死ぬことなく、*sterben* することなく。というのも、ここで用いられている *sterben* という語が、かつて私が引用したあれら他の諸テクストでは、動物には欠けているからです。ここでは動物は、石とは異なり、「死ぬ」のです。そこで再び、一つの謎のように、そしてハイデッガーが事あるごとにそうするように、「生」とは、「その本質において」何であるのか、「生けるものの生きているという本性」とは何であるのかという問いが立てられることになります。そして、もちろんこれらすべては、私が他の場所でおおいに強調し、さらに今週この場でも強調したこと、すなわち、現存在はハイデッガーによって明瞭に「実存するもの」として定義されており、この「実存するもの」は、本質的に、「生けるもの」ではないということを背景として浮上してくるのです。生という規定、生への参照は、現存在を規定するうえで本質的ではないのです。だからこそ、この動物の問いとともに、それによって開かれた問題領域の破格の広大さ以外にも、生の問いも、動物たちにおいてだけでなく現存在における生の問いもまた出てくるのです。ということは、いま開こうとしている諸テクストを読みながら、たえず私たちは、動物たちと呼ばれるものの問いに、ハイデッガーが挙げる諸例を含めて関心を寄せると同時に、しかしまた、現存在の動物性の問いにも関心を寄せなければならないということです。もちろんハイデッガーはこの問いを――彼の生と思索のはじめから終わりまで、と言っておきましょう――遠ざけるか、未決のままにしておくのです。

読んでみたいのは――でも今何時でしょう？　六時、もう！　それでは……――強調しておきたかったのは、このテクストにおける眩暈と円環の諸局面です。時間が要るのはそれなのです、すなわち、彼が足取りの円環性、眩暈と呼ぶものに関して、彼が白状する、言明する困惑に関心を寄せること――彼はおおいに眩暈（*Schwindel*）を強調します、その堂々巡りを……。これらの比較考察がある円環に捕われていることに彼は気づきます、そしてこの円環が眩暈を引き起こすことに。彼はおおいにこの眩暈を強調し、それは *unheimlich*〔不気味〕であると述べるのです、«*Schwindel ist unheimlich*» と。このテクストには頭がくらくらして眼が回るような局面がいくつもあることを、できれば私は見定めたかったのです、ハイデッガーが眩暈は *unheimlich* であると告白する局面、しかしまた、この眩暈は必要であると言明する局面を。[22] この眩暈は動物についての問いかけの眩暈であり、そして最終的に、世界概念そのものが、覚束なく、そして脆弱になっていくのです。

ですが、ちょうど十分しか時間がないので、テクストからは遠ざかったほうがいいでしょう。もっとも難解な場所の一つは、動物は *weltarm* であるというテーゼを支えるべきところで、この貧しさは位階秩序に捕われてはいないと、それは単に「より少ない」ことではないということを彼が強調しようとするときです――これは支持するのが非常に難しいことです。貧しいとは豊かさがより少ないことなのに、それならなぜ「貧しい」と言うのでしょうか?……そこで彼は言うのです、ここには位階秩序は、「価値の序列」はないと。[23] 他方では、この貧しさは「欠落」から出発して規定されるべきものです、そしてそこで彼は、ひとまとまりをなす欠落の思考を展開します。動物は「欠落」している、そしてこの欠落は、単に否定的な感情なのではない――彼はまずそう言います。石は欠落していない、石は世界がない、しかしそれは欠落しているのではないと。そして、石は世界がなく、しかも欠落しているのではないのだから、それは世界に「貧しい」とは言われないだろうと。言い換えれば、動物についてそれは世界に貧しいと言うということは、それは世界を持っていることを示すことです。そしてハイデッガーはたえず、意図的に矛盾したことを述べます、すなわち、動物は世界を、「持たない」という様態で持つと。動物は「欠落」している、そしてこの欠落には、それがある感情を持つということが含意されています。「おのれを貧しく感じること」、[24] «*Ar-mut*» というのは、一つの「おのれがあると感じる様態」のことであり、気分〔tonalité〕であり、感情なのです。動物はこの世界の欠落を感じるのです。ですから、序列でもなく、目的論でもなく、目的原因論でも機械論でもなく、アリストテレス以来の巨大な伝統、〈ステレーシス〉、欠落〔＝剝奪 privation アリストテレス『形而上学』、五巻二二章参照〕なのです。最後に動物は、この欠落に「幽閉されている」[25]と言われます——そしてハイデッガーが語るのは「包囲」であり、没入であり、茫然自失（*Benommenheit*）[26]であって、動物は茫然自失のうちに幽閉されているけれども、そこには欠落の感情がともなっているというのです。こうしたテクストは、もちろん、非常に綿密に調べなくてはなりません、動物を人間の下位に置いているとハイデッガーを非難するとしても、彼の側ではそれとは別のことをしているのだと主張しているということを忘れないようにするために。すなわち、この貧しさは〈より少ない〉を意味するのではなく、ある意味では〈より多い〉を意味しさえする、欠落の感情が示していることは、動物はなにごとかを感じることができるけれども石にはできないということなのです。そこで、この *Benommenheit* を分析しなければなりません、〔フランス語では〕«accaparement»〔「独占」「専有」の意から「あることに心を奪われていること」〕と訳されているこの茫然自失〔hébétude〕を。それは〈挙示的なもの〉と、「それとして」と、ある本質的な関係を持っています。例えば蜥蜴は〔本来なら、このテクストのすべての蜥蜴に立ち返らなければならないでしょう……〕、それに現れる石への関係を持つ、それに現れる太陽への関係を持つ、しかしそれらはそれに、「それとして」現れるのではない。

もちろん、性急な言い方になりますが、これまで何回も示唆してきたように、時間があったならその布石を敷くことを私が試みたはずの脱構築的戦略は、ハイデッガーが「それとして」について述べることに異を唱えるのではなく、おそらく――「動物は世界を持ちかつ持たない」、それゆえ「それとして」を持ちかつ持たないといったタイプのあれら矛盾した言表の数々を、それこそ分析し、形式化し、説明するために――「それとして」と「それとしてではなく」のあいだの、ハイデッガーまで含めた哲学というものの全体において絶対的な構造化要因であるあの対立、あたかも「それとして」（*als Struktur*〔「として」‐構造〕）とその反対のあいだにしか選択肢はないかのようなあの対立から、最終的には出て行かなくてはならないということを強調することになるでしょう。それで私は、〈アニモ〉の、複数の動物《アニモ》たちのあいだの差異を踏まえた分析を行うなら、「それとして」というこの問題設定は複雑なものになるはずだと考えているのです。私ができれば強調したかった要素の一つ、この問題設定への手がかりの一つは、嘘と挙示的ロゴスの問いを分析するハイデッガーが、次のことに言及する局面です（これは私自身戦略的に非常に重要な論点とみて、事あるごとにおおいに強調してきたことでもあります）。それは、アリストテレス自身が、ロゴスのなかの、挙示的ならざる契機を、言明的、言表的ではない契機を考慮して、そのとき例として祈願を挙げていることです。「挙示的でないロゴスの一種は例えば祈願〈εὐχή〉などである。[27]」ここでアリストテレスは、*logos apophantikos*、「指示的な〔monstrative〕」言――私が「私」と言うときそれは指示的な言であり、すなわち「あなたに話すこの私」ということであり、私は私を示しています――と、挙示的ではない、例えば祈願のような、何も示さない、ある意味では「何も言わない」刻印〔marquage〕（私ならここでロゴスとは言わないでしょう）とのあいだに区別を設けています。そしてここで、挙示的ではないロゴスという可能性は、私の考えでは、この装置の全体に、一つの裂目を開くことになるでしょう。けれども、このことを示す時間はありません。

最後に、駆け足になりますが、家内動物にかかわるくだりを読んでみましょう、なぜならそれは、さきほど私たちが、家内動物ではありながら、私の考えでは、馴致されたり、調教されたり、「飼い馴らされたり」しない猫の例を挙げて話したことだからです。このくだりは五〇節にあり、その表題は「世界を持つことと持たないこと、それは移し置かれを保証しうること云々……」となっています。この局面でハイデッガーが錬成する問いは以下のようなものです。われわれが人間について言うことを、現存在に移し置く〔*versetzen*〕ことができるか？　*versetzen* とは、移し置くこと〔transposer〕とは何か、まず人間から人間へ、人間のあいだで移し置くこととは？　移し置くとき、何がなされているのか？　これはこの比較考察にとって本質的な問いです。移し置くこととは何か、そしてわれわれは動物に移し置くことができるか？　これは擬人化等々にかかわる問いの全体をなすものです。そのとき、〈他のものたちのなかに移し置かれてあること〉について長々と展開されたこの大きな問いの内側で、それを人間的現存在の一つの本質として、〈移し置くことができること〉を現存在の固有のものとして特徴づけながら、ハイデッガーはこう書いています。

〈他のものたちのなかに移し置かれてあること〉は人間的現存在の本質に属する（*Das Versetztsein in Andere gehört zum Wesen des menschlichen Daseins*）。このことを眼中に銘記するならば、われわれは、人間が動物のなかへとおのれを移し置くことの可能性という特別の問題のために一つの本質的な指針を得ることになる。そうは言うけれども、いったいそれが何の役に立つのか？　それによって、われわれがあるとき、おのれをある動物のなかへと移し置けと言われたら困ってしまうあの困難が除去されているのか？[28]

そして、移し置きの例として、私が読んでみたかったこのくだりに至ります。これを読んでから終わりにしましょう。

一つの意味深長な例を、家内動物（*die Haustiere*）の例を挙げよう。家内動物が家内動物と呼ばれるのは、家内動物がたまたま家のなかにあることになっているから（*weil sie im Haus verkommen*）ではない。家内動物が家内動物と呼ばれるのは、それらが家に属しているから（*weil sie zum Haus gehören*）［蟻は家内動物ではない、家内動物は単に家のなかにいるのではない、それらは家の一部をなしているのだということです］、つまり家のためにある仕方で役に立っているからである（*d. h. für das Haus in gewisser Weise dienen*）。しかし家内動物は、風雨から家を守る屋根のようには、家に属しているのではない［それらは任意のもののように家に属しているのではない、道具が、例えば屋根が役立つように役立つのではない、道具の役立ち方はまた別だということです］。家内動物はわれわれによって家のなかで飼われているのであり、家内動物はわれわれとともに「生きている」のである［括弧に入れてしかも強調しています。*sie* «leben» mit uns］。ただし、生きるということが、動物の仕方においてあることをいうのであれば、われわれ人間は家内動物とともに生きているのではない（*Aber wir leben nicht mit ihnen, wenn Leben besagt:* Sein *in der Weise des Tieres*）［言い換えれば、動物はわれわれとともに生きているけれどもわれわれはそれらとともに生きていない、もし生きるということが、動物がすることを意味するならば、ということです。ですからここでは、生きるということの意味が変化しているのです］。にもかかわらず、われわれ人間は家内動物とともにある［強調されています］（*Gleichwohl* sind *wir* mit *ihnen*）。しかしまた、この〈ともにある〉は〈ともに実存する〉ではない（*Dieses Mitsein ist aber auch kein Mitexistieren*）。ある犬は実存してはおらず、ただ生きているだけなのだから（*ein Hund nicht existieren, sondern nur lebt*）

［そしてもちろんここで実存という語は、現存在の分析論がそれに保証する射程のすべてを具えています。犬は現存在を持たない、それは実存しない、それはただ生きている、そしてそれが〈実存すること〉と〈生きること〉の差異であり、*Mitgehen* あるいはこの *Mitsein* の《*Mit*》のなかの差異なのです。それが、動物とわれわれのあいだの、非対称的な差異なのです］。動物たちとのこの〈ともにある〉は、人間が動物を人間の世界のなかで動くにまかせておく、という形を取っている。犬が机の下で横たわっているとか、犬が階段を跳びあがってくるとかとわれわれは言う。けれども犬は――机としての机に、階段としての階段に態度を取っているのだろうか？

以上です！　こうしたわけで彼は、この後ある局面で「それとして」に関してこう言うのです。犬は階段を昇る、ときにはわれわれよりも上手く、速く。しかしそれは、「それとして」の階段への関係を持ってはいないと。こうしたわけで彼は、また別の一節では、動物に現れるもののことが語られるときには、すべての語に線を引いて抹消しなければならないはずだとも言うのです。[29] 要するに、*Durchstreichung*〔語の抹消〕の全面化です！すべての語に線を引いて抹消すること、それらの語がその意味論において実存によって規定されている場合には。それらの語が現存在の実存から出発して規定されている場合には、それらの語の何も動物にはふさわしくない。ゆえにそれらに線を引いて抹消しなければならない。除去しなければならない。私が先日の講演で、〔『精神について』の〕動物の抹消へのあの言及を想起させていただいたのもこの理由からでした〔本書一〇二―一〇四頁〕。しかし、動物自身には抹消ができるのでしょうか？　ラカンが言うような偽装の偽装という意味ばかりでなく、私が想起したような、ハイデッガーのテクストに、必要なすべての抹消を施しに来る動物＝機械の可能性という意味において？……

テクストはこう続きます。

そしてしかし、犬はわれわれとともに階段を昇る。それはわれわれとともに餌を食む――違う、われわれは餌を食むのではない（*nein, wir fressen nicht*）。犬はわれわれとともに食事をする――違う、犬は食事をするのではない。そしてしかし、われわれとともにではある〔犬はそのことをわれわれとともにすることはする〕（*Und doch mit uns!*）！　ある種の同行（*ein Mitgehen*）、ある種の〈移し置き〉（*eine Versetztheit*）はある――そしてしかし、そうしたものはない[30]（*und doch nicht*）。

ここここそは否定＝否認の局面であり、ここでこそそれは起きています。けれども、それは彼が間違っているという意味ではありません。もちろん、動物はわれわれのようには食べません、そもそも誰も同じ仕方では食べません。数々の構造的差異があるのです、同じ皿から食べるときでさえ！……しかし、私が示唆したかったことは――もちろんこれはひと言で言い表しただけの命題であり、私自身を凌駕する大望なのですが――、これらの差異はもはや、「それとして」と「それとしてではなく」のあいだの差異ではないということです。

「そしてしかし、われわれとともにではある！　ある……そしてしかし、そうしたものはない……」！　この感嘆符、この巨大な言説を通じて、本当はそれを追ってみたかったのです。私にその時間と余力があれば、いずれやってみたいと願っています。このテクストは非常に内容豊かなので、正当に評価したいのです。そのためにはこのテクストの足取りに即してそれを追っていく必要があり、いま即興で言っていることよりは、もう少し練成度の高いことを言う必要があるでしょう。

先のほうで、彼は再び死について、『存在と時間』と同じように人間的死について語ります。また、動物における衝動、性衝動、巣づくりのこと等も語ります。しかし、いずれにしても、次のことは変わりません。

　動物はそれとしての存在者へと態度を取るのではないということが本当ならば、振る舞いのなかには存在者をそれとしてあるにまかせるということはまったく含まれていない――このようなことはまったくなく、どんな様態においてもない[31]――（*Wenn dem so ist, daß das Tier sich nicht zu Seiendem als solchem verhält, dann liegt im Benehmen überhaupt kein Seinlassen des Seienden als solchen — überhaupt keines, in keinem Modus...*）……

動物は「あるにまかせる」ことができない、「ものをそれがあるがままにあるにまかせる」ことが。それはつねに有用性の、遠近法化の関係を持ち、ものをそれがそうであるがままにあるにまかせない、衝動の、欲望の狭い「管」に導かれた企図なしに、それとして現れるにまかせない。[32] このとき出てくる問いの一つは、それでは人間はそうしているのかということでしょう。言い換えれば、私が従っていきたいと考えている戦略の規則を示すとすれば、それは、「それとして」の構造の、あるいは「それとして」と「それとしてではなく」の対立の隠れた襞を繰り広げ、襞の数を増やして多様化し、いくつもの葉《フィユ》＝頁のようにしていくということだけではないでしょう。ましてハイデッガーが、動物が「剝奪されている」（＝欠落している privé）と言うところのものを動物に返すことでもなく、それでは人間のほうは、「それとして」なるものを、果たして持っているのかどうか問う必要があるということでしょう。それこそ、規定性のきわめて大きな、刻印力のきわめて強い存在者や経験に関して——死はもちろん重大な例ですが（以前この場で、この観点から取り組んだことですが）、それだけでなく、随所において——、現存在（人間とは言わないことにしましょう）の存在者への関係を、遠近法化という、生きている、実益のある企図のいっさいから、生死にかかわる意図のいっさいから、人間であれば存在者を「あるにまかせる」ことができるように、解放することができるのでしょうか？　というのも、それとしての存在者への関係というのはそういうことだからです。すなわちあるところのものを、それがそうであるものであるにまかせる限りでのそのものへの関係ということであり、つまりは、われわれ自身の遠近法から、われわれ自身の意図から出発してそのものに接近するのではない、そのものを把握するのではない、そのような関係においてということなのです。それがそうであるがままの太陽と関係を持つためには、私はある仕方で、それが私が不在のときにそうであるがままの太陽と関係を持たなくてはなりません、客観性というものはまさにこのように、死から出発して構成されるのです。そのようなことが可能だとして、それ自体においてそれがそうであるがままのものと関係を持つということは、それがそうであるがままに、私がそこにいなくてもそうであるだろうそのままにそれを把握するということです。私は死ぬかもしれない、あるいは単に部屋から出ていくかもしれない、それでも私は知っている、そのものはそれが現にそうであるものであるだろうということ、それが現にそうであるものであり続けるだろうということを。だからこそ死というものがこれほど重要な分割線でもあるのです、可死性から出発してこそ、死んでいるという可能性から出発してこそ、ものごとをそれがそうであるがままにあるにまかせること、いわば私が不在のときにそのようにすることができるのであって、私の現前は、私が不在のときにそのものがそうであるだろうところのものを、開示するためにのみそこにあるのです。そうなると、そのようなことが人間に、果たして純粋な形でできるのでしょうか？「それとして」の存在者——すなわち「存在論的差異」ということですが——への、存在者の存在への把握の関係を、人間は持っているのでしょうか、存在者の存在を、人間が、それがそうであるがままに、どんな種類の意図、生きている意図も不在なときに、そうであるがままにあるにまかせるような、そのような把握の関係を？ 明白なことは、ニーチェとハイデッガーの相違は、ニーチェであればここで否と言うだろうということです。すべては遠近法のうちにある、存在者への関係も、もっとも「真なる」、もっとも「客観的な」関係でさえも、あるがままにあるところのものの本質をこのうえなく尊重するような関係でさえも、生けるものと、生と、ここで呼ばれるだろうものの運動に捕われている。そしてこの観点からは、動物たちのあいだにどんな差異があろうと、それはあくまでも「動物的な」関係なのです。ですから、問題となる戦略は、「それとして」の決定的性格を低減させていくことになるでしょう、そして単に動物に言葉を返したり、あるいは動物に、いわば人間がそれから剝奪するところのものを与えたりする代わりに、そうしたものは人間にも、ある仕方で、「欠落」しているということを際立たせることでしょう。それは欠落ならざる欠落であり、ということはつまり、純然たる「それとして」なるものはないということなのです。以上です！　それにはもちろん、生けるものの根底的な再解釈が前提とされますが、それは「生けるものの本質」「動物の本質」といった言葉でなされることではありません。それこそ、問いそのものです……。ここに賭けられている論点が、もちろん、きわめて根底的だということを私は隠そうとは思いません、「存在論的差異」が、「存在の問い」が、ハイデッガーの言説の骨組み全体が問題となるほど根底的だということを。

1　まえがきで詳らかにされているように、この最終章はコロックの終わりにジャック・デリダが即興で行った報告の録音記録を起こしたものである（編者注）。

2　Martin Heidegger, *Die Grundbegriffe der Metaphysik — Welt-Endlichkeit-Einsamkeit; Les concepts fondamentaux de la métaphysique — Monde-finitude-solitude*, tr. fr. Daniel Panis, Paris, Gallimard, 1992.〔『形而上学の根本諸概念——世界—有限性—孤独』、川原栄峰／セヴェリン・ミュラー訳、創文社、一九九八年。訳文一部変更〕。

3　*Ibid.*, § 72 b, p. 448.〔同書、七二節b、四八七頁。原著《§ 72 c》を訂正〕。

4　*Ibid.*, § 72 b, p. 449.〔同書、七二節b、四八八頁。原著《§ 72 c》を訂正〕。

5　*Ibid.*, § 2 b, p. 21.〔同書、二節b、二二頁〕。

6　アリストテレス『形而上学』、九八三a。

7 *Les Concepts fondamentaux de la métaphysique...*, *op. cit.*, «*Considération préliminaire*», § 6 b γ, p. 43.〔『形而上学の根本諸概念……』、前掲、「予備考察」六節bγ、三七頁。訳文一部変更〕。

8 *Sein und Zeit*, *op. cit.*, § 6.〔『存在と時間』、前掲、六節〕。

9 *Les Concepts fondamentaux de la métaphysique...*, *op. cit.*, § 16 a, p. 97.〔『形而上学の根本諸概念……』、前掲、一六節a、九九頁〕（これは節の表題である）。

10 *Ibid.*, § 16 b, p. 100-102.〔同書、一六節b、一〇三頁〕。

11 *Ibid.*, § 39, p. 255.〔同書、三九節、二八一頁。訳文一部変更〕（これは節の表題である）。

12 *Sein und Zeit*, *op. cit.*, § 68 b, p. 346.〔『存在と時間』、前掲、六八節b〕。

13 *Les Concepts fondamentaux de la métaphysique...*, *op. cit.*, § 39, p. 257.〔『形而上学の根本諸概念……』、前掲、三九節、二八三頁。訳文一部変更〕。

14 *Ibid.*, Deuxième partie, Chapitre II, p. 265.〔同書、第二部、第二章、二九一頁〕。

15 *Ibid.*, § 42, p. 265.〔同書、四二節、二九一頁〕（これは節の表題である）。

16 *Vom Wesen des Grundes*, フッサールに捧げられた在職五〇周年記念論文集に初出。*Jahrbuch für Philosophie und phaenomenologische Forschung*, Halle, Niemeyer, 1929.〔『哲学及び現象学的探究のための年鑑』、ハレ、ニーメヤー、一九二九年〕。

17 *Les Concepts fondamentaux de la métaphysique...*, *op. cit.*, § 42, p. 266.〔『形而上学の根本諸概念……』、前掲、四二節、二九二頁〕。

18 *Ibid.*, *loc. cit.*〔同書、二九二―二九三頁〕。

19 *Ibid.*, § 42, p. 267.〔同書、四二節、二九三頁。訳文一部変更〕。

20 *Ibid.*, Deuxième partie, Chapitre III, p. 277.〔同書、第二部、第三章、三〇三頁〕（これは章の表題である）。

21 *Ibid.*, § 43, p. 269.〔同書、四三節、二九五頁。訳文一部変更〕。

22 *Ibid.*, § 43, p. 271.〔同書、四三節、二九七頁〕。「……哲学的問いなるものに際して一回もこの眩暈に襲われたことのない人は、一回も哲学しつつ問うたことのない人である。」

23 *Ibid.*, § 46, p. 290.〔同書、四六節、三一三頁〕。

24 *Ibid.*, *loc. cit.*〔同書、三一七頁〕。「……おのれを貧しく感じること（"*nämlich* wie *ihm dabei* zu Mute *ist* — Ar-mut"）〔すなわち貧しいことでどんな気分なのか――「貧しさ」を意味する《Armut》の《-mut》を分離してハイデッガーは「感じ」「気分」（Mut）の意味を持たせている（訳注）〕」。

25 *Ibid.*, § 47, p. 295.〔同書、四七節、三二二頁。訳文一部変更〕。

26 *Ibid.*, en particulier § 58 b.〔同書、とりわけ五八節b〕。

27 *Ibid.*, § 72 b, p. 447.〔同書、七二節b、四八五頁〕（アリストテレス『オルガノン』〔「命題論」、四、一七a一〕への参照）。

28 *Ibid.*, § 50, p. 309.〔同書、五〇節、三三七頁。訳文一部変更〕。

29 *Ibid.*, § 47, p. 249.〔同書、四七節、三二一頁〕。「蜥蜴が岩板の上に横たわっている、とわれわれが言うとき、本当は、われわれは「岩板」という語を抹消するべきなのだ（*so müssen wir das Wort «Felsplatte» durchstreichen*）。蜥蜴がその上に横たわっているそのものは、たしかに蜥蜴になんらかの仕方で与えられてはいるが、しかし岩板として識られているわけではない（*nicht* als *Felsplatte*）ということを暗示するために。この抹消は（……）岩板が存在者としては絶対的に接近通路不可能だということを言うのである（*Die Durchstreichung besagt* […]: *nicht* als Seiendes *zugänglich*）。」〔訳文一部変更〕昆虫にとっての草の茎も同様である……。

30 *Ibid.*, § 50, p. 310.〔同書、五〇節、三三八頁〕。

31 *Ibid.*, § 60 a. p. 369.〔同書、六〇節a、四〇〇頁。訳文一部変更〕。

32　*Ibid.*, § 47, p. 295.〔同書、四七節、三二一―三二二頁〕。「動物は動物としてそれぞれが自分の餌の、獲物の、敵の、性的パートナーの圏域の特定の関係を持っている。この関係はわれわれには無限に把握困難であり、多大細心の方法的注意を必要とするものであるが、これは、形而上学的には従来まだまったく見られもせず、概念把握されもしていない一つの独特の根本性格を持っている。〔……〕われわれが「生」と呼んでいる動物の存在様態には、動物とならんでやはり存在する他のもの、動物がそれらのあいだに混じって存在する生けるものとしてあるに至っているその他のものへの接近通路がなくはない。そこで、この連関をもとに人は言う、動物は環世界を持つ、動物はそのなかで動くと。動物は、その生の持続のあいだ、広がりもせず狭まりもしない管のなかに（*in einem Rohr*）いるかのように、自分の環世界に幽閉されているのである。」〔訳文一部変更〕。

1997年のコロックにて。左からリピット水田堯氏、著者、訳者。

訳者あとがき

「まえがき」で編者のマリ＝ルイーズ・マレが指摘している通り、本書の成立の経緯には、没後出版であること、また十日間のコロックのさなかに行われた長大な講演であることに由来する特殊な諸事情がある。コロック最終日に原稿なしで行われたⅣのハイデッガー論をのぞいても、二日にわたり、十二時間余に及んだ三部構成の講演は、その長さもさることながら、いささか風変わりな姿をしていることは否めない。自伝的な語り、さまざまな文学テクストの読解、聖書解釈、神話分析が、独特の形で組み上げられた、うねるような展開ののち、ようやく本書の半ば近くで、デカルトによる動物＝機械論の詳細な検討が開始される。

とはいえ、デカルト、カント、レヴィナス、ラカン、ハイデッガーという五人の哲学者、理論家の動物観を俎上に載せたこの部分を講演の「本体」とみなし、他の部分には導入的、副次的、末梢的な位置づけしか与えないとすれば、本書と「正面」から向き合ったことにはならないだろう。本書で繰り返し想起されるギリシャ神話の幻獣キマイラは、頭は獅子、胴体は山羊、尻尾は蛇という三つの部分からなっているとされるが、本書の「身体」もどこかキマイラに似た、独特の雑種性をそなえている。

この講演では複数の、少なくとも相対的に独立した企図が綿密に節合され、ある序列なき照応関係を形成している。その点にやや読みづらさを感じる読者もおられるだろうし、また「動物」というテーマが他のテーマ以上に、各自各様の「反応」または「応答」を促すことも想像に難くない。本書の読み方はその意味でも無限に多様でありうるが、ここではあえてアプローチの角度を限定し、補足的な解説を加えることで読解の便宜を図ることにしたい。

一　本書の表題

本書をお読みいただいた方にはすでに明らかなように、この講演はある固有のパフォーマティブな作品性を備えている。意表をつく言葉の発明がつぎつぎに繰り出される曲折の多い展開に、はじめのうちはまるで迷宮に迷い込んだような印象を受けるかもしれない。

この点で顕著な特徴は、なによりまず、本書の表題そのものに表れている。*L'animal que donc je suis* という原題は、フランス語の動詞 être（ある／〜である）と suivre（追う／従う／続く等）が、一人称単数で suis という同じ形を取ることを手がかりに組み立てられた多義的な名詞連辞である。さらに接続詞 donc の挿入によって、デカルト的コギトの命題、Je pense, donc je suis（私は考える、ゆえに私はある）が、一見参照されているように見える。

とはいえ、本書のⅠとⅡを通して断続的に与えられる説明を総合すると、この表題に集約された戦略的企図はもう少し複雑であることが分かる。まず、「私は（〜で）ある」という自動詞的な存在論的命題と、「私は動物を追う」という他動詞的な関係論的命題は、この表題によって、いわば同一の思考の平面に置かれる。「私は動物を追う」が「私は動物のうしろにいる」と書き換えうるとしても、それが「原初的な「私はある」を、変様させにくるのかどうかはさだかではない」（四一頁）。

この点はやがて、さらに一歩踏み込んで、存在論的命題に対する関係論的命題の、ある種の先行性の主張となる。「それとしての存在の問い以前に（……）他者の迫害ないし誘惑の問いがある（……）」（一六二頁）。しかし、この「以前」は、時間軸上の前後関係でも論理上の因果関係でもない、別種の先行性である。そこから、本書を通じて通奏低音のように響く、「時間以前の時間」の問いが、「時間の生成＝有史以来（depuis le temps）」という定型表現の反復が出てくるのである。

著者の証言を信ずるなら、donc という接続詞は、ひとたび l'animal que je suis という表現が形成されたのち、講演の間際になって思いつき、挿入したものだという（一八九―一九二頁。訳者はこのコロックに参加していたが、プログラムに記載されていた表題には確かに

donc は入っていなかった。講演の冒頭で、デリダはこの変更を告げたのである）。この証言は重要だ、なぜなら本書の表題はもともと、デカルト的コギトのパロディ的変形を意図して成立したのではないことが明言されているからだ。そしてこの「虚辞的接続詞はデカルトを、記念するのではなく召喚することを目的としている」（一九〇頁）と言われるとき、最終的に参照されるテクストは『方法序説』でも『省察』でもない。それは『方法序説』出版の翌年、一六三八年三月のある書簡であり、そこでデカルトがその論理的妥当性を否定する、「私は息をする、ゆえに私はある」という命題のなかの「ゆえに（donc）」なのである（二一四頁）。

そもそも l'animal que *donc* je suis という名詞連辞の「真中に」、「蝶番」のように置かれたこの語からは、コギトの命題におけるような、論理的連環を保証する意味作用は失われている。それは端的に虚辞であり、意味作用を欠いた語でありながら、あるいはむしろそれゆえに、一種名状しがたい刻印力を発揮する。フランス語の一単語でありながら、ここではもはやフランス語として用いられていないと言っても過言ではない。その意味で、「私が追う＝それである動物、このものは話すか？」（九〇頁）という奇妙な問いは、この表題がすっかりフランス語ではない可能性、さらには人語ではない可能性さえ示唆しているように思われる（マリ＝ドミニック・ガルニエは、この表題中の «que donc» という音の連なり、とりわけ喉音［k］の反復に、ある種の〈動物になること〉を聞き取っている

〔Marie-Dominique Garnier, «Animal Writes: Derrida's *Que Donc* and Other Tails» in *Demenageries—Thinking* (*of*) *Animals after Derrida*, Ed. by Anne Emmanuelle Berger and Marta Segarra, Rodopi, 2011〕)。

しかしそうなると、一方ではフランス語の固有語法（suis の同綴異義性）に根ざしながら、他方ではフランス語への、さらには人間的言語への帰属をみずから否定するかに見えるこのような表題が、果たして翻訳可能なのかという疑問が出てこよう。今回の翻訳にあたって参照した英語版（*The Animal That Therefore I Am*）とドイツ語版（*Das Tier, das ich also bin*）は、いずれも suivre の意味を犠牲にして、統辞論的構造を尊重することを選択している。この場合、表題としてのまとまりが維持される反面、コギトの命題への――多少とも偽装的な――参照が、著者の企図を超えて強調されるおそれがあるように思われる。日本語の場合文法構造の隔たりが大きく、そもそも統辞論的構造を尊重することには無理がある。そのためこの日本語版では、①名詞連辞を文に開き、②他動詞的な suivre（追う）の意味を強調し、③文法上は本質を規定する繋辞（「～である」）でしかありえない自動詞 suis（être）に存在の語義（「ある」）も認め、④その両義性を括弧によって処理することにした。

こうして最終的に「動物を追う、ゆえに私は（動物で）ある」という表現にたどり着いたわけだが、これが最良の選択かどうか、そもそも厳密な意味で翻訳と言えるかどうか、正直なところ確信はない。とりわけ「ゆえに」に論理的連環の意味が復元され、虚辞としての donc の野趣が失われてしまったこと、それとともに原題の意味論的不透明性が希薄になり、やや説明的になってしまったことは心残りである。その反面、著者自身の次のようなコメントには、ある程度通ずる解決を得たようにも思うがどうだろうか。

この表現は、自画像の不動の表象を描くものであってはなるまい。それはむしろ、息切れしつつ走ること、動作学ないし狩猟術、迫害の、ゆえに私がそれであるあの動物を、あるいは私が私の経験を報告することで追うものとされるあの動物を追跡する狩りの、動く映像の痕跡の数々に、私を入り込ませ拘束するものでなくてはなるまい。(一九八頁)

二　animal という「語」

本書にはまた、この著作を「動物論」と呼ぶこと自体を躊躇させる、根本的な問題提起が含まれている。「動物」というカテゴリーの単数形の使用そのものが、人間が他の動物たちに行使する最初の暴力として批判されているのである。「動物」が形而上学的概念であることを、これほどのこだわりをもって問題化した著作は、哲学史上おそらく他に例がないだろう。しかし、形而上学的概念に対するデリダの戦略は、一般に、単にその使用をみずからに禁じたり、あるいは別の語／概念に置き換えることではない。「自然言語」の固有語法を手がかりに、語そのものを変形したり、あるいは別の語との、詩的な、地下水脈的な連繫を手繰り寄せたりすることで、この語の用法自体に変化を引き起こし、これまでにない別の思考の可能性を開くことを追求する。

この講演では animal という「語」に二つのオリジナルな操作が加えられている。その一つは、animot という新造語の発明である。そのさまざまな含意については本書Ⅰの最後に三点にまとめられており（一二一―一二三頁）、また編者の「まえがき」でも簡潔に触れられている（一二―一三頁）。多少補足しつつ整理すれば以下のように言えるだろう。①単数形のなかに複数形（animaux）を聞かせること、言い換えれば、フランス語の文法構造における単数／複数の区別を決定不可能にすることで、複数性に還元されない多様性の思考を開くこと。②animot の接尾辞 mot によって、「動物」animal が「語」mot にすぎないことを想起させ、言葉と現実の取り違えに警鐘を鳴らすこと。③animot という新造語のキマイラ的「身体」性によって、「語」という単位そのものを実践的に脱構築すること。④著者自身の説明からやや逸脱するかたちで「動物的な語」というニュアンスで用いられている箇所もあり、その場合には「動物語《アニモ》」と訳した。

要するに animot という語ならぬ「語」によって示唆されるのは、ここでの課題が、形而上学が「動物」に欠落しているとみなすもの、例えば言葉なり語を、単純に「動物」に付与することではないということである。『創世記』の起源説話によれば、神に命じられたアダムが「名」という語によって動物たちを呼ぶとき、人間的言語が発生し、それとともに動物たちに対する人間の支配がはじまる。言い換えれば、動物たちは言語の起源に偶然に立ち会ったのでもなければ、人間の言語が名指す任意の〈もの〉でもない。「名」以前の動物たちは、人間が〈人間になる〉にあたって、いなくてはならない先行的存在だった。人間はその動物たちの犠牲を通してのみ、言語を自己に固有のものとした。『創世記』の物語は、人間的言語と動物たちの、このぬきさしならない関係を証言している。だとすれば、言葉をはじめ、人間に固有とみなされてきたあれこれの属性を、善意からであれ、動物たちに帰すること、あるいは付与することにはよほど慎重でなければならない。求められるのはむしろ、人間による個々の属性の自己固有化の内実を、動物たちとの関連で、一つ一つ、丹念に問い直す作業だろう。

『創世記』は続いて女性の「創造」、原罪、楽園追放、カインによるアベルの殺害を語る。こうして悪が生じ、労苦そのものである有限な時間が、「歴史」がはじまる。そしてこの過程のすべての局面で、やはり動物たちは、いなくてはならない存在であり続ける……。

フランス語では animal という「語」は、この語の後半の «-mal» が、それと同音のいくつかの「語」(mal(悪/苦痛)、mâle(雄))とのあいだに、音韻による観念連合を誘発する。「なんという語だろう、animal とは!」(七一頁)、「そう、動物〔animal〕、なんという語〔mot〕であることか！」（八八頁）。これら反復される感嘆文が示唆するのは、一つは前述のanimotという新造語の発明の動機（animalが「語」であること）であるが、もう一つは、animalという「語」のなかに、「動物」がしばしばその象徴とされる「悪」への、また、人間が動物たちに被らせる「苦痛」への、そして人間的暴力の主として男性的な性格への、三重の暗示が含まれていることである。「悪《マル》＝苦痛は雄《マル》から動物《アニマル》に到来する」（二四九頁）。そして、これらの含意が交差するところに、講演の冒頭から名指され、本論の冒頭で証言され、その後も繰り返し問われ、多角的に論じられる、本書の主旋律ともいうべき動物のまなざしを前にした〈裸〉の経験、人間的かつ男性的な恥の経験が、「私という動物」の「苦労（mal）」として、あるいは情熱《パッション》＝受苦として位置づけられるのである。

三 〈裸〉の経験

「はじめに――私は私を委ねたい、ありうることなら、裸であるような言葉たちに」。冒頭のこの言葉が予告するのは、この講演で〈裸〉は、けっして否定的な価値を担わされていないこと、だが、それと同時に、それを肯定することは至難であり、ほとんど不可能だということである。やがてデリダは、「自伝」的語りと聖書解釈のあいだで、〈裸〉をめぐる、とてもこまやかな考察を展開する。「動物」のまなざしの前で〈裸〉を恥じるという経験を、自分の経験として、「自伝」的語りとして、彼はコロックの聴衆に差し出す。それは恥の、そして、その恥に対する恥の告白である。一般に「動物」は裸だが自分が裸であることを知らない、したがって恥を覚えることもないと考えられている。裏を返せば人間だけが恥を知っている、裸であることも、それを恥じることも、また恥知らずになることも、人間に固有なものだということになる。『創世記』によれば、それは原罪以後の人間に固有なものである。

しかし、デリダはこの講演で、原罪以前の契機に遡行しようとする。講演のこのパートの、それぞれに印象深い、多岐にわたる、相互に深く関連した論点（「動物」的実存、情動、性差、世界、孤独、狂気、鏡、誘惑と迫害、供犠、黙示録等々）のうち、ここではこの遡行のモチーフだけを強調しておきたい。人間が鳥獣を命名するあの場面で、アダムにそれを命じた神は、人間のこの最初の言語行為によって、いったい何が起きるのか知らないかのように見える。神はアダムを監視すると同時に、物陰で、息をひそめて成り行きを見守っている。人間がまだ恥を知らないこの瞬間、神だけが自分のふるまいを恥じているようにさえ見える。

鳥獣に名を与えるとき、人（アダム）はまだ男（イシュー）独りである。この命名間際の「時間」とは、人が独りであり、しかも人と鳥獣の関係がいまだ未決の「時間」である。それは単に原罪以前の「時間」であるばかりでなく、女（イッシャー）の「創造」以前、人にとっての楽園以前、人と鳥獣のあいだの一切の支配＝被支配関係の確立以前の「時間」でもある。原罪以後、人は善悪の区別とともに恥を知る。そして、労苦と死に定められた、有限な、地上的時間を生きることになる。この後者の時間を時間と呼ぶならば、前者の「時間」に関しては、時間以前の「時間」と呼ぶほかはない。こうして、「時間の生成＝有史以来」という、反復されるあの定型表現の含意が明らかになる。

「堕罪以前の、恥以前の、恥の恥以前のある時間におのれを引き戻すことによってのみ、動物あるいは動物たちの前で裸の私は、それゆえ、自分の困惑に、あの恥じることに対する恥に、驚きえたのだった」（六五頁）。

「この時間はまた、原則として、そしてそれが可能だとして、自伝を告白から分かつ時間でもあるだろう」（六六頁）。

真理の本質を〈裸であること〉と規定する、人間的言語についての西洋思想の全体が、真理の告白による贖罪の論理と骨がらみだとすれば、この思想の伝統のなかでそこから脱する道は、原罪以前の「時間」への、不可能な遡行以外にない。告白の権力作用以前の「自伝」の可能性も、ひとえにそこにかかっている。こうして、講演冒頭で言及される「裸であるような言葉」とは、贖罪のエコノミーともはや、あるいはいまだ無縁な「自伝」の言葉を暗示していたことが垣間見えてくる。そしてそのような「言葉」は、「動物」のまなざしに不意打ちされた〈裸〉の自己を、その情動（恥、恥の恥……）とともども、発見することを通してしか発明されえない——そうデリダは言っているように見える。言い換えれば、「動物」のまなざしこそはこの不可能な遡行の唯一の通路であり、「自伝」の問いと「動物」の問いは、だからこそ不可分なのだと。

四　「彼ら」、〈理論家〉たち

本書で主要に論じられる五人の思想家については、反哲学の立場を標榜したラカンが含まれていることを考慮して、〈理論家〉と総称するのが適切だろう。ギリシャ語起源の「理論《テオリア》」という言葉はもともと「観察＝見ること」を意味するが、デカルト、カント、レヴィナス、ラカン、ハイデッガーの五人は、本書の論脈では、動物をつねに「見る」べき対象とみなし、動物から「見られる」という経験を主題的に検討することをしなかった、ほぼすべての西洋の〈理論家〉たちの具体例としてここに召喚されている。

もっとも、デカルトをのぞく四人については、それこそ西洋思想史全体という展望のもとでは、デリダの仕事とのある種の〈近さ〉のほうがむしろ目につきやすいだろう。デカルトにしても、自伝的な哲学実践の重要な先例として、また、誇張的懐疑という限界的経験の証人として、脱構築とある意味で近接する契機を認めることもできる。ここで試みられていることは、したがって、これらの思想家たちが、そのような〈近さ〉にもかかわらず、こと「動物」に関しては、いかに〈遠い〉存在であるかを示すこと、そのようにして〈近さ〉のなかの〈遠さ〉、あるいは〈遠さ〉のなかの〈近さ〉を思考することでもあるだろう。

本書のこのパートを、それぞれの思想家の固有名を冠した「X論」として読むこと、この著作以前あるいは以後の、これらの思想家たちに関するデリダの研究、あるいはデリダ以外の論者の研究と照らし合わせて読むことは、言うまでもなく可能であり、またなされるべきことでもある。とはいえここは、本書に固有のアプローチの角度と呼ぶべきものが存在することを確認するべき場所だろう。

第一に、この五人の〈理論家〉たちの著作へのデリダのアプローチは、明確に症候の読解として位置づけられている。脱構築的な読解にはつねに症候論的次元が含まれているとしても、ここではそのことが、いわば主題化されているのである。デリダは彼が「彼ら」と名指す〈理論家〉たちに、動物に「見られる」という経験がなかったと考えてはいない。「彼ら」はその経験を「否認したのであり、それに劣らず誤認もした」(五〇頁)と考えているのである。「彼らの言説にこの否認の症候を解読すること」、本書における〈理論家〉たちの著作の分析は、このように焦点化された否認の動態分析として提示されている。

第二に、デカルトが『方法序説』第五部で提示した動物的「反応」と人間的「応答」の原理的区別が、後代の〈理論家〉たちの思考に及ぼした規定力が、戦略的、特権的に強調されている。デリダはこの区別がきわめて困難であり、不可能であるとさえ考えているが、この論点はここで、単に理論的に論じられるばかりでなく、実践的に演じられてもいる。「動物」のまなざしの前で恥を覚えるとき、私は「私は誰なのか?」と問う(三〇頁)。この問いはのちにその系譜が、「汝自身を知れ」というデルフォイの記銘を語る『パイドロス』のソクラテスへ（一三八頁）、そして第二『省察』のデカルトへ（一七六頁以下）とたどられていく。そして、この問いへの応答可能性そのものが、次のように問われるのである。「それにしてもわれわれは、このわれわれは答えられるのだろうか、「私、私とは誰なのか？」というあの問いに？」（一三九頁）。この問いは暗に、「私は誰なのか？」という問いに対する哲学史上のさまざまな回答が、「応答」というよりはむしろ「反応」だったのではないかと反問しているわけだが、〈理論家〉たちが残した言葉はみな、この問いの試練にかけられるのである。

第三に、しかし、理論的であること自体の前提を問うこのようなデリダの症候論的読解は、定義上なんらかの理論に、単純に依拠することはできない。動物のまなざしを前にした恥の経験は、本書において、そしておそらく、いつ、どこであろうと、けっして理論的な確実性をもたらすことはない。それには厳密に「証言」という地位しかない。「（……）私は私がこれからあなた方に言うことに、ある言語活動を、実験的幻獣《キマイラ》の演習が、あるいはある証言の検証のようなものがなされるあいだに、ある言葉の使い方を探索するということ以外の志があるかどうか確信がない」（九二頁）。言い換えれば、本書の一見もっとも理論的なパートでも、個々の分析は、著者自身の「自伝」的「証言」と、理論的基礎づけとは異質な、だが本質的で還元不可能な、ある相互的検証の関係に置かれているということである。しかもこの著者は、彼が「証言」する事柄自体が一つの「症候」である可能性も否定しない（二七—二八頁）。このように組織された言説空間では、眩暈を覚えずに読み進むことは難しい。

デカルトを論じた部分はⅡの中心的位置を占め、本書全体でも真中に位置する。この講演を用意する過程で、デリダがもっとも力を入れて準備したのはおそらくこの部分であろう。他の〈理論家〉たちについても同様だが、「訳者あとがき」という場で本書の議論を詳細にたどりなおすことは、不可能でもあれば無意味でもある。論点をできるだけ簡潔に整理し、いくつかの書誌情報を記すにとどめたい。

まず根本的な確認として、デカルト的コギトと「動物」的身体が、すなわち一般に〈生〉とみなされているものが、両立不可能な関係にあることが強調される（第二『省察』）。ただし、誇張的懐疑の契機では、デカルトはアリストテレスによる「理性的動物」という人間の定義をも中断し、自分が人間であることも問いに付していた。この点は、デカルトをローマ的人間主義の伝統に連なる思想家とみなすハイデッガーの見解（『人間主義に関する書簡』）の妥当性を再検討するうえで重要である。

そのことを確認したうえでデリダは、デカルトの行論のうちに、「動物」と人間の近さに対する否認的な所作を追跡していく。彼のいわゆる動物＝機械論は、『人間から動物へ

――動物たちの本性についての逆説 モンテーニュとデカルト』（一九九八）の著者・ティエリ・ゴンティィエによれば、〈アプリオリ〉な論拠と〈アポステリオリ〉な論拠からなっている。〈アプリオリ〉な論拠は、①生き物の活動は自動機械の活動と同一視することで説明可能である、②人間が造った自動機械は自分の意志なしに動き見事な運動を示す、③神が造った自動機械ならさらにはるかに見事な動きを示すだろうというかたちで進む。それに対して〈アポステリオリ〉な論拠は、①どんな徴が、人間の姿をした、神が造った自動機械から人間を見分けることを可能ならしめるか ②動物を模倣する自動機械から動物を見分けることは不可能であろう ③しかるに人間の場合は可能であろう、言葉によって、また行動の目的への適合によって、という論証のかたちを取る。デリダが本書で主として問題にするのはこの〈アポステリオリ〉な論拠のほうであり、動物的とされる「反応」から、どのような人間的「応答」が、完全に区別されうるかを問うのである。

ゴンティィエは本書出版後の著作『動物の問い――現代的議論の諸起源』（二〇一一）で、デリダの所論に批判的な言及を行っている。ゴンティィエによれば、デカルトの動物＝機械論はベーコンのモデルに準じた思考実験であり、デカルトの哲学体系において神学ではなく物理学に属する。また、大著『動物たちの沈黙――〈動物性〉をめぐる哲学試論』（一九九八）の著者エリザベート・ド・フォントネも、動物＝機械論の教条化はデカルトの死後、熱心なカトリックである物理学者の弟子たちによってなされたものであり、デカルト自身の所説はむしろ「穏健」であると評している。それに対してデリダは、デカルトの動物観を、彼がIで位置づけた、聖書的かつギリシャ的な動物供犠の思想＝文化的系譜に統合しうると主張する。この点に本書のデカルト論をめぐる、今後の議論の焦点の一つがあることは間違いないだろう。

本書におけるカントの位置は、検討される著作が『人間学』に限定され、分量的にも十数頁に過ぎないという事実からして、どちらかといえば周縁的に映る。とはいえ、少なくとも一つの点で決定的に重要である。「動物の権利」が提唱される現在も、権利の概念は主体のそれと不可分であり、あらゆる表象に随伴する〈私〉を一つの「権能」とみなし、それを理性と同一視するカント的論理において、自律的主体の概念は、人間以外には適用されえないように構築されているからである。そのとき、人格／物件という厳格な二分法によって、動物は物件の側に組み入れられる。そして人格的主体は、みずから所有する物件を、自由に処理する権能を持つ。「動物に対するこの権能は、「私」あるいは「人格」の本質、人間の本質なのだ」（一二七頁）。

『人間学』の最後でカントは、動物社会と人間社会の差異を明示しようとする。世界公民体制が確立してもなお、人間社会のなかで、動物性はつねに人間性に先行し、また優勢であり続ける。とはいえ、この力関係の逆転は、「動物」が家畜化されるときすでにはじまってもいた。それはまた、人間社会が政治社会として組織される端緒でもある。「政治的なものは家畜を前提する」（二三四頁）。ここでもまた人間は、おのれに固有とみなすもの——この場合は政治——を、「動物」の先行性を条件として、「動物」からおのれを区別し、「動物」を支配し、供犠的に排除することによってのみ規定しうる。政治の人間的本質を論証しようとするとき、カントによる人間社会と動物社会の比較には、とりわけ明白な否認の症候が看取される。

レヴィナスとともに、デリダの議論は現代哲学の領域、いわば西洋哲学の、さしあたりの到達点に触れることになる。カント的主体の自律性をラディカルに問い直したレヴィナスは、他者の「人質」としての主体を語る。しかし、レヴィナスにおける他者はつねに人間であり、「動物」に他者性が認められることはない。ここでデリダは『全体性と無限』や『存在するとは別の仕方で』などレヴィナスの主要著作は取り上げず、「動物」の問いが彼に明示的に差し向けられた、英語圏でのみ公にされていた二つの対談と、「ある犬の名、あるいは自然権」と題された、第二次大戦中の捕虜収容所でのある犬との出会いを綴った一九七〇年代のエッセイのみを扱っている。

対談中で「動物」に「顔」はあるかと問われたレヴィナスは、「あなたがいつ「顔」と呼ばれる権利を持つのかは答えられない」と答える。この応答は、デリダにとって、レヴィナスの「顔」の思考総体の問い直しにつながるほど深刻なものであり、「顔」とは何かを知らないと認めることに等しい。ただし、ここで一言付言すれば、ハイデッガーの「世界」概念についても同じことが言えるが、思考の過程である概念の内実が維持不可能なままでに不分明になることは、思考の単純な破産をかならずしも意味しない。デリダの考えでは、真に思考するにあたいすることは、このようなアポリア的経験を通してしか与えられないからである。ここで重要なことは、レヴィナスの「顔」の概念も、ハイデッガーの「世界」の概念も、いずれも「動物」の問いを通して、このような経験の試練に遭遇することだろう。

レヴィナスの「動物」観をめぐっては、主要著作にも検討を及ぼした研究が、主として英語圏とフランス語圏で、この間多数発表されている。その最新の動向については、フロランス・ビュルガ『もう一つの実存——動物の条件』(二〇一二)のレヴィナスを論じた章に詳しい。

ラカンを論じたⅢは、本書のなかで特異な位置を占めている。長い講演の結論にあたると同時に、個別的な論考としての独立性もそなえている。また、『カイエ・ド・レルヌ』掲載の初出時には表題に「ジャック・ラカンに」という献辞が添えられており、本書でもそれが踏襲されている。そのことは、比較的短いこの論考が、ラカンの「動物」観の系統的な吟味であると同時に、デリダの長年にわたるラカンの著作との対決的対話の、一つの決算という性格も併せ持っていることを示唆しているように思われる。

デリダがラカンに認めるのは、「動物」の問いに同世代の他の〈理論家〉たちの誰よりも真剣に取り組み、動物心理学の諸成果をみずからの理論構築に早くから取り込んできた先進的側面と、「反応」と「応答」のあいだのデカルト的区別を頑ななまでに固守する保守的側面の、鋭い矛盾をはらんだ共存である。ラカンが「動物」に認める「偽装」はあくまでも本能的な「反応」にとどまり、「証人」としての〈他者〉に支えられた〈真理〉の審級を前提する「欺瞞」、すなわち「偽装の偽装」の力能は人間にしか認められない。そして「応答」を「応答」たらしめるのは、ラカンによれば、この力能なのである。

この論点にはラカン的な能記の理論とデリダ的な痕跡の思考の差異が凝縮しており、その正確な理解には両者の他の著作の参照が不可欠になろう。ここでは、デリダがラカンの仕事の全体をこの論点に集約しようとしてはいないこと、この論考ではいくつかの課題がことさら未決のままに残されていることに注意しておきたい。ラカンが大文字の〈他者〉として位置づけた場所に、デリダは「動物」の気配を感じ取る。そして、ラカン理論の形成過程の諸契機を「動物」の観点から検討したのち、表面上は「動物」への言及が見られない『エクリ』の一節を引用し、そこにみずからの講演の主要なトポスがすべて出揃っていることを確認したうえで、その再読の作業を読者に委ねて論を閉じている。

ハイデッガーを論じたⅣは、「まえがき」で詳らかにされているように、コロックの最終日に即興で行われたトークの録音を活字に起こしたものである。著者自身が意図しなかった〈作品外〉の作品として本書に収録されたわけだが、語調の変化も手伝って、終章にふさわしい、独特の魅力をそなえた講演録となっている。

ここで扱われているのはほぼもっぱら一九二九―三〇年の講義『形而上学の根本諸概念――世界―有限性―孤独』(一九八二)であるが、ここでのデリダの議論の組み立てを理解するためには、彼が最初にこの講義に論及した『精神について――ハイデッガーと問い』(一九九〇)と、それに対する現象学者フランソワーズ・ダスチュールの批判的論評(Françoise Dastur, «Pour une zoologie «privative»» in *Alter* n°. 3, 1995)を参照する必要があるだろう。デリダが「動物は世界に貧しい」というハイデッガーのテーゼの人間中心主義を指摘するのに対し、ダスチュールは事実性から出発する有限な現存在にとって解釈学的循環は不可避の事態であり、そのときアリストテレス的な〈ステレーシス〉(欠如・剝奪)の論理への依拠は必然的であると考える。本書におけるデリダの所論には、このようなダスチュールの問いかけに対する応答という側面がある。

ハイデッガーがこの講義で人間に固有のものとみなす「〈として〉‐構造」は、ロゴスの本質ではなく、むしろその可能性の条件をなす。デリダはそこにハイデッガーならではの思考の深度を認めるとともに、ハイデッガーにはまれな〈石／動物／人間の〉比較論的考察に否認の症候の数々を指摘していく。そして、〈ステレーシス〉の論理を人間にまで及ぼす可能性を示唆し、人間に固有とされているものが、果たして純粋な意味で人間に可能と言えるかどうかを問い質す。

デリダは最後のセミネールとなった二〇〇二―〇三年の『獣と主権者Ⅱ』でこの講義に立ち返り、本書の講演でみずから望んでいた、時間をかけた検討に着手した。この作業は残念ながら途絶を余儀なくされたが、本書の議論を正確に理解するためには、このセミネールの参照は不可欠であろう。また、ハイデッガーのこの講義に関しては、ジョルジオ・アガンベン『開かれ』(二〇〇二)をはじめ、デリダとは異なる解釈がすでにいくつか提示されている。マシュー・キャラルコ『ゾオグラフィ――ハイデッガーからデリダまでの動物の問い』(二〇〇八)によって、適切な論点の整理と思想的課題の見取り図を得ることができる。

五　脱構築と動物たち

最後にデリダの業績における本書の位置に触れておきたい。本書によって開かれた新たな展望のもとで、独特の連鎖をなす彼の多彩な仕事を見渡したとき、はじめて見えてくるもの、あらためて理解されることがある。例えば、痕跡、刻印、エクリチュール、原暴力としての命名等、初期の主著である『グラマトロジーについて』（一九六七）で扱われた論点はすべて、人間を他の動物たちとの単純な対立によって規定する、前世代の実存主義と構造主義に共通の前提から根底的に断絶した思考によって導き出されていたことが判明する。また、これらの「動物」論的モチーフが、一方では、存在、時間、概念、真理、知、ロゴス等、固有に哲学的とみなされてきた諸問題と、他方では、言語、政治、宗教、倫理、技術、芸術、文学、精神分析等、デリダが独自のアプローチを試みてきた諸領域と、どのように関連していたのかも明確になる。講演中、「動物」という観点から見た過去の著作への一連の参照指示がなされている（九四―一〇六頁）が、時間をかけてこれらのテクストと向き合うことは、翻って本書の十全な理解のためにも必要であろう。

エリザベート・ド・フォントネは本書の出版後の著作で、デリダの脱構築的営為のなかで「動物」の問いが、後期にいたって次第に獲得していった重要性に三つの層を区別している（『人類を害さずに――動物の大義についての試論』、二〇〇八）。第一の層は「詩とは何か？」のハリネズミが、デリダのテクストに、詩の隠喩としてばかりでなく、骨肉をそなえた生けるものとしても出現したときはっきり目に見えるようになった。高速道路に身を投げ出し、無防備に事故の切迫に晒されたその姿は、『存在と時間』の時期のハイデッガーが記述した現存在の被投性を思わせずにいない。人間以外の動物たちの被投性が詩の問いと結びついたとき、「動物的実存」は、脱構築になくてはならない友ないし伴侶になったと言ってもいいだろう。

本書における猫の登場とともに第二の層があらわになる。絶対的受動性は、今回は「動物」の側ではなく、「動物」のまなざしに晒される〈裸〉の人間の側に移行する。「動物」は「無名の個体」として孤独な呼びかけを発するのではなく、絶対的に他なるもののまなざしを差し向けることで、人間のとめどない「脱固有化」を引き起こす。このとき人間は、ある意味で「人間」であることを止める、「人間」であり続けることができなくなる。「私、この私は誰なのか？」という問いにひそむ情動に、できる限り注意深くあることが求められる所以である。

最後にフォントネは、デリダが本書でベンサムの問い、「動物たちは苦しむか？」を引きつつ強調した「共苦」、「憐れみ」というモチーフに、脱構築と動物たちの、金輪際分離不可能な関係性の第三の層を見定める。デリダは本書で動物たちと人間たちの関係に「およそ二世紀来」生じた激変を指摘し（七二頁以下）、それを正しく問題化しうる思考と実践の必要を説いた。この論点はデリダの「動物」論が従来の動物保護思想と重なる部分であり、ナチによる民族絶滅政策との比較も辞さない挑発的な措辞も手伝って、また彼が「闘牛廃止協会」の名誉会長を引き受けていたこともあり、西洋諸国ですでに多くの否定的反応を引き起こしてきた。

しかし、『法の力』でデリダが明言したように、脱構築がそれ自体は脱構築不可能な

「正義」を条件とするものだとすれば、ジャン＝リュック・ナンシーとの対談「「正しく食べなくてはならない」あるいは主体の計算」で示唆されたように、「動物」の問いこそはその「不可能性」を思考するための特権的な道なのではないだろうか。フォントネはデリダの晩年のこれら一見ナイーブな「周縁的で瑣末的な断絶の所作」に、「〈いま・ここ〉のメシア的経験と結ばれた民主主義への、〈来たれ！〉」という呼びかけを聞き取っている。熟考にあたいする指摘であろうと思われる。

本書のもととなった講演以後、デリダがセミネールで扱った主題（赦し、秘密、死刑、主権等）はみな、つねに明示的に「動物」の問いと関係づけられていた。刊行された著作としては、精神分析家エリザベート・ルディネスコとの対談『来たるべき世界のために』（二〇〇一）や『雄羊』（二〇〇三）などにその方向性が示されている。また、セミネール『獣と主権者Ⅰ、Ⅱ』の刊行（二〇〇八、二〇一〇）以後、「動物」にかかわるデリダの思考への注目はいっそう高まりつつある。功利主義系の動物倫理学がすでに長い歴史を持つ英語圏でのほうが、人間主義的形而上学の伝統が根深いフランス語圏より、むしろ好意的な受容が見られるようである。とはいえフランス語圏でも、『クリティック』誌の特集（「動物たちの解放？」、二〇〇九年八―九月号）の編者フランソワーズ・バリバールとティエリ・オケが述べているように、本書はすでに、「動物」の問いに向き合おうとする誰にとっても、「そこに着想を求めるにせよ批判するにせよ、避けて通ることのできない参照文献」となっている。本書および動物たちが登場するデリダの他の著作の複雑なテクスト性を踏まえた本格的な論考集成としては、先に触れたガルニエ論文が収録されている『デメナジェリーズ──デリダ以後の動物たちの思考＝思考する動物たち（*Thinking (of) Animals*）』（二〇一一）を挙げることができる。本書の訳出にあたって、この本に収められた各論考から学ぶところが多かったことを特記しておきたい。

＊

あの夏のコロックからもう十七年が過ぎた。講演の印象は、その強度をいささかも減じることなく、いまも私のなかに深く刻印されている。まるで疲れなど知らないかのように、微笑を湛えて語り続けたジャック・デリダの姿は、不思議な若々しさとともに、記憶のなかに生き続けている。

コロック『自伝的動物』以前から、私にはいくども、デリダの動物にかかわる著作の翻訳に携わる機会が与えられた。今回、この領域における主著と言うべき遺著の翻訳を手がける幸運に恵まれ、あらためて奇妙な縁の深さを感じている。

とはいえ、この仕事をお引き受けしてから、さまざまな事情が重なり、作業が大幅に遅れてしまったことは慚愧に耐えない。筑摩書房編集部の大山悦子氏の絶妙かつ緻密なアシストのおかげで、哲学者没後十年の年に、ようやく刊行に漕ぎ着けることができた。この四月より在外研究のためパリで暮らすことになり、編集作業にさらに多大なご負担をおかけしたことをお詫びする。

ユダヤ教とヘブライ語に関して、馬場智一氏（長野県立短期大学）から貴重なご教示をいただいた。また、画家・哲学者のティエリ・ブリヨ（Thierry Briault）氏には、氏とモニク・ストビエニア（Monique Stobienia）氏の見事な共作、「デリダの猫、リュクレースの肖像」（一九九八）を、特別のご好意を得て本書の装丁に使わせていただいた。ともに記して感謝を表したい。

最後に、私事にわたるが、私の幼年期・少年期の生活空間には、猫好きの母のおかげで、いつも猫がいたことを記しておきたい。本書の翻訳作業中、その時代の古い記憶に支えられていると感じたことは、一度や二度ではなかった。この仕事のあいだに他界した母と、子供の私を見つめていた猫たちの思い出に、このささやかな訳業を捧げることをお許し願いたい。

二〇一四年九月七日

鵜飼　哲

文庫版訳者あとがき

本書の単行本の刊行は二〇一四年、ジャック・デリダの没後一〇年の年に当たっていた。それから九年が経過し、さいわいにもこのたびちくま学芸文庫の一冊として再刊されることになった。この機会に可能なかぎり旧版をチェックし、かなりの修正を施した。

動物をめぐるデリダの仕事のこの間の受容環境の変化としては、第一に最後のセミネールとなった『獣と主権者』［I］（西山雄二／郷原佳以／亀井大輔／佐藤朋子訳、白水社、二〇一四）、同［II］（西山雄二／亀井大輔／荒金直人／佐藤嘉幸訳、白水社、二〇一六）が刊行されたことで、本書と並んで主要著作が日本語で読めるようになったことが挙げられる。またパトリック・ロレッド『ジャック・デリダ　動物性の政治と倫理』（西山雄二／桐谷慧訳、勁草書房、二〇一七）は、デリダの思想圏全体のなかで動物論が占める位置を標定する試みでありこの問題系への好個の手引と言えよう。そして訳者自身が編著者としてかかわった論集『動物のまなざしのもとで――種と文化の境界を問い直す』（勁草書房、二〇二二）は、本書が開いた思考空間で構想された国際共同研究の成果報告である。同書所収のヴァンシアーヌ・デプレとフランソワ・ビゼの対話から、フランス語圏の動物研究の近年の動向を知ることができる。

英語圏では『動物を追う、ゆえに私は(動物で)ある』(以下『動物を追う』)と『獣と主権者』を併せて論じた書物が次々に刊行されている。訳者も十分にフォローできているとは言い難いが、印象に残った著作をいくつか紹介させていただく。

ジュディス・スティル『デリダと他の動物たち――人間的なものの境界』(二〇一五)は前著『デリダと歓待』(二〇一〇)で歓待論に取り組んだ著者が、英語圏の批判的動物研究からのデリダの動物論に対する多様な批評的応答を整理しつつ、同時にルネ・ヴィヴィアン、エレーヌ・シクスー、リュス・イリガライ、キャロル・アン・ダフィ、マリー・ンディアイなど、女性の作家・思想家たちによる動物論や動物をめぐるエクリチュールを、一八世紀の啓蒙思想家による「奴隷」と「野蛮人」の表象の分析と交差させつつ考察する。『動物を追う』における〈裸〉をめぐるデリダの思考が、性差および異文化表象の問いと密接に関連している文脈が正確に把握されている(Judith Still, *Derrida and Other Animals —The Boundaries of the Human*, Edinburgh University Press, 2015)。

他方、『デリダと私たちの動物的他者たち』の著者デイヴィッド・ファレル・クレルはデリダと親交があった著名なドイツ哲学研究者であり、ハイデッガー『形而上学の根本諸概念』に対するデリダのアプローチの詳細な吟味を軸に彼の動物論を検討する。『獣と主権者』が〈九・一一〉事件の衝撃のなかで主として動物論を政治的主権論に接続する作業となったため、『動物を追う』で着手された課題がかなり取り残されたことに彼は注意を促す。自伝の問いはその一つだが、人間に固有とされる自伝の能力、自己指示能力が、ハイデッガーが語る「挙示的構造」に支えられているとすれば、デリダによる自伝的営為の動物的生への拡張は存在の問いの根幹を揺るがすことになる。クレルはハイデッガーの著作における「挙示的構造」の位置付けが時期によって微妙に異なることも指摘しており、その点を踏まえてデリダの作業の意義と問題点にバランスよく目を配りつつ残された課題を提示する（David Farrell Krell, *Derrida and Our Animal Others—Derrida's Final Seminar, "The Beast and the Sovereign"*, Indiana University Press, 2013）。

ダナ・ハラウェイはどこかで、『動物を追う』以後聖書をこれまでのように読むことはもはや不可能になったと述べていたが、ハンナ・M・ストレメンの『ジャック・デリダ以後の聖書的動物性』はまさにこの点で特筆にあたいする。デリダは聖書、とりわけ旧約の神が全知全能の創造主ではなく、アダムに動物たちを支配することを命じ、そのために名づけの力能を授けながら、そのことの帰結を知らないために不安に苛まれるという奇妙な有限性を垣間見せることに注目した。ストレメンは創世記のノアの方舟から黙示録まで、旧新約聖書で動物が登場する場面を近年の聖書研究を踏まえて網羅的に検討し、肉食の起源、殺すことと食べることとの関係、初期キリスト教による政治的悪の動物的表象などを読み解いていく。聖書の動物たちは人間から一回限り切断された他者ではなく、他の動物たちに対する人間の主権は繰り返し問い直される。「聖書的アーカイブ」の宗派的我有化の欲望に抗して、神、人間、動物をめぐるその内的緊張の諸相に注意を向けることが、教条的解釈に対する最良の応答となることを著者は強調する（Hannah M. Strømmen, *Biblical Animality after Jacques Derrida*, SBL Press, 2018）。

デリダの動物論を扱った論文集は英語圏ではすでに多数上梓されている。論文の質は率直に言って玉石混淆で、一冊を選び出すことは容易ではないが、ここではアプローチの斬新さという点で、サラ・ベザン／ジェイムズ・ティンクの編著『デリダ以後の見る動物たち／動物たちを見ること』を挙げることにしたい。これまで不可視化されてきた動物的実存を可視化しなければならないという要請を承認したうえで、それではどのような可視性を構築すべきかがいまや焦眉の問題となる。編者たちは序文で、真理構築としての可視性一般に不信を向ける立場と、可視性に対する認識論的な信を維持する立場が、動物たちへの応答をめぐってせめぎあっている現状を指摘する。そしてこの論集では、「アートの物質的生産、そのいくつもの可視性と不可視性、まなざしの相互性（あるいはその欠如）の考察という観点から、二つの陣営の考え方の緊張関係の交渉を試みる」という立場を示す。『動物を追う』との関連では当然ながら、多くの論者が冒頭の猫のまなざしのもとでの哲学者の恥の問いに触れている。デリダの動物論についてというよりそこから出発して、文学、美術、映画等、多様なアート作品を論じた論文はどれも興味深い。とりわけ編者の一人であるサラ・ベザンは「先行する動物――デリダ、深い時間、および考古美術家《パレオアーティスト》ジュリアス・クストニイの没入型ヴィジョン」と題する論考で、カナダ人のデジタル・ペインターの作品を参照しつつ、人間の誕生以前、人間による名づけ以前の時間に遡行しようとするデリダの試みを近年の思弁的実在論、「唯物論的転回」以降の問題設定と突き合わせ、動物の先行性という『動物を追う』のライトモチーフに独創的な考察を加えている(Sarah Bezan/James Tink (ed.), *Seeing Animals after Derrida*, Lexington Books, 2018)。

フランス語圏でも近年、哲学的探究における「動物」の位置は次第に大きくなっている。動物行動学、人類学、哲学を横断しつつ先端的な研究に従事する若い世代の研究者も増えている。とはいえ動物に関するデリダの仕事が正面から取り上げられる機会は英語圏に比べてはるかに少ない。先に挙げたパトリック・ロレッドの仕事を除けば、まとまった研究としてはオリエッタ・オンブロシの『ジャック・デリダの哲学的動物誌』がもっとも目立つ成果と言えよう。この著作でイタリア人の哲学者は、驢馬、猫、犬、雄羊、狼など、デリダの著作に現れる動物たちそれぞれにじっくり光を当て、テクストの細部に周到な注意を払いつつ、彼の動物たちとの多様な向き合い方に接近を試みる。とりわけ蛇をめぐる一〇〇頁に及ぶ展開は圧巻であり、『動物を追う』で創世記の原罪の物語を扱うことを殊更に回避したデリダが実は蛇に同一化していて、ヴァレリーの「蛇の粗描」の読解を経てレヴィナス論、ラカン論に至るまで、密かにもう一つの〈はじまりの物語〉を紡いでいるという仮説は魅力的だ（Orietta Ombrosi, *Le bestiaire philosophique de Jacques Derrida*, Presses Universitaires de France/Humensis, 2022）。

最後に、フランス語圏における本書に対するもっとも深い応答として、ジャン゠リュック・ゴダールの映画『さらば、愛の言葉よ』（二〇一四）を忘れることはできない。同年生まれの映画作家が、人間のカップルと一匹の犬のあいだで不可能な裸の場所を問うたこの美しい作品のコンセプトは、本書の熟読を通して練り上げられたことが知られている。（堀潤之「空間、イメージ、書物――ゴダールの展覧会《感情、表徴、情念》の余白に」、『ユリイカ』総特集「Jean-Luc Godard 1930-2022」、二〇二三年）

動物に関するジャック・デリダの思想的遺産は以上のような多彩で意義深い応答を挑発し続けているが、一方でその相続作業は、フランスでは大変厳しい状況に直面している。二〇二二年一月、ソルボンヌで、現職の教育大臣の肝煎りで二日にわたって開かれたコロック「脱構築以後。諸学と文化を再構築する」は、脱構築を「覚醒主義（wokisme）」と総称される移民系の社会運動やフェミニズムをはじめとするセクシュアル・ポリティクスの理論的支柱として弾劾する場となった。この潮流、この思想が、「われわれの文明」「単一にして不可分の共和国」を脅かす最大の危険だというコンセンサスが、知識人界、政界、世論の一部を横断して急速に形成されているのである。晩年のデリダが動物擁護運動に積極的に関与し、闘牛に反対し菜食主義に好意的な姿勢を示したことも、狩猟や肉食と不可分と想定されるフランス的伝統に対する挑戦と受け止められているようだ。二〇二三年一月一九日から二一日に対抗コロック「誰が脱構築を恐れるのか?」が同じくソルボンヌで開かれ、この攻撃のイデオロギー的性格を批判し、粗雑な混同が横行するフランス知識人界の現状に警鐘を鳴らしたが、デリダの著作を冷静に議論すること自体が困難な空気が醸成されつつあることは極めて遺憾と言わざるをえない。

一方、コロナ禍はフランスの出版界に深甚な衝撃を及ぼした。とりわけテレワークに十分対応できない中小出版社では版権関係の業務が滞り、海外の翻訳出版にかなりの影響が出ている。本書の文庫版版権取得のための交渉も暗礁に乗り上げ、多方面への長期の働きかけの末、ようやく契約の締結に至った。

デリダの著作の版権については、哲学者の没後は問題が発生するたびに、マルグリット夫人に解決のためにご尽力いただいてきた。そのマルグリット夫人は二〇二〇年三月、新型コロナ肺炎のために逝去された。今回私たちは、権利継承者である二人の子息、ピエール・アルフェリ氏とジャン・デリダ氏の力をお借りして、出版社との間の問題を解決することができた。ところがこの八月、長男で詩人、哲学者、映像作家のアルフェリ氏の訃報に思いがけなく接することになった。あまりのことに言葉がない。マルグリット夫人とアルフェリ氏に、感謝とともに衷心からの哀悼を捧げる。

パリ在住の文化研究家、飛幡祐規さんには、出版社との交渉の過程で幾度も伝達の労を取っていただいた。筑摩書房の大山悦子さんは単行本に続き、この厄介な書物の刊行までの長い道のりを、苦労を厭わず、つねに細心の注意を払って伴走して下さった。

画家の福山知佐子さんには本書のための解説として渾身の一文を書いていただいた。花の姿を生死の限界で描き続けてきた福山さんは優れたエッセイストでもあり、訳者とはかつて動物をめぐる対話の計画があった。諸事情で実現しなかったこの対話の言わば代わりのように、呼吸がそのまま伝わってくるような、揺るぎない応答を寄せてくださった。生身の動物や植物と、またあらゆる生の痕跡と浸透し合う福山さんの身体のエクリチュールは、本書の底に流れる音楽と深く共鳴している。

さまざまな出来事の刻印を受けながらようやく刊行に漕ぎつけたこの文庫版には、いまや誰が作者とも言えないような不思議な作品性が宿っているように思えてならない。この共同作業に参加してくださったお一人お一人に、厚くお礼を申し上げたい。

二〇二三年九月二三日

訳　者

文献一覧

本書中で参照されているデリダの著作の日本語訳および翻訳にあたって参照した文献。一人の著者に複数の文献がある場合には原著の公刊順に、デリダ以外の著者は生年順に、関連文献は著者（編者）の姓ないし雑誌名のアルファベット順に配列した。

A　ジャック・デリダの著作

『声と現象』、林好雄訳、ちくま学芸文庫、2005年

『根源の彼方に――グラマトロジーについて』上下、足立和浩訳、現代思潮社、1972年

『エクリチュールと差異』、合田正人・谷口博史訳、法政大学出版局、2013年

『哲学の余白』上下、高橋允昭・藤本一勇訳、法政大学出版局、2007／08年

『散種』、藤本一勇・立花史・郷原佳以訳、2013年

「Fors――ニコラ・アブラハムとマリア・トロークの角のある言葉」、港道隆訳、ニコラ・アブラハム／マリア・トローク『狼男の言語標本――埋葬語法の精神分析』序文、法政大学出版局、2006年

『絵画における真理』上下、高橋允昭・阿部宏慈訳、法政大学出版局、1997／98年

「真実の配達人」、清水正・豊崎光一訳、『現代思想』1982年2月臨時増刊号「デリダ読本」

『絵葉書――ソクラテスからフロイトへ、そしてその彼方』I、若森栄樹・大西雅一郎訳、水声社、2007年

「先入見――法の前に」宇田川博訳、『どのように判断するか――カントとフランス現代思想』、国文社、

1990年
『シニェポンジュ』、梶田裕訳、法政大学出版局、2008年
『精神について——ハイデッガーと問い』新版、港道隆訳、平凡社ライブラリー、2010年
『プシュケー——他なるものの発明（Ⅰ）』、藤本一勇訳、岩波書店、2014年
『同（Ⅱ）』藤本一勇訳、岩波書店、2019年
「詩とは何か——心を通じて学ぶ」、湯浅博雄・鵜飼哲訳、『総展望　フランスの現代詩』、思潮社、1990年
「「正しく食べなくてはならない」あるいは主体の計算」、鵜飼哲訳、ジャン＝リュック・ナンシー編『主体の後に誰が来るのか？』、現代企画室、1996年
『マルクスの亡霊たち』、増田一夫訳、藤原書店、2007年
『友愛のポリティックス』1、2、鵜飼哲・大西雅一郎・松葉祥一訳、みすず書房、2003年
「蟻」、松本伊瑳子訳、エレーヌ・シクスー『狼の愛』紀伊國屋書店、1995年
『アポリア——死す「真理の諸限界」を〈で／相〉待-期する』、港道隆訳、人文書院、2000年
『アデュー——エマニュエル・レヴィナスへ』、藤本一勇訳、岩波書店、2004年
『信と知——たんなる理性の限界における「宗教」の二源泉』、湯浅博雄・大西雅一郎訳、未來社、2016年
『ヴェール』（エレーヌ・シクスーとの共著）、郷原佳以訳、みすず書房、2014年
『死を与える』、廣瀬浩司・林好雄訳、ちくま学芸文庫、2004年
『パピエ・マシン』上下、中山元訳、ちくま学芸文庫、2005年
『来たるべき世界のために』（エリザベート・ルディネスコとの共著）、藤本一勇・金沢忠信訳、岩波書店、2003年
『雄羊』、林好雄訳、ちくま学芸文庫、2006年
『獣と主権者Ⅰ』、西山雄二・郷原佳以・亀井大輔・佐藤朋子訳、白水社、2014年

『同Ⅱ』、西山雄二・亀井大輔・荒金直人・佐藤嘉幸訳、白水社、2016年

B　翻訳にあたって参照した日本語訳および日本語訳が含まれた研究書

プラトン『パイドロス』、藤沢令夫訳、岩波文庫、1967年
アウグスティヌス「告白」、山田晶訳、世界の名著16『アウグスティヌス』、中公バックス、1978年
ミシェル・ド・モンテーニュ「レーモン・スボンの弁護」、『エセー』三、原二郎訳、岩波文庫、1966年
同「レーモン・スボンの弁護」、『エセー』4、宮下志朗訳、白水社、2010年
ルネ・デカルト『省察』、三木清訳、岩波文庫、1949年
同『省察』、山田弘明訳、ちくま学芸文庫、2006年
同「省察」、井上庄七／森啓訳、世界の名著27『デカルト』、中公バックス、1978年
同『方法序説・情念論』、野田又夫訳、中公文庫、1974年
同「方法序説」、三宅徳嘉／小池健男訳、『デカルト著作集』Ⅰ、白水社、1993年
イマヌエル・カント『人間学』、坂田徳男訳、岩波文庫、1952年
シャルル・ボードレール『悪の華』、安藤元雄訳、集英社文庫、1991年
ルイス・キャロル『不思議の国のアリス』、矢川澄子訳、新潮文庫、1994年
同『不思議の国のアリス』、河合祥一郎訳、角川文庫、2010年
同『鏡の国のアリス』、矢川澄子訳、新潮文庫、1994年
同『鏡の国のアリス』、河合祥一郎訳、角川文庫、2010年
ステファヌ・マラルメ『イジチュールまたはエルベノンの狂気』、秋山澄夫訳、思潮社、1975年
同　佐々木滋子『『イジチュール』あるいは夜の詩学』、水声社、1995年

同「イジチュール」、渡邊守章訳、『マラルメ全集』Ⅰ、筑摩書房、２０１０年
ポール・ヴァレリー「蛇の素描」、鈴木信太郎訳、『ヴァレリー全集』Ⅰ「詩集」、筑摩書房、１９６７年
同「蛇の企み」、中井久夫訳、『若きパルク／魅惑』、みすず書房、１９９５年
ライナー・マリア・リルケ「黒猫」、富岡近雄訳、『新訳リルケ詩集』、郁文堂、２００３年
マルティン・ブーバー『我と汝・対話』、植田重雄訳、岩波文庫、１９７９年
マルティン・ハイデッガー『有と時』、辻村公一訳、河出書房新社、１９６７年
同「存在と時間」、原佑・渡邊二郎訳、世界の名著74『ハイデガー』、中公バックス、１９８０年
同『形而上学入門・付シュピーゲル対談』、川原栄峰訳、平凡社ライブラリー、１９９４年
同『「ヒューマニズム」について――パリのジャン・ボーフレに宛てた書簡』、渡邊二郎訳、ちくま学芸文庫、１９９７年
同『形而上学の根本諸概念――世界―有限性―孤独』、川原栄峰／セヴェリン・ミュラー訳、創文社、１９９８年
ヴァルター・ベンヤミン「言語一般および人間の言語について」、浅井健二郎訳、『ベンヤミン・コレクション』１、「近代の意味」、ちくま学芸文庫、１９９５年
ジャック・ラカン『エクリ』Ⅰ、宮本忠雄・竹内迪也・高橋徹・佐々木孝次訳、弘文堂、１９７２年
同『エクリ』Ⅱ、佐々木孝次・三好暁光・早水洋太郎訳、弘文堂、１９７７年
同『エクリ』Ⅲ、佐々木孝次・海老原英彦・葦原眷訳、弘文堂、１９８１年
同『フロイトの技法論』上、ジャック＝アラン・ミレール編、小出浩之・小川周二・小川豊昭・笠原嘉訳、岩波書店、１９９１年
同『フロイトの技法論』下、ジャック＝アラン・ミレール編、小出浩之・小川豊昭・鈴木国文・小川周二訳、岩波書店、１９９１年

同『精神分析の四基本概念』、ジャック＝アラン・ミレール編、小出浩之・鈴木国文・新宮一成・小川豊昭訳、岩波書店、２０００年
テオドール・W・アドルノ『ベートーヴェン――音楽の哲学』、大久保健治訳、作品社、２０１０年
エマニュエル・レヴィナス『困難な自由』増補版、合田正人・三浦直希訳、法政大学出版局、２００８年
同『倫理と無限――フィリップ・モネとの対話』、西山雄二訳、ちくま学芸文庫、２０１０年

C　関連文献

＊単行本

Berger (Anne Emmanuelle) & Segarra (Marta) (ed.), *Demenageries — Thinking (of) Animals after Derrida*, Rodopi, 2011
Burgat (Florence), *Animal, mon prochain*, Odile Jacob, 1997
——*Liberté et inquiétude de la vie animale*, Kimé, 2006
——*Une autre existence — La condition animale*, Albin Michel, 2012
Calarco (Mathew), *Zoographies — The Question of the Animal from Heidegger to Derrida*, Columbia University Press, 2008
Dastur (Françoise), «Pour une zoologie «privative»» in *Alter* n° 3, 1995
Digard (Jean-Pierre), *L'homme et les animaux domestiques — Anthropologie d'une passion*, Fayard, 1990
Gontier (Thierry), *De l'homme à l'animal — Paradoxes sur la nature des animaux Montaigne et Descartes*, Vrin, 1998
——*La question de l'animal — Les origines du débat moderne*, Hermann, 2011

Fontenay（Elisabeth de）, *Le silence des bêtes — La philosophie à l' épreuve de l'animalité*, Fayard, 1998（エリザベート・ド・フォントネ『動物たちの沈黙——〈動物性〉をめぐる哲学試論』、石田和男・小幡谷友二・早川文敏訳、彩流社、２００８年）
——*Sans offenser le genre humain — Réflexions sur la cause animale*, Albin Michel, 2008
Haraway（Donna）, *When Species meet*, University of Minnesota Press, 2007（ドナ・ハラウェイ『犬と人が出会うとき　異種協働のポリティクス』、高橋さきの訳、青土社、２０１３年）
Lawlor（Leonard）, *This is Not Sufficient — An Essay on Animality and Human Nature in Derrida*, Columbia University Press, 2007
Llored（Patrick）, *Jacques Derrida — Politique et éthique de l'animalité*, Sils Maria. 2013
Jean-Claude Lebensztejn, *Miaulique — Fantaisie chromatique*, Le Passage, 2002（ジャン＝クロード・レーベンシュテイン『猫の音楽——半音階的幻想曲』、森元庸介訳、勁草書房、２０１４年）
Martin（Jean-Clet）, *Derrida — Un demantèlement de l'Occident*, Max Milo, 2013
Mizuta Lippit（Akira）, *Electric Animal — Toward a Rhetoric of Wildlife*, University of Minesota Press, 2000
Wolfe（Cary）（ed.）, *Zoontologies — The Question of the Animal*, University of Minnesota Press, 2003

＊雑誌

Alter, «L'animalité», n° 3, 1995
Chimères, «Bêt（is）es — Entre Derrida, Deleuze — Guattrai et Sloterdijk», n° 81, 2014
Critique, «Libérer les animaux ?», n° 747-748, août - septembre 2009
Lignes, «Humanité/animalité», n° 28, février 2009
Philosophie, «Philosophie animale française», n° 112, hiver 2011

応鳴、息の犇めき——ジャック・デリダの動物論に寄せて

福山知佐子

〈根本的共苦〉、あるいは〈応答〉とは何か。〈真の問いに対する関心とは何か〉。それはどれほど不可能なものなのか。

〈私があなた方に打ち明けようとしていることのすべては、たぶん、私に応答するよう、あなた方が、私に、応答するとは何を意味するかということに関して、私に応答するよう、あなた方に求めることに帰着するからだ。〉とデリダは言う。単なる〈応答〉ではなく、デリダに対して、〈応答するとは何を意味するか〉に関して〈応答〉することを〈求める〉と。

〈動物のジェノサイド〉。〈これらのイマージュが「悲壮〔pathétiques〕」なのは、それらが悲壮にも、それこそパトスの、病理＝感性的なもの〔le pathologique〕の、苦痛の、憐れみの、そして共苦〔同情 compassion〕の巨大な問いを開くからでもある〉。デリダが〈求め

る〉のは、ことばでの〈応答〉に〈先行する〉〈苦痛の、憐れみの、〉〈共苦〉そのものだ。

〈私はかくも多くの動物たちに布告された戦争に抗して反乱を起こす人々への共感（＝共に苦しむこと）（この語にこだわりたいと思います）を抱いています。〈……〉そうした戦争に抗して立ち上がる人々に私は共感＝共苦を抱いています。〉

〈したがって、確かに、私の共感は、そのひと自身がある共感を強く感じているような人々へ、すなわち、問われている生ける存在たちと共苦し共生するような共感のなかにみずからを感じている、そんな人々へ向けられています。〉

ここでデリダは〈立ち上がる人々〉にだけでなく、〈問われている生ける存在たち〉と〈共苦し共生するような共感〉と言っている。

問題は——〈問題は、それゆえ、動物たちが、〉〈話すこと、あるいは推論することができるかどうかではない〉、〈先決的かつ決定的な問いは、動物が、苦しむことができるかどうかであるだろう。〉という言葉をめぐって、語れる能力を持っていることを示すことではなくて、動物たちの苦しみをどれだけ〈共に〉苦しむことが〈できる〉のか、その苦しみを〈限界の周りで、限界によって〉〈養い〉、〈生成し、育成し、複雑にする〉ことができるのかということだろう。

〈微弱な〉〈抗議の声〉を発しようと喘ぎ、悶絶する。冷笑と揚げ足取りによる凌辱。はらわたを捩じる悲憤、嫌悪。それに見合う言葉を見つけることなどできない。

知的〈力能〉を持つ人たちがデリダの残した言葉を読み、語る。

だが、読むとはどういうことか。読みに終わりはないが、そこで語られる言葉と、その人が動物たちへの〈憐れみ〉、〈共苦〉をどれほど〈生きている〉のかは、また別の話だ。

言葉から言葉に飛び移る。

読んでも読んでも、あるいは語れば語るほど、それが〈応答すること〉とは何を意味するか〉に関する〈応答〉でなければ、〈他者を食らう〉行為はむしろ加速する。

〈動物の思考は、そのようなものがあるとして、詩に帰着するからであり、これは一つのテーゼであるが、それこそは哲学が、本質からして、みずからに禁じなければならなかったものだからだ。〉

本物の詩人であれば、あるいは動物たちを救うことができるかもしれない。けれどデリダの言う本当の〈詩人〉、〈預言者〉がどこにいるのか、その到来がどれほど不可能なものなのかは計り知れない。

詩であれば、いかにも苦しみの前で無力であるかのごとく、喘ぎや悶絶や絶句、たどたどしさ、おぼつかなささえも言葉によって構築してしまう。〈苦痛の、憐れみの、〉〈共苦〉〈自問するふり〉も、すべて言葉で可能になる。そればかりか彼らは〈まったき他者〉の〈裸にされた受動性〉まで収奪して自分のもののようにふるまう。

そして〈詩人であれ、詩をみずからに禁じた哲学者であれ〉知的〈力能〉を持つ人たちは自分の言語能力を、自身の〈共苦〉だと勘違いしてしまう。

自分の吐く言葉によって、自分を騙す。言葉を支配することで他者を支配する、それは他者の〈遺体の嚥下〉であり、〈欺瞞〉〈人間中心主義〉の最たるものだろう。

力で支配すること、抑圧、搾取、収奪こそが肉食だ。

私は自分が〈ドキュメンタリー〉[*1]映画に撮られた時のことを忘れることができない。監督は著名な詩人だった。

私が大切に思うもののために身体がおかしくなるほど心配し、身を投げ出して苦しむこと、監督はそこに興味があるのだと言った。「そういう感情が僕にはわからない」と。「欠落です」と彼は認めた。彼は自分がなんの損傷も負わない安全な場所から、私が大切に思うもののために取り乱す姿を間近で味わって癒されたかったのだし、自分に欠落しているものを自分のもののように編集して、彼の作品にしたかったのだ。

監督が難解な言葉と威圧的態度で私を脅し、怯えさせ、服従させる。私が悔し涙でのたうちまわるほど、「これはおいしい」とそれを撮る〈獲る、摂る、盗る〉。〈他者〉の〈裸であるような〉苦しみを〈食らう〉。彼は言った、私の激しい拒絶の訴えに対して「その意義など、そこにはない」と。「僕が撮っているわけじゃない、映画が映画を撮っているのだ」「彼女には文節がない」「彼女には統覚がない」と。私にはいまだにその言葉の意味を理解することができないし、それらの言葉で監督のやりかたが正当化された根拠も理解できないのだ。

「監督は転倒していると思います。言っていることとやっていることが全く逆じゃないですか！」と私が泣きながら抗議した時の、彼の真っ赤になって震えた顔と脅しの言葉が鮮明に記憶に残っている。

さらにその暴力を「証言」しようとすると、裏で手を回されて、発言する機会を奪われたことも忘れられない。

彼らが〈動揺〉の紅潮をあらわにするのは、恐怖で声を発せないと思い込んでいた弱いものが嚙みつく時、ずっと許されてきた搾取の特権が危うくなる瞬間だけだ。それは決して、〈持たない〉ものへの〈共苦〉、あるいは自分には計り知れないものに自分自身の思考と存立を〈脱構築〉される〈喜ばしい〉動揺ではない。

アートイベントの打ち上げで、生肉を焼いてパーティーをしようとしているデリダ研究者でもある別の詩人に私はたずねた。「肉、食べるんですか？」と。すると彼は「食べていいんですよ」と明るく答えた。

何度体験したかしれない、言葉の専門家である人たちのそういう反応こそが、私には〈応答なき記号体系〉〈反応はあるけれど応答はない〉という状態そのものに思えるのだ。もちろん私は、食べていい（という理屈づけを「言葉」でできる）ことは知っている。仏教徒でもあり、弱いものへの抑圧、搾取に反対する発言をしている彼に、「〈飢え〉てもいないのに、あなたは、なぜ殺して解体した動物を食べることの残虐さを感じないのですか？」と私はたずねたのだ。しかし私にはそれ以上発語することができなかった。

「それこそが〈肉食＝ファロス＝ロゴス中心主義〉の脱構築ではなくて、〈肉食＝ファロス

＝ロゴス中心主義〉そのものではないのですか？」と発語することは、緘黙で対人恐怖傾向の私にはとてつもなく困難で、かつ、どうしようもなく徒労に感じられた。

〈「なぜきみはXに行くなどとぼくに言うのか、ほんとうはXに行くくせに、Yに行くのだとぼくに思わせようとして？」〉

ここで「食べていいんですよ」と彼が言っても、「普段は食べませんよ。でも今はつきあいで……」と彼が言っても、それは動物を殺害し解体して食べる残虐行為の事実と、動物の苦痛を言葉で不在化し、肉食を正当化し、その残虐行為の連続性に加担していることにはかわりなく、〈欺瞞、嘘、偽装の偽装および痕跡の抹消〉ではないのだろうか。

今日、これほどまでに肉食がはびこり、肉食を拒絶することが困難な状況の中で、デリダを学んでいる人なら少しでも動物の殺害を耐えられないと感じる少数派のほうに共感してくれないか、と期待しても無駄なのだ。

何を食べるかは、どう生きるかそのもので、もっとも政治的、倫理的な問いのはずだ。

〈肉の消費が生物学的必然などではなかったことを指摘することは可能です。〉〈動物の消費には、〉〈執拗に存続し分析の対象とされるべき旧弊的構造に結びついた「文化」現象が存在するのです。〉とデリダは言う。

私が「食」をテーマにしたアートイベントに参加した時、ホロコーストを暗示するインスタレーションを行ったポーランド人アーティストがいた。ベルトコンベアの上を空の皿だけが廻り続けていた。[*2]

すぐそのあとの打ち上げで居酒屋に行き、地元の名産だという新鮮で真っ赤な血のしたたる馬肉の刺身を出された時、私はショックから嘔吐を抑えるのに必死だった。

今までの展示と、その鑑賞会はなんだったのだろう？

「おーい！」と手を振れば、遠い草原のかなたからギャロップして走って来てくれて、優しい眼で鼻先をすり寄せてくれた馬。暖かな頭と首を撫でた時の息づかい。なまなましい命。

牛にも羊にも兎にも私は触れたことがある。豚たち、鹿たち、鳥たちのおとなしい眼も、私は知っている。その熱い命の息づかいを吸い込み、かわいい、愛おしいと感じただけでもう充分だ。

皿にのった血のしたたる生肉は、殺された動物の生々しい死体の断片であり、文化的な、知的遊戯の言葉の圧力の前に緘黙する私の肉だ。

アートイベントでの言葉はなんのための、誰のための言葉なのだろうか。

そこでは〈苦痛〉〈共苦〉そのものを感じるものは疎外され、なにも感じない者達の止まらないおしゃべりに捕食される。そして〈問われている生ける存在たちと共苦し共生するような共感のなかにみずからを感じている〉ものは、〈動物的生ばかりでなく、あの共苦の感情まで侵害するものたち〉に不在化される。

イベントの前と後で、変わるものは何もない。

「気象」という美しい言葉が看板の文字に含まれていた煤けた団地。

薄いガラスを割って計器の中に侵入していた蔓と埃。

それらすべてが潰され、瓦礫も運び去ったあとの空き地に細い夏草が瑞々しい。

藜（アカザ）、白藜（シロザ）、姫女苑（ヒメジョオン）、野芥子、薊、姫昔蓬（ヒメムカシヨモギ）、蚊帳吊草（カヤツリグサ）、雌日芝（メヒシバ）、雄日芝（オヒシバ）、悪茄子（ワルナスビ）……。

種子は風に乗って到来したもの、あるいは土の中にすでにいたもので、覆されてその運動の方向を決定されたものたち。光と雨を吸い、それぞれの場所から起立し伸長しようとする。

根をはれば、そこから自由に移動することはできないので、人に刈られない限りは、根元を固定されたまま雨風に打たれ、何度も揺さぶられ、傾いで屈折し、また天に向かうのを繰り返してねじれ、ひしゃげ、徐々に干からびながらどうぶつたちの毛玉に似た白い冠毛を開く。翅脈を持つもの、持たないものたちと風がそれを伝播する。ある時はもつれあう塊として、ある時は個々の独異な、二度とない姿で舞踏する。さほどの時の繁茂も許されず、それらも人によって潰される。

入り組んで重なり、飛び散ったたくさんの小さい島。ベージュと水色のどちらが島で、水なのか、剝げ落ちたのはどちらなのか。雷雨。轟音。とても冷たい。

ただ混じり合って溶けていないこと、そこにずれた薄い層があることは確かだ。水色は、隣接するベージュが白くかすめば青灰色に沈み、ベージュは、薄く光る水色に隣接すればくすんだ桃色に変わり、私の眼球と一緒に動いている。赤茶色の鉄錆びが滲む細かい亀裂がそれらを思慮深い網でつなげている。

〈自伝、生けるものの自己のエクリチュール、生けるものの対自的な痕跡、対自存在、生けるものの記憶ないし文書としての自己触発あるいは自己感染〉。

クリはからだが小さいキジトラの女の子で、八歳で死んでしまった。

戦後すぐに建った長屋のように狭く古い木の家で、クリは私が玄関の戸を開ける前に、近づく足音を聞き分けて走って来て、出迎えてくれた。それから私が転びそうになるほど足にまとわりつきながら一緒に黒い木の階段を上り、小さな私の部屋でずっとくっついていた。

夜、寝る時は、必ず私の唇に自分の口もとをくっつけていないと眠らなかった。私が寝返りをうつと、むっくり起き上がり、私の胸の上を踏みつけて私の顔の正面の側へ渡る。小さな重さを支える細い小さな足が、私の肋骨や胃に食い込む。布団の入り口を掘って、頭からもぐりこみ、中でくるりと回転してすぽっと私の顔の真ん前に顔を出し、また口もとを私の口にぴったりつける。私が何度寝返りをうっても、クリは必ず私の胸の上を渡り、同じことを繰り返した。

クリは私の呼気を吸いながらでないと眠らなかったのだ。毎晩、クリのなまぐさく湿ったけだものの匂い、くすぐったくて温かい重量を持った息が、からだじゅうをかけめぐり、私の内臓がやわらかく暖かいクリに侵されて、肋骨にゴロゴロの爆音の振動を響かせながら私は眠った。

時折、ミーコ（三毛のメス）が深夜に私の部屋の木の扉を爪で引っ掛けてパコーンと開けて入ってくると、普段おとなしいクリは、その時だけはシャーッと怒って追い返す。私とふたりだけでいたいのだ。そんな時、大きなミーコはいつも張り合わずに、ただ残念そうに階段をトントン下りて行った(母の布団に入ったのだろう)。

私たちは息をお互いのからだに吹き込み、お互いを満たしあいながらでなければ眠れなかった。

だからクリを失った時、私は息ができなくなり、眠れなくなった。

チビ(茶白のオス)は出会えてからたった十七日で死んでしまった。

怯えて逃げる赤ちゃん猫を、紐でじゃらしながら、ようやく洗濯ネットでつかまえて連れ帰ることができた時はどんなに幸せだったろう。

すぐに熱を出したチビを連れて行った動物病院で、パルボ(伝染性腸炎、汎白血球減少症)と告げられた時、私は卒倒しそうになった。

どんなにお金がかかっても助けてくださいとお願いして入院させてからの、十七日間の地獄は、辛すぎて今も書くことができない。

チビは毎日、私が会いに行くとステンレスの檻越しにゴロゴロ甘えた。死ぬ時にはチビは、赤ちゃんから子供くらいに成長し、息が止まる直前もゴロゴロ言っていた。

善福寺川緑地のかつては花見の旅館が建っていたという瓢箪池のほとり、当時は野良猫を世話している人たちが何人かいた。チビが死んで巨大な悲しみに砕かれた私は、毎日、自転車でそこに通った。

七月。段ボールに入れられて親子ごと捨てられていたちゃび（茶白のメス）と会えた。


ちゃびはそれから二十年、狭い室内でずっと私のそばにいてくれた。

寝る時は私の顎下の窪みにべったりはりつき、起きている時は棚の上から私のことをじっと見ていて、私が目を合わせた瞬間、ゴログルル！と爆音をふかした。私が動くに連れて、ちゃびの眼線が追ってくる。ちゃびはしょっちゅう、パイル輪ゴムキャッチや紐の遊びを私に要求した。

絵を描きだすと、自分から私の関心が離れることに激しく抗議し、いきなり背面の高い場所から私の肩に全力で飛び蹴りしてくる。あまりの痛みに顔から背中まで電気が走り、爪で裂かれた皮膚から血が流れだす。それでもうっかり絵に集中してしまい、私の肩と背中は傷だらけになった。

ルーターを繫ぐ業者の男性が狭い部屋に入って来た時、気がつくとちゃびがいなくなっていた。男性が帰ってから家中を探したがいない。私は心臓が縮まる思いで、外に出て、

「ちゃび〜！　ちゃび〜！」と暗がりを探して歩いた。

それから三、四時間経っただろうか。トン！と小さな生きものが着地する音が隣の部屋から聞こえ、見るとちゃびが押入れの奥から落ちてきていた。

「ちゃび！」と抱きしめると、彼女はまだメドゥーサに石にされたままで、四肢は垂直に硬直し、息もしていないかのように顔も首も固まり震えていた。

しばらくしてからやっと少しずつ異様な緊張が抜けてからだが暖かく緩み、ゴロゴロと思い切り私に甘えてきた。

それほど、低い声を発する男の人は彼女にとって未知の、殺されるかもしれない恐怖そのものだったのだ。

ちゃびが感じた硬直。石のような緘黙はそのまま何十年も〈蓄積され、執拗さの、見えやすさの度合いを増し〉、〈蠢き、犇めき〉、粘り強さを増す。

〈パトス〉、〈苦痛〉、〈憐れみ〉、〈共苦〉、あるいは表現、遊戯、許し合い、収奪。〈致死の必要、欲望、許可、正当化、すなわち殺害の否認としての致死〉。

私は食肉店の前を通ることも苦痛なのだ。

足を逆さに、皮を剝がれた生肉となってぶら下げられているのは、クリ、モモ、チロ、リ訪れるのはなぜなのだろう。
私が今、歩いている川底の下にさらに川が流れている。川底の下の川をたどるのは、追想ではなく想像になる。想像の川を泳ぐ。だがそれは昔、確かにそこにあった誰かの記憶で、私の自分勝手な妄想ではない。

付記
〈 〉括弧内はすべてデリダの言葉と、デリダが引用した言葉。デリダによる言葉は、本書のほかに、エリザベート・ルディネスコとの対話『来たるべき世界のために』（藤本一勇・金澤忠信訳、二〇〇三年、岩波書店）、ジャン＝リュック・ナンシーとの対話「「正しく食べなくてはならない」あるいは主体の計算」（『主体の後に誰が来るのか？』所収、鵜飼哲訳、一九九六年、現代企画室）に拠っている。

＊1 『たった8秒のこの世に、花を――画家・福山知佐子の世界』（二〇〇四年）
＊2 『食間の光景／食間の廃景』（八戸市美術館、二〇〇三年）

動物《どうぶつ》を追《お》う、ゆえに私《わたし》は（動物《どうぶつ》で）ある

二〇二三年十一月十日　第一刷発行

著　者　ジャック・デリダ
編　者　マリ＝ルイーズ・マレ
訳　者　鵜飼　哲（うかい・さとし）
発行者　喜入冬子
発行所　株式会社　筑摩書房
東京都台東区蔵前二―五―三　〒一一一―八七五五
電話番号　〇三―五六八七―二六〇一（代表）
装幀者　安野光雅
印刷所　株式会社精興社
製本所　株式会社積信堂

ISBN978-4-480-51087-7 C0110

ちくま学芸文庫

ック、ドン、キディ、ポンタ、ミーコ、ナジャ、ちゃび、ちゅび、チョッピー、プフ……。何匹も、何匹も、さらに夥しく連なる、暖かい体温と真っ赤な血が流れる、私を恋しがってすり寄って一緒に眠り、さみしがり、歓喜し、一緒に生きた動物たち。

私は物心ついた時から動物の肉を食べることができず、匂いを嗅ぐだけでも嘔吐した。激しい気持ち悪さ、恐怖、身体的苦痛。家族にも、友人にも、教師にも、誰にもわかってもらえない孤独と抑圧。わがままな偏食だと分類され、食べることを強制されることへの違和。尊厳を認められないことへの憎悪。

五歳の頃、母に尋ねた時のことをはっきり覚えている。〈どうして人間は動物を殺していいの？〉

私には動物との愛情関係が肉食への〈馴致〉〈餌付け〉に〈先行〉する。

デリダは問う。〈あなたの目の前を、毎日、ゆっくりと、気晴らしする時間も与えられずに、一台のトラックが子牛たちを満杯に積み込んで、屠畜場に向かうべく牛小屋から出てきて通り過ぎてゆくとしたら、あなたはなおも長い間子牛肉を食べられるでしょうか？〉と。

「引っ越しをするでしょうけれど」とルディネスコは答える。「美食《ガストロノミー》は不可欠な部分であるということも忘れてはなりません！　フランス料理の伝統は肉なしで可能でしょうか？」

〈苦しむことができることはもはや力能ではない。それは力能なき可能性（possibilité sans pouvoir）、不可能なものの可能性なのである。〉


かつて川底であった筋をたどる。

陽が落ちた川を流れるのは水ではなくサフィレットガラスの大気、喉笛に、髪に、肋骨に聴こえる風は、群青色と古代紫と紅鼠、薄紅葵（ウスベニアオイ、モーヴ）色の透明なよじれた管となり、きらめき、追い越したり追い越されたり、まとわりついたりする。

まだ冷えきっていないけだものの匂いと、今年初めての金木犀のオレンジ色の香りが、夕方を待ちわびた名残の白粉花の香りの薄いリボンと混じる。

私の眼の位置より高いところに影になってなびく細い葉を持つ草たち。シルエットでセイタカアワダチソウだとわかる。

川沿いの家の窓は枇杷色の熱を放つ懐かしいフレームになり、その中を動く黒く顔のない人たちは見たこともなく、しかし会ったことはあるようだ。

光が萎えて、ものたちの輪郭が不分明になる夕暮れと宵のあわいに、鱗のようなシラーが